青岛大学学术专著出版基金资助

再工业化与中国制造

——基于船舶行业数据

孙婧　张然　陈阳◎著

中国社会科学出版社

图书在版编目（CIP）数据

再工业化与中国制造：基于船舶行业数据/孙婧，张然，陈阳著．—北京：中国社会科学出版社，2017.6（2018.9 重印）

ISBN 978 - 7 - 5203 - 1758 - 0

Ⅰ．①再…　Ⅱ．①孙…②张…③陈…　Ⅲ．①造船工业—国际贸易—市场竞争—研究—中国　Ⅳ．①F426.474

中国版本图书馆 CIP 数据核字（2017）第 306563 号

出 版 人	赵剑英
责任编辑	郭　鹏
责任校对	韩天炜
责任印制	李寡寡

出　　　版	中国社会科学出版社
社　　　址	北京鼓楼西大街甲 158 号
邮　　　编	100720
网　　　址	http://www.csspw.cn
发 行 部	010 - 84083685
门 市 部	010 - 84029450
经　　　销	新华书店及其他书店

印　　　刷	北京明恒达印务有限公司
装　　　订	廊坊市广阳区广增装订厂
版　　　次	2017 年 6 月第 1 版
印　　　次	2018 年 9 月第 2 次印刷

开　　　本	710×1000　1/16
印　　　张	17
字　　　数	272 千字
定　　　价	68.00 元

目　录

第一章　前言

第一节　研究背景及意义

一　研究背景

在人类历史发展的长河中，工业革命以前所未有的力量不断改变世界，人类物质文化在最近 200 年中发生的变化远远超过过去 5000 年的历史。2009 年，美国著名经济学家乔·瑞恩、西摩·梅尔曼在《美国产业空洞化和金融崩溃》中明确指出，制造业缺乏的国家很容易被制造业强势的国家所控制，一个国家应该有很强大的制造业来保证经济独立和长期繁荣。由此可见，制造业是一个国家特别是大国的经济基石。第二次世界大战后，美国凭借其世界第一的制造业体系发展成为世界超级大国。然而，由于资本的逐利本性，从 20 世纪 80 年代开始，美国过分侧重于发展金融、房地产等服务产业来实现利益最大化，造成制造业不断萎缩、产业空洞化现象凸显。而经济服务化过程就是一个非理性的"去经济中心"的过程，实质上也是去工业化的过程。该过程直接催生了一个占 GDP 比重远超制造业的虚拟经济体系。过低的制造业比重无法长期支撑庞大的虚拟经济，这也是导致 2008 年金融危机发生的重要原因之一。2008 年美国金融危机的爆发，是"再工业化战略"被提出的一个导火索，这次金融危机暴露了美国虚拟经济与实体经济的比例结构严重失衡问题，迫使其不得不重新审视以往的经济增长模式。要摆脱这种失衡，实现经济的再平衡发展与复苏，美国的经济结构必须做出较大调整，而这种调整的主要对策便是实施以生产为中心的"再工业化战略"。

再工业化一词最早出现在 20 世纪 70 年代，是针对传统煤炭、钢铁等重工业基地的振兴和改造而提出的，之后，再工业化的概念和内涵不断丰富和发展。20 世纪 80 年代初期，再工业化的重点是加大基础设施投资，加速固定资产更新换代；20 世纪 80 年代中期，再工业化的内涵转变为产业的结构向高附加值、高知识密集度转型；进入 21 世纪，再工业化的侧重点是通过政府的帮助、工厂和机器的现代化等途径来实现工业和工业社会的复兴。它的发展大致可概括为两个时段：第一时段大约是在 20 世纪六七十年代，与去工业化的起始时间相仿。当时主要针对的是法国洛林地区、美国东北部地区、德国鲁尔地区和日本九州地区等重工业基地的改造问题，包括这些地区的重工业基地的产地改造和重新振兴问题。它的提出引起了国内外学者的密切注意。第二时段是在 2008 年金融危机之后，发达国家为平衡经济，转变经济发展重心，由虚拟经济向实体经济转型而再次提出"再工业化战略"。美国总统奥巴马曾发表国情咨文，强调为了让美国经济"基业长青"，美国需要重振制造业，并表示将调整税收政策，鼓励企业家把制造业工作岗位重新带回美国。日本财务省最新发布的统计显示，2012 年出现了日本自 1980 年以来的首次贸易逆差，虽然出现逆差的部分原因是由于地震、海啸等临时性因素引起，但从长远来看，产业转移造成的制造业空心化是日本出现贸易赤字的趋势性因素。因此，日本政府出台措施，着力扭转制造业流失局面。21 世纪前十年是发达国家去工业化、产业转移的黄金期，但这一进程可能会逆转，未来十年可能是发达国家再工业化、夺回制造业的十年。全面推进发达国家的再工业化必然会导致中国与发达国家制造业之间的关系由互补转向竞争，这种改变不仅给中国制造业发展带来前所未有的竞争压力，而且还会进一步催生由于发达国家政策变动而抑制中国制造业发展的各种可能的障碍。随着国际金融危机席卷全球，全球实体经济会遭遇更大挑战。在此背景下，美国、日本、欧盟等发达国家开始重新审视实体经济与虚拟经济的关系，纷纷将再工业化作为各国重塑竞争优势的重要战略，制造业的地位再次受到重视。

日本的"再工业化战略"实施极具特点，其强调要将制造业回归经济发展主体，强化产业技术竞争力。21 世纪之前，日本产业技术方面的政策一直倾向于以引进、学习和吸收国外先进技术为主，自主研发为辅。通过不断使用和借鉴国外先进技术，将国内产业转变为创造型知识密集化产业，由此，日本的产业技术很快得以提升，进一步带动了经济发展。由于自主研发方面仍与欧美等发达国家存在差距，日本政府在2000年颁布《2000—2010年国家产业技术战略》，明确产业发展的方针和战略，为制造业等核心产业发展和技术研发指明方向。2005年，日本政府出台"新产业创造战略2005"计划，针对信息家电、船舶制造等七个核心发展领域制定各自研发目标，不断制定政策以实现产业链之间的资源和信息共享，并努力提升研发投入。2006年，日本颁布《中小企业制造基础技术高度化法》，针对中小企业制造技术特点，重新调整下游产业发展规划，对于机械、电子等特定制造技术提出可行的发展目标。日本财务省数据显示，2012年，日本出现近三十年来的首次贸易逆差，究其原因，除去地震、海啸等临时性因素，由于产业转移造成的制造业空心化是主要因素。因此，日本政府提出实施"再工业化战略"，着力扭转制造业流失局面。船舶制造业是日本主要制造产业之一，日本船舶制造强国的地位一直较为明显，但在21世纪初期出现衰退迹象。日本实施"再工业化战略"有利于推进船舶制造业产业回归和升级，可以继续发展高端船型制造，巩固船舶强国地位。中国船舶制造业以制造低价值船舶为主，日本"再工业化战略"的全面推进必然会导致中国与日本船舶制造业的互补关系减弱，竞争关系增强。

自改革开放以来，随着经济全球化趋势的不断加深，中国经济也成为了世界经济中不可缺少的一部分，对世界经济的发展起着举足轻重的作用，尤其是中国的船舶制造业在世界经济中扮演着越来越重要的角色。船舶制造业是知识、资本和技术密集型产业，涉及钢铁、电子、化工等多个行业和学科，与其他相关产业的相关性和带动性较密切。船舶制造业的发展不仅可以带动其他相关产业的发展，也可以带动整个国家经济的发展，有利于经济结构的调整与优化。全球船舶制造业自20世纪70年代后发展迅速，目前在规模、技术等方面都显示出极大的竞争力。船舶制造业的发展已经成为全球经济发展的重点产业之一，以日本、韩国和中国的船舶制造业为代表的亚洲船舶业具备良好的发展实力和发展前景。中国的船舶制造业发展与世界船舶制造业的发展密切相关，一方面，全球船舶制造业对中国的船舶业起带动和领导作用，另一方面，中国船舶制造业对世界经济起到良好的推动作用。2008年的金融危机以及 2012 年的欧债危机，对全球经济都产生严重不良影响。国际航运市场，尤其是船舶制造业遭受严重打击，对中国船舶制造业的发展提出了更高要求。发达国家"再工业化战略"的提出，从战略角度影响着发达国家和发展中国家的经济规划。中国船舶制造业面临如此多的严峻挑战，贸易竞争力必然要做相应的调整。传统的贸易竞争力手段需要变更，中国船舶制造业的贸易竞争力应由原来的劳动密集型转向技术、知识密集型；由原来的低成本战略转为创新战略。船舶制造业的发展应加大船舶制造业科技创新的投入及力度，包括新船型的开发利用以及新管理模式的采用等。船舶制造业现阶段发展目标和方针的明确和实施、在新环境下贸易竞争力的明确及评价，是目前中国船舶制造业发展面临的主要问题之一。通过具体的竞争力再造对策进一步提升中国船舶制造业的贸易竞争力，是中国维持世界船舶制造强国的有力手段和途径。因此，如何提升船舶制造业贸易竞争力是中国面临的一项重要课题。

二　研究意义

随着中国船舶制造业发展对中国经济发展贡献程度的日益增加，其贸易竞争力表现直接影响到中国的国际竞争力，并对全球船舶制造业竞争力发展起到推动作用。发达国家"再工业化战略"的提出旨在通过制造业回归恢复经济增长，这对中国船舶制造业的产业结构、贸易趋势、核心优势等方面产生了重要影响。因此，对中国海洋优势产业培育及发展战略进行研究具有一定的理论意义和现实意义。

本研究的理论意义体现在：第一，中国船舶制造业在中国国民经济中占据重要地位，其发展不仅关系本行业及相关行业，而且影响中国整体国际竞争力。加强对"再工业化战略"背景下中国船舶制造业贸易竞争力理论的研究，不仅能发挥中国资源与海域优势，而且能积极应对国际船舶制造业发展的需要，巩固中国船舶制造业在国际中的地位，实现中国从船舶制造业大国发展至船舶制造业强国。第二，通过采用贸易竞争力、市场占有率等指标分别对中国船舶制造业贸易竞争力进行量化、测算和评估，并创建指标评价体系，重点研究"再工业化战略"实施后中国船舶制造业贸易竞争力变化趋势，对研究结果的分析可以为中国制定产业结构调整策略和制造业发展战略提供强有力的理论依据。

第三，通过筛选日本"再工业化战略"相关指标并对指标进行测算，确定日本"再工业化战略"指标综合指数，较为全面系统地分析日本"再工业化战略"实施对中国船舶制造业贸易竞争力造成的影响，可以为中国船舶制造业贸易竞争力的提升和再造提供一定的理论依据。

本研究的现实意义体现在：第一，中国船舶制造业"再工业化战略"背景下的贸易竞争力再造研究，有利于中国产业结构的调整和优化，有利于发挥产业联动作用，带动相关产业资源整合与利用，并且通过加强对船舶制造技术的投入研发和提升船舶制造过程中的科技含量，逐步实现中国船舶制造业转型。第二，研究日本"再工业化战略"下中国船舶制造业贸易竞争力再造，有利于在新政策环境下加快中国船舶制造业的产业结构调整和科技自主创新，促进科技成果的转化。涉及多项学科技术的船舶制造业是知识和技术密集型较高的产业，开展自主创新，将信息化与产业化高效融合，需要通过船舶这个载体，中国的船舶制造业应加强整合目前所拥有的科技资源，提升中国船舶制造业的整体水平。第三，对日本实施"再工业化战略"后的中国船舶制造业贸易竞争力进行研究，从战略角度对目前中国船舶制造业遭遇的发展瓶颈进行分析，找出中国船舶制造业贸易竞争力转换方向并提出竞争力再造的对策和建议，对中国船舶制造业的合理、持续发展具有积极的现实意义。

第二节 国内外研究综述

针对日本"再工业化战略"实施后，中国船舶制造业贸易竞争力所受影响的研究，国内外文献主要集中于三个方面：其一，对日本、美国等发达国家的"再工业化战略"内涵进行归纳整理，并对"再工业化战略"评价观点进行评述。其二，对中国船舶制造业竞争力的影响因素、评价方法和研究手段进行归纳整理。其三，研究日本等发达国家再工业化战略对中国船舶制造业贸易竞争力的影响。

一 日本等发达国家"再工业化战略"研究综述

对于日本等发达国家"再工业化战略"的研究，需要首先分析整理国内外对于"再工业化战略"的定义，在此基础上整理对战略实施效果的正面评价和负面评价。

（一）日本等发达国家"再工业化战略"定义综述

"再工业化战略"最早的相关解释可以追溯到 1968 年版的《维特斯特词典》中，当时指出，再工业化是刺激经济的政策手段，强调"再工业化战略"实施依靠政府帮助，实现旧工业部门和新工业部门的复兴和增长。美国学者埃齐奥尼（Etzioni A.，1979）针对 20 世纪 70 年代美国国内由于过度消费和投资力度相对不足而导致的经济增长放缓现象，提出重新发展工业来解决这些问题；他的研究指出，"再工业化战略"应更加关注基础设施投资、固定资产更新换代以及提高能源效率的技术和方法。布鲁斯通、哈瑞森（Bluestone B.，Harrison B.，1982）等人指出，要实施具有人性特征的"再工业化战略"，构建社会保障网络，发展阳光产业；要进行企业改革，援助夕阳产业。布拉德福特（Bradford C. I.，1984）认为，再工业化需要工业政策的鼎力支持，例如政府在税收、制度等方面给予优惠。[1] 密尔（Miller J. C.）等人（1984）却认为，"再工业化战略"需要靠市场机制来推动产业的调整和升级，这是一种积极的产业政策选择，有利于重振美国的经济竞争力。[2] 罗思维、兹格韦德（Rothwell R.，Zegveld W.，1985）[3]、章嘉琳（1987）[4]、刘再兴（1997）[5] 指出，"再工业化战略"应更加关注技术创新，改变传统制造业生产经营模式，培育高新技术、调整产业结构，实现产业高效率模式。兰登书屋《韦氏同义词词典》（2006）定义再工业化为依赖于政府经济政策、税收政策以及企业和设备现代化等途径来实现工业和社会的复兴。杨仕文（2007）曾对再工业化有这样的解释，他把再工业化定义为工业从低级向高级发展的一个产业

---

① Bradford C. I., US Adjustment to the Global Industrial Challenge, *Reindustrialization*：*implications for US industrial policy*, 1984, Volume 46, Issue 2, p. 31.

② Miller J. C., Walton T. F., Kovacic W. E., Industrial policy：Reindustrialization through competition or coordinated action, *The Yale Journal on Regulation*, 1984, Volume 12, Issue 2, p. 1.

③ Rothwell R., Zegveld W., *Reindustrialization and technology*, ME Sharpe Press, 1985, pp. 30 - 60.

④ 章嘉琳：《美国的空心化及其后果》，《人民日报》1987 年 8 月 29 日。

⑤ 刘再兴：《工业地理学》，商务印书馆 1997 年版，第 498—500 页。

升级的过程；具体解释为：某些国家或地区在工业化发展至一定阶段后，由于内外环境发生变化从而走向了衰落，因此这些国家和地区就需要根据其所处自然和社会条件的变化对产业、产品进行重新定位，调整产业、产品结构，根据新的市场环境，不断提高企业素质和充实企业基础，最终将工业化推到更高层次。① 布兰德（Brandes F.，2008）认为，发达国家的制造业企业需要适应新的竞争环境，进行产业升级，使发达国家的制造业从纯粹的低成本战略转向依靠顾客定制、高性能产品等高附加值等领域发展。② 金碚、刘戒骄（2009）研究指出，自金融危机后，发达国家采取的"再工业化战略"旨在改善制造业发展环境，提升制造业技术研发优势，开发新能源制造业等潜在优势产业，进一步促进经济增长。③ 罗凯、刘金伟（2010）提出，美国"再工业化战略"主要核心是通过制造业回归促进经济增长，利用"再工业化战略"影响国际产业转移，大力吸引外资以增加就业机会，改善目前的就业压力。④ 刘戒骄（2011）研究指出，美国"再工业化战略"的目的是提升现有工业的竞争力，发展新工业，平衡制造业与服务业间的产业比例，实现国家经济持续增长。⑤ 芮明杰（2012）⑥、唐志良、刘建江（2012）⑦ 经过文献分析指出，美国"再工业化战略"的实施强调先进制造业的发展，通过制造业回归大幅度增加制造业自身的国际竞争力，从而带动就业，优化产业结构等。侯芙蓉（2013）重点对美国"再工业化战略"进行分析与研究，在该研究中，学者明确阐明

---

① 杨仕文：《美国非工业化研究》，江西出版社 2007 年版，第 223 页。

② Brandes F.，The future of manufacturing in Europe：A survey of the literature and a modelling approach，*The European Foresight Monitoring Network*（*EFMN*）：*Brussels*，2008，Volume 13，Issue 2，pp. 2－13.

③ 金碚、刘戒骄：《美国再工业化的动向》，《中国经贸导刊》2009 年第 22 期，第 8—9 页。

④ 罗凯、刘金伟：《解读美国再工业化战略，浅谈中国产业结构调整对策》，《中国产业》2010 年第 5 期，第 21—29 页。

⑤ 刘戒骄：《美国再工业化及其思考》，《中共中央党校学报》2011 年第 2 期，第 41—46 页。

⑥ 芮明杰：《发达国家再工业化的启示》，《时事报告（大学生版）》2012 年第 1 期，第 66—74 页。

⑦ 唐志良、刘建江：《美国再工业化对中国制造业发展的负面影响研究》，《国际商务（对外经济贸易大学学报）》2012 年第 2 期，第 12—20 页。

"再工业化战略"会在一定程度上帮助美国解决金融危机后遇到的经济瓶颈，实现实体经济的回归。①

（二）发达国家"再工业化战略"评价综述

对发达国家"再工业化战略"的评价，专家所持观点不一。部分专家指出，后危机时代提出的"再工业化战略"内容不再是简单地注重制造业实体回归，而是以高新技术为载体的工业化升级，其旨在提升国家经济发展速度及国际竞争力水平。萨罗（Thurow L. C. , 1989）② 最早明确指出，制造业发展是促进经济增长的主要途径，制造业的地位直接影响到国内经济的发展，因此以制造业为主要研究对象的发展战略对经济增长有积极作用。2008 年金融危机发生后，学者对"再工业化战略"的实施进行更为详尽的研究。乔·瑞恩等（2009）③ 研究指出，美国经济缺乏真实的经济体，金融和服务业等为虚拟经济体，缺乏制造业为核心的经济体极易丧失国家经济自主权。迈克考迈克（McCormack R. , 2010）④ 认为，"再工业化战略"应该注重高科技领域；美国等发达国家技术制造能力和研发的海外转移会威胁美国国防工业的基础，因此"再工业化战略"对美国在高科技领域的领导地位具有重大作用。柏林、贝克（Pollin R. , Baker D. , 2010）⑤ 追溯了美国经济发展历程，并研究指出，美国经济发展过程中的各种波折与起伏经验表明，美国"再工业化战略"的实施是经济增长的发动机，依靠制造业重振美国经济是明智之举。金培、刘戒骄（2010）⑥、罗凯、刘金伟（2010）⑦ 研究指出，美国"再工业化战略"有利于保护本国产业，扩大国内需求，

---

① 侯芙蓉：《美国再工业化战略分析》，吉林大学硕士毕业论文，2013 年，第 1—4 页。

② Thurow L. C. , American Mirage—A Post-Industrial Economy, *Current History*, 1989, Volume 88, Issue 2, p. 13.

③ ［美］乔·瑞恩、［美］西摩·梅尔曼、周晔彬：《美国产业空洞化和金融崩溃》，《商务周刊》2009 年第 11 期，第 46—48 页。

④ McCormack R. , The plight of American manufacturing: since 2001, the US has lost 42, 400 factories—and its technical edge, *American Prospect*, 2009, Volume 21, Issue 2, p. 12.

⑤ Pollin R. , Baker D. , Reindustrializing America: A Proposal for Reviving US Manufacturing and Creating Millions of Good Jobs, *New Labor Forum*, 2010, Volume 19, Issue 2, pp. 16 – 34.

⑥ 金碚、刘戒骄：《美国再工业化观察》，《决策》2010 年第 Z1 期，第 78—79 页。

⑦ 罗凯、刘金伟：《解读美国再工业化战略，浅谈中国产业结构调整对策》，《中国产业》2010 年第 5 期，第 21—29 页。

通过国际产业转移调整国内产业结构，实现经济持续增长。周院花（2010）[①] 认为，美国 2008 年后提出的制造业回归不仅是对传统产业的回归，而且是将服务业和制造业相结合的"更高水平"的回归；从长期来看，必然会成为各国经济发展的策略导向。刘煜辉（2010）[②] 研究指出，经济失衡导致金融危机的爆发，经济无法持续增长，所以美国开始讨论"再平衡"；"再平衡"主要指美国的需求和中国的生产重新实现均衡；再工业化绝非仅仅局限于美国的海外工厂回归，应该采取新能源、新材料为代表的低碳经济形态，采用弱美元手段是完成再工业化的必要制度保障。刘戒骄（2011）[③] 以美国为研究对象，明确指出美国实施再工业化战略有利于增加就业，提高生产效率，但需要政府增加支持力度，扩大投资范畴，调整经济发展模式。赵刚（2011）[④] 研究指出，美国"再工业化战略"的实施重点在于制造业回归，重新重视制造业经济地位及作用，发展高端技术制造业，提升生产效率及经济发展水平。孟祺（2012）[⑤] 以美国制造业为研究对象，指出"再工业化战略"的实施是提升美国制造业国民经济地位、国际竞争力和劳动生产率的主要手段，对美国经济的发展有极大的促进作用。姚海林（2012）[⑥] 研究指出，西方再工业化浪潮为西方国家经济发展起到促进作用，通过实体经济的回归，调整国家经济产业结构，实现合理化经济态势。

　　部分学者质疑"再工业化战略"的实施效果及前景，指出其不利于世界经济整体发展。库斯拉、弥尔伯格（Kucera D., Milberg W., 2003）[⑦] 认为再工业化的主要目的是为了保护美国那些不具有国外竞争优势的产

[①] 周院花：《美国去工业化与再工业化问题研究》，硕士学位论文，江西财经大学，2010年，第 33—39 页。

[②] 刘煜辉：《弱美元再平衡下的中国抉择》，《南风窗》2010 年第 4 期，第 68—70 页。

[③] 刘戒骄：《美国再工业化及其思考》，《中共中央党校学报》2011 年第 2 期，第 41—46 页。

[④] 赵刚：《美国再工业化之于中国高端装备制造业的启示》，《中国科技财富》2011 年第 9 期，第 28—34 页。

[⑤] 孟祺：《美国再工业化对中国的启示》，《现代经济探讨》2012 年第 9 期，第 79—83 页。

[⑥] 姚海林：《西方国家再工业化浪潮：解读与启示》，《经济问题探索》2012 年第 8 期，第 165—171 页。

[⑦] Kucera D., Milberg W., Deindustrialization and changes in manufacturing trade: Factor content calculations for 1978 – 1995, *Review of World Economics*, 2003, Volume 139, Issue 4, pp. 601 –624.

业，这样最终导致资源配置的低效率性。泰格那（Tregenna F.，2009）① 也明确提出反对"再工业化战略"，他认为这种由政府主导的，企业和劳动者联合而实行的"再工业化战略"会对市场机制带来不利影响，经济的发展需要自由贸易，需要产业和科学技术基础之间的有效结合，他更强调新技术企业之间联系的重要性。陈万灵、任培强（2009）②、盛斌、魏方（2010）③ 研究指出，发达国家提出的"再工业化战略"包含许多政治色彩，实施效果无法保证，纵观发达国家发展历程，当出现经济不景气和失业率问题时，"再工业化战略"总会被再次提及。陈宝明（2010）④、宾建成（2011）⑤ 研究指出，欧美等国家的"再工业化战略"从国家角度出发，在短期内对国家经济复苏有利，但从长期角度出发，不利于全球经济资源配置、结构调整和经济持续发展。赵彦等（2011）⑥ 研究指出，美国"再工业化战略"的实施不利于合作国家，尤其是发展中国家经济发展；战略的实施会加速高端技术产业发展的速度，而以发展中国家目前的技术水平和发展状况而言，明显显现出被动和不足迹象。杨长（2011）⑦ 研究指出，"再工业化战略"的实施不利于全球经济总体发展，会增加贸易壁垒、转移政府采购重点、改变金融稳定格局、重视知识产权等问题，尤其不利于以中国为代表的发展中国家的经济发展。杨建文（2012）⑧ 认为，美国实施"再工

---

① Tregenna F. ，Characterising deindustrialisation：An analysis of changes in manufacturing employment and output internationally，*Cambridge Journal of Economics*，2009，Volume 33，Issue 3，pp. 433 – 466.

② 陈万灵、任培强：《经济危机下贸易保护主义新趋势及其对策》，《对外经贸实务》2009 年第 6 期，第 89—92 页。

③ 盛斌、魏方：《再工业化》，《中国海关》2010 年第 10 期，第 52 页。

④ 陈宝明：《发达国家再工业化政策影响及中国的对策》，《经济观察》2010 年第 2 期，第 2—5 页。

⑤ 宾建成：《欧美再工业化趋势分析及政策建议》，《国际贸易》2011 年第 2 期，第 23—25 页。

⑥ 赵彦云、秦旭、王杰彪：《再工业化背景下的中美制造业竞争力比较》，《经济理论与经济管理》2012 年第 2 期，第 81—88 页。

⑦ 杨长：《美国重振制造业战略对中国可能的影响及中国的对策研究》，《国际贸易》2011 年第 2 期，第 26—34 页。

⑧ 杨建文：《发达国家再工业化能走多远？》，《社会观察》2012 年第 6 期，第 27—29 页。

业化战略"的目的旨在扩大经济市场份额；通过采用政治、经济等手段，提升生产效率，从而带动本国就业率提升，缓解社会矛盾；但是扩大市场份额的竞争势必对全球经济造成巨大影响，不利于全球经济持续稳定发展。唐志良、刘建江（2012）[①] 指出，美国"再工业化战略"的实施对发展中国家，尤其是给中国带来许多负面影响，会导致两国制造业竞争加剧，发展领域出现重叠，资源领域竞争激烈，不利于国际间经济和谐发展。

（三）发达国家"再工业化战略"评述

发达国家"再工业化战略"的提出是针对发展特点提出的经济战略。传统的"再工业化战略"核心任务为实现工业部门的复兴，加强固定资产和基础设施的投资和更新换代，提供提高能源效率的技术和方法。"再工业化战略"需要靠市场机制来推动产业的调整和升级，这是一种积极的产业政策选择，有利于重振发达国家的经济竞争力。2008年金融危机之后的"再工业化战略"远远超出传统制造业范畴，其注重制造业回归、实现产业升级、使发达国家的制造业从纯粹的低成本战略向依靠顾客定制和高性能产品等高附加值等领域发展，是工业从低级向高级发展的一个产业升级的过程。

对于发达国家"再工业化战略"的实施，研究者所持观点不一。部分学者指出，"再工业化战略"的目的是建立一套新的、适合发达国家国情的、能解决金融危机发展瓶颈的工业化体系；借助制造业实现实体经济的回归，可以影响国际产业转移，大力吸引外资以增加就业机会，改善目前就业压力，重新重视制造业经济地位及作用，发展高端技术制造业，提升生产效率及经济发展水平；全球资本借助于新能源、新技术的应用重新回归发达国家，有利于发达国家充实其工业基础。部分学者对"再工业化战略"的实施持反对观点；他们质疑"再工业化战略"的实施效果及前景，提出欧美等国家"再工业化战略"政治色彩较浓，实施效果无法保证；从国家角度出发短期内对国家经济复苏有利，但从长期角度出发，不利于全球经济资源配置、结构调整和经济持续发展；发

---

① 唐志良、刘建江：《美国再工业化对中国制造业发展的负面影响研究》，《国际商务（对外经济贸易大学学报）》2012 年第 2 期，第 12—20 页。

达国家"再工业化战略"的实施对发展中国家，尤其是给中国，带来负面影响较多，会导致制造业国际间竞争加剧，发展领域出现重叠，资源领域竞争激烈等现象，不利于国际间实现经济方面的和谐发展。

二　中国船舶制造业贸易竞争力研究综述

纵观国内外对于中国船舶制造业贸易竞争力的研究主要集中在分析内外部影响因素方面、定性定量评价方法方面和贸易竞争力提升手段方面。

（一）中国船舶制造业贸易竞争力影响因素综述

影响船舶制造业贸易竞争力的主要因素包括内部因素和外部因素。内部因素主要包括船舶企业自身造船成本、人力资源、管理水平以及技术创新等。阿什姆、以萨肯（Asheim B. T. ，Isaksen A. ，2002）① 强调科技创新要素对于船舶制造业竞争力提升意义重大，通过创新提升行业资源要素整合利用，以新技术和新材料赢得更多市场份额。仇、常两位学者（Chou C. C. ，Chang P. L. ，2004）② 选取中国台湾的船舶制造业为研究对象，研究其船舶制造业的国际竞争力由连年的第四位下降至2002 年第九位的原因，研究结果显示，中国台湾船舶制造业国际竞争力的重要影响因素是成本和技术，在提升国际竞争力的政策方面，应继续推广低成本战略、产品集中战略和科技创新战略，增加高增加值船型。银通投资咨询公司（2007）③ 提出，影响船舶国际竞争的因素主要是结构不合理，船舶配套能力较低，企业规模普遍较小，缺乏技术创新且产品附加值低；这四个方面共同作用影响船舶国际竞争力的提升。胡兴军（2007）④ 提出影响中国船舶制造业国际竞争力提升的因素主要集

---

①　Asheim B. T. ，Isaksen A. ，Regional innovation systems: the integration of local "sticky" and global "ubiquitous" knowledge，*The Journal of Technology Transfer*，2002，Volume 27，Issue 1，pp. 77 – 86.

②　Chou C. C. ，Chang P. L. ，Core competence and competitive strategy of the Taiwan shipbuilding industry: a resource-based approach，*Maritime Policy & Management*，2004，Volume 31，Issue 2，pp. 125 – 137.

③　银通投资咨询公司：《船舶制造业将扬帆起航》，《中国城市金融》2007 年第 5 期，第63—65 页。

④　胡兴军：《中国船舶工业发展现状及促进措施》，《天津航海》2007 年第 4 期，第39—42 页。

中在造船技术、自主研发能力、造船配套设备、信息化程度以及管理水平等方面。何育静（2008）①、王洪增、高金田（2009）② 则认为，影响中国船舶制造业国际竞争力的表现包括劳动生产率与国外发达国家相比差距很大、"低成本和低效率"的主导现象以及船型结构不合理。邓立治、何维达（2009）③、韩菲（2009）④ 通过 SDA 分析得出，影响船舶制造业竞争力的两个重要因素为技术变化和最终需求。袁聃（2010）⑤ 研究指出，船舶制造业国际竞争力影响因素包括人力资源、自然资源和造船能力等生产要素，相关配套企业的发展程度，技术水平、船舶复杂度等船舶企业要素；针对分析创建国际竞争力评价指标体系，筛选出优势和劣势因素，并从企业组织、相关产业和政府角度提出相应对策。郭晓合、李理甘（2010）⑥ 认为，影响船舶制造业国际竞争力的因素主要有两大方面，其一是船舶产业的粗放经营模式，其二是中国船舶产业缺乏创新和技术研发方面的能力。朱小丽等（2011）⑦、韩笑（2011）⑧ 采用生产规模、技术水平等单项指标对中国船舶产业的国际竞争力水平进行评价，基于评价结果进行分析和讨论，评价结果显示发展环境、发展战略、资金水平和技术水平等因素是影响国际竞争力提升的主要因素。孙玲芳、徐会（2012）⑨ 针对造船业金融危机后的发展

① 何育静：《中国船舶配套业国际竞争力分析》，《造船技术》2008 年第 6 期，第 1—4 页。

② 王洪增、高金田：《日韩造船业的成功经验对中国造船业的启示》，《黑龙江对外经贸》2009 年第 12 期，第 63—64、67 页。

③ 邓立治、何维达：《中国船舶产业安全状况及问题研究》，《技术经济与管理研究》2009 年第 6 期，第 116—118、128 页。

④ 韩菲：《1987—2002 年中国船舶制造业发展的 SDA 分析》，《商业经济》2009 年第 19 期，第 7—8 页。

⑤ 袁聃：《中国船舶制造业的国际竞争力问题研究》，硕士学位论文，西南财经大学，2010 年，第 28—43、71—74 页。

⑥ 郭晓合、李理甘：《后危机时代中国船舶产业发展战略调整的选择》，《江苏科技大学学报（社会科学版）》2010 年第 4 期，第 29—33、40 页。

⑦ 朱小丽、李宇宏、陈彦斌：《基于鱼骨图法的舟山市船舶出口贸易的影响因素分析》，《黑龙江对外经贸》2011 年第 1 期，第 30—32 页。

⑧ 韩笑：《中国船舶产业国际竞争力评价研究》，硕士学位论文，哈尔滨工程大学，2011 年，第 43—54 页。

⑨ 孙玲芳、徐会：《后金融危机时代中国造船业发展机遇的探究》，《造船技术》2012 年第 6 期，第 1—4、21 页。

特点，指出造船产业规模、造船结构、企业融资、产品种类、技术储备等因素影响着船舶制造业国际竞争力。姜、斯川顿斯两位学者（Jiang L., Strandenes S. P., 2012）[①] 以成本因素为主要研究对象对中国造船业的国际竞争力进行评价，并明确指出，对于中国造船业而言，低成本战略依然是目前主要的竞争战略；当前中国面临成本日益上升的压力，因此应从政策制定、相关产业、技术研发等多方面减轻成本上升带来的不利影响。吴家鸣（2012）[②] 回顾了中国自1949年至今的船舶制造业发展历程，并研究指出，船舶制造业国际竞争力的影响因素主要是劳动力成本、改革开放程度、国内市场需求程度以及国家政府的支持。李金慧（2013）[③] 研究指出，供需关系失衡、融资困难、汇率变动、相关配套产业水平以及造船技术水平等因素都直接对船舶制造业的国际竞争力产生影响。

外部因素包括邻国船舶制造业的发展、国内船舶制造业发展水平以及船舶配套能力等。弗兰克（Frankel E. G）等（1996）[④] 以美国造船业为研究对象，通过研究美国政府于1993年颁布的船舶相关法律以及全造船计划和高级研究项目局（ARPA）各种提升项目，明确指出，国家政府的参与、鼓励与保护对产业发展意义重大，要提升美国造船业国际竞争力，缺少政府的援助与保护，将举步维艰。杨培举（2004）[⑤] 指出，中国船舶制造业当前最大障碍是船舶配套高消费现象，究其原因在于船舶制造产业缺乏高水平服务意识和接单话语权等。赵大利（2005）[⑥] 以研究船舶产品利润模型为主要内容，通过测算得到的研究结果显示，人民币汇率变

---

① Jiang L., Strandenes S. P., Assessing the cost competitiveness of China's shipbuilding industry, *Maritime Economics & Logistics*, 2012, Volume 14, Issue 4, pp. 480 – 497.

② 吴家鸣：《中国造船业的变迁与现状》，《广东造船》2012年第1期，第37—41、55页。

③ 李金慧：《后金融危机时期中韩船舶产业国际竞争力比较研究》，硕士学位论文，中国海洋大学，2013年，第23—38页。

④ Frankel E. G., RACK F. H., CHIRILLO L. D., Economics and management of American shipbuilding and the potential for commercial competitiveness. Discussion. Author's closure, *Journal of ship production*, 1996, Volume 12, Issue 1, pp. 1 – 10.

⑤ 杨培举：《船舶配套：高消费压痛造船人》，《中国船检》2004年第10期，第4—7页。

⑥ 赵大利：《人民币汇率变化对出口船利润的影响及对策探析——基于简化的船舶产品利润模型分析》，《国防科技工业》2005年第9期，第42—43页。

化对出口船利润的影响是显著的；针对测算结果，并结合现状指出，企业要加大对汇率变化趋势的关注程度，并做好预案工作。张长涛（2007）[1] 研究指出，日本、韩国船舶制造业的快速发展、中国原材料价格上涨以及人民币升值因素是影响中国船舶制造业国际竞争力的主要因素。赵大利、李文庆（2008）[2] 研究指出，目前国际货币体系中美元依然发挥主导作用，因此其汇率结构性变化会直接影响各国船舶贸易和行业国际竞争力。吴金德（2009）[3] 通过现状分析归纳出制约全国船舶制造业竞争力发展的因素包括航运市场因素、产能过剩、宏观调控影响、价格不稳定等，并指出要提升船舶竞争力必须从资金扶持、产能适度和科技投入方面入手。陶永宏、刘超（2009）[4] 则强调资金短缺和产业结构不合理是制约船舶制造业国际竞争力的主要因素，并指出设立船舶产业投资资金可以缓解这一现象。杨慧力（2011）[5] 等提出，尽管船舶工业已经实现一定程度的迅速发展，但中国船舶制造业大而不强，在国际市场竞争中缺乏"话语权"，造成这个现象的原因是长期依赖加工贸易方式出口，缺乏创新和主动力，产业链不健全，断层明显等问题导致的。梁晶等（2011）[6] 针对中国船舶制造业发展现状分析，创建SWOT矩阵对其优势、劣势、机遇和威胁进行分析；针对影响国际竞争力的资金因素，从需求和供给两个角度进行研究和探讨，并构建出融资方案以解决船舶制造业资金瓶颈问题。布鲁诺、特诺德（Bruno L.，Tenold S.，2011）[7] 追溯过去 50 年间韩国船舶制造业的发展历程以及

---

[1] 张长涛：《中国船舶工业的现状与未来》，《微型机与应用》2007 年第 2 期，第 56—58 页。

[2] 赵大利、李文庆：《中国造船企业经营环境新特点与策略选择》，《船舶物资与市场》2008 年第 5 期，第 10—14 页。

[3] 吴金德：《船舶制造业的现状及走出困境的探讨》，《今日南国（理论创新版）》2009 年第 3 期，第 203、206 页。

[4] 陶永宏、刘超：《中国船舶产业投资基金运行机制研究》，《江苏科技大学学报（社会科学版）》2009 年第 1 期，第 54—57 页。

[5] 杨慧力、刘琼、王小洁：《中国船舶制造业定价话语权缺失的原因及对策——基于产业链整合的视角》，《价格理论与实践》2011 年第 3 期，第 85—86 页。

[6] 梁晶、吕靖、李晶：《中国船舶制造业系统性融资需求研究》，《改革与战略》2011 年第 5 期，第 141—143 页。

[7] Bruno L.，Tenold S.，The Basis for South Korea's Ascent in the Shipbuilding Industry，1970 - 1990，*The Mariner's Mirror*，2011，Volume 97，Issue 3，pp. 201 -217.

发展特点，并与中国和日本进行比较，研究指出，韩国近年来船舶制造业的市场份额不断扩大，远超中国，主要原因是比较优势、产业政策和造船技术的提升，这三个要素有助于韩国船舶制造业国际竞争力的迅速提升。王英杰（2011）[①] 通过评价体系的建立，运用熵值法确定指标权重值，总结出对船舶制造业国际竞争力有重要影响的指标有产业集中度、市场占有率、劳动力工资水平、设计技术水平以及研发投入金额指标等。贺宏基、张娟（2012）[②] 研究指出造船成本的变动、资金链压力、新标准新规范的实施都成为船舶制造业发展的制约因素。姜、斯坦顿斯两位学者（Jiang L.，Strandenes S. P.，2012）[③] 通过比较 2000—2009 年中国、日本和韩国三国造船业成本的变化以及对造船业带来的影响，首先分析影响造船业成本上升的主要因素，随后测定成本在近十年如何变动，最后指出用造船业成本和市场份额指标来评价中国造船业的国际竞争力；研究结果揭示中国成本优势的来源与限制因素，并指出要进一步提升国际竞争力，应借鉴日本和韩国走科技研发之路，而不局限于低成本战略。张为峰（2013）[④] 经过分析指明船舶制造企业提升竞争力的影响因素包括内外两方面；造船产业技术水平、船舶产品市场结构、船舶产业政府政策三个是外部影响因素，企业规模、企业创新机制和企业资源获取能力是三个内部影响因素。李（Lee C. B）等（2014）[⑤] 对跨国的船舶制造业竞争力进行评价和分析，结果显示航运竞争力指数越高则意味着本国船舶制造业竞争力越高，国内船舶制造业整体发展水平以及船舶配套能力是本国竞争力表现的重要影响因素。

（二）中国船舶制造业贸易竞争力评价方法综述

船舶制造业竞争力的评价方法可分为定性分析和定量分析两大类。

---

① 王英杰：《中国船舶制造业竞争力分析与评价研究》，硕士学位论文，河北工业大学，2011 年，第 28—36 页。

② 贺宏基、张娟：《浅谈后危机时代商业银行对造船企业的选择策略》，《商业银行经营与管理》2012 年第 1 期，第 18—21 页。

③ Jiang L.，Strandenes S. P.，Assessing the cost competitiveness of China's shipbuilding industry, *Maritime Economics & Logistics*，2012，Volume 14，Issue 4，pp. 480 – 497.

④ 张为峰：《中国船舶制造企业技术创新模式研究》，硕士学位论文，哈尔滨工程大学，2013 年，第 41—63 页。

⑤ Lee C. B.，Wan J.，Shi W.，et al.，A cross-country study of competitiveness of the shipping industry, *Transport Policy*，2014，Volume 14，Issue 5，p. 31.

定性分析主要包括文献分析法、波特因子模型以及 SWOT 分析法等。法拉兹（Ferraz J. C.，1986）① 采用评估因素评价方法对中国船舶制造业竞争力进行评价，指出船舶制造业快速增长主要依赖于技术发展，技术成熟程度和技术水平是船舶制造业发展的重要影响因素。伯垂姆、维斯（Bertram V.，Weiss H.，1997）② 采用钻石模型评价造船业的竞争力，研究结果显示，要提升造船业国际竞争力，必须从生产要素、企业战略、需求条件以及相关产业的支持四个方面入手，针对每一方面的特点提出相应发展对策。莱姆、海勒塞（Lamb T.，Hellesoy A.，2002）③ 致力于船舶产能预测；基于船舶大小和船厂技术水平两个参数研究基础上，创建造船产能预测公式；通过对产能的预测更合理地分配生产投入，提高效率，提升整体竞争力。邵一明等（2003）④ 通过采用文献分析法，创建造船行业竞争力评价模型，模型包含科技研发、生产能力、资金能力、成本和船价等十个指标；在模型基础上，采用专家打分法得出研究对象的竞争力综合得分，并依据得分对提升竞争力提出相应策略。曹乾、何建敏（2005）⑤ 采用波特钻石因子模型对中国造船业的现状进行分析，研究指出，对于构成竞争优势的要素条件、需求条件等四个核心要素的作用发挥不充分，导致中国造船业的国际竞争力与日本和韩国等邻国之间差距日益增加；培育和解决的途径应按照波特因子模型设计的内容分别给予改善和提升。谭宏（2007）⑥ 通过创建国际竞争力理论模型对中国造船企业的竞争力进行评价，计算造船企业国际竞争力指数和造船修正总吨等，从生产要素、制度要素和产业环境三方面进行

---

① Ferraz J. C.，Determinants and consequences of rapid growth in the Brazilian shipbuilding industry，*Maritime Policy & Management*，1986，Volume 13，Issue 4，pp. 291－306.

② BertramV.，Weiss H.，Evaluation of competitiveness in shipbuilding，*Hansa*，1997，Volume 13，Issue 6，pp. 22－27.

③ Lamb T.，Hellesoy A.，A shipbuilding productivity predictor，*Journal of ship production*，2002，Volume 18，Issue 2，pp. 79－85.

④ 邵一明、钱敏、张星：《造船行业竞争力评价模型及实证分析》，《科学学与科学技术管理》2003 年第 9 期，第 19—22 页。

⑤ 曹乾、何建敏：《中国造船业国际竞争优势的培育路径——波特竞争优势理论和模型在造船业中的应用》，《船舶工程》2005 年第 1 期，第 6—11 页。

⑥ 谭宏：《中国造船企业国际竞争力研究》，硕士学位论文，南京航空航天大学，2007 年，第 56—67 页。

实证研究，并针对研究结果从三方面提出提升竞争优势的策略。林俊兑（2007）① 采用 SWOT 分析方法，对中国和韩国造船产业的国际竞争力进行评价，分别从劳动力成本、船舶钢材竞争力差异、船舶配套能力、船舶企业运营效率等八个方面进行对比分析，结果显示，中国在劳动力成本等方面较韩国占优，但在船舶配套能力、船舶企业运营效率等多个方面仍与韩国船舶制造业存在差距，中国应学习和借鉴韩国的成功经验，继续提升自身国际竞争力。吴燕、张光明（2007）② 采用 SWOT 分析法对中国造船业内部条件和外部条件进行分析；内部条件主要集中在劳动力资源、劳动力成本和基础设施条件等优势以及配套水平、开发能力和造船模式等劣势方面；外部条件包括产业转移、政策支持等机遇以及材料价格上涨、人民币升值等威胁；SWOT 分析显示，中国船舶制造业国际竞争力机遇与挑战并存，在现状分析基础上，借鉴船舶强国发展经验，努力提升国际竞争力。陶俪佳、张光明（2007）③ 通过采用波特的国家竞争优势钻石模型对中国船舶工业的国际竞争力进行分析和评价；研究结果指出，培育中国船舶工业的国际竞争力应改善生产要素和劳动力要素条件，改善国际需求和国内需求，发展船舶配套企业技术水平，重点扶持大型船企，增加船舶集聚效应。耶欧（Yeo G. T.）等（2009）④ 以波特钻石模型为理论依据，对船舶产业国际竞争力评价体系进行分析与研究；研究指出，集群发展的船舶产业竞争力提升需要同时考虑内部因素和外部因素，两方面兼顾才能实现有效增加市场份额，提高生产效率的目的。王洪增（2010）⑤ 采用钻石模型对中国造船业的国际竞争力进行研究，基于生产要素、需求条件、相关与支持性产业、

① 林俊兑：《中国和韩国造船产业竞争力对比分析》，硕士学位论文，对外经济贸易大学，2007 年，第 15—20 页。

② 吴燕、张光明：《中国造船行业的 SWOT 分析》，《船舶物资与市场》2007 年第 6 期，第 24—27 页。

③ 陶俪佳、张光明：《基于钻石模型的中国船舶工业国际竞争力研究》，《船舶物资与市场》2007 年第 2 期，第 20—24 页。

④ Yeo G. T., Roe M., Dinwoodie J., Evaluating the competitiveness of container ports in Korea and China, *Transportation Research Part A: Policy and Practice*, 2008, Volume 42, Issue 6, pp. 910 – 921.

⑤ 王洪增：《金融危机背景下中国造船业国际竞争力研究》，硕士学位论文，中国海洋大学，2010 年，第 29—41 页。

企业战略、政府与机会五个角度对国际竞争力进行适度评价，对中国造船业的优势和劣势进行分析，并从各个方面提出相应改善对策。李鹏（2012）① 以环渤海地区船舶制造业为研究对象，通过对现状的分析构建指标评价体系，从生产能力、销售能力、赢利能力三个方面运用因子分析法进行综合性的评价与分析。陈健（2012）② 通过采用SWOT分析法和SCP分析法，对中国船舶行业竞争战略进行分析和评价；通过对中国船舶行业的优势、劣势、机会和威胁以及市场结构、市场行为和市场绩效等方面的分析，指出中国在成本、人力资源、资金等资源方面优势比较明显，应继续保持，而在科技进步、市场结构和绩效等方面处于劣势，应加大力度给予提升，以提高整体国际竞争力水平。毛明来、刘勇（2013）③ 运用SWOT分析法对中国船舶制造业国际竞争力进行评价分析；认为，优势包括自主创新能力大幅度提高、劳动力成本优势、天然资源禀赋优势和产业配套能力；劣势主要表现在产业低集中度、产业过剩和生产效率低等方面；机遇以产业重组机遇、融资和贸易发展机遇为主；威胁主要包括金融危机深化影响、成本提升影响、汇率风险影响等。

定量分析法包括加权指数法、数据综合分析法、全息雷达图法等。柯王俊（2006）④ 通过采用加权指数法等方法，将中国船舶制造业与日韩两国的船舶制造业进行了比较，并采用标杆法，得出中国船舶制造业竞争力远远低于日韩，但投入产出比率好于日韩，说明中国船舶制造业的发展潜力巨大。沈岚（2006）⑤ 在分析中国船舶制造业发展现状的基础上，采用数据综合分析方法，从环境要素、资源要素、能力要

① 李鹏：《环渤海地区船舶制造产业竞争力研究》，硕士学位论文，山东大学，2012年，第27—44页。

② 陈健：《中国船舶行业竞争战略分析》，硕士学位论文，安徽大学，2012年，第35—44页。

③ 毛明来、刘勇：《中国船舶工业SWOT分析及金融支持策略研究》，《金融理论与实践》2013年第2期，第27—32页。

④ 柯王俊：《中国船舶工业国际竞争力评价和竞争风险研究》，硕士学位论文，哈尔滨工程大学，2006年，第64—78页。

⑤ 沈岚：《中国船舶制造企业核心竞争力研究》，硕士学位论文，上海社会科学院，2006年，第32—40页。

素三个方面对中国船舶制造业核心竞争力进行综合评价，并提出培育中国船舶制造业核心竞争力的策略包括成本领先战略、经营战略、品牌战略以及人才战略，对于提升核心竞争力提出提高船舶运营效率，推进信息化，建立战略联盟等具体对策和建议。赵金楼、邓忆瑞（2007）[1] 采用全息雷达图方法，创建中国船舶制造业核心竞争力评价模型，从企业环境、企业能力、企业实力、企业绩效和社会适应能力五个方面入手，设立 53 个具体衡量指标，通过模拟全息雷达图直观得到具有一定的竞争力要素和核心竞争力要素范围，对指导中国船舶制造业竞争力提升具有科学的指导建议。李琳（2007）[2] 构建船舶产业国际竞争力来源的层次结构模型，分析影响船舶工业国际竞争力表现和性能的因素，据此构建中国船舶工业国际竞争力相应各级评价指标体系，针对指标体系分析结果采用灰色关联法深度剖析中国、日本和韩国三个国家的竞争力状况。皮尔斯、莱姆（Pires C. M.，Lamb T.，2008）[3] 采用数据包络分析方法——即 DEA 方法，对世界造船业的国际竞争力进行分析和评价；研究结果表明，在竞争潜力方面，造船业的潜力较其他产业依然较大；在竞争力表现方面，各国依据其比较优势的不同展现不同特点。赵金楼等（2008）[4] 在分析船舶行业创新能力的基础上，通过采用指标相关分析、指标鉴别力分析创建船舶创新能力指标评价体系，通过促进船舶创新能力的发展进一步提升船舶国际竞争力。刘家国等（2009）[5] 在评价中国船舶制造业国际竞争力过程中，引入技术与成本曲面积分为变量，创建新型国际竞争力模式，并用具体数值对模型进行检验，研究结果显示，中国船舶制造业综合竞争力随技术进步有所提

---

① 赵金楼、邓忆瑞：《中国船舶制造企业核心竞争力评价模型研究》，《科技管理研究》2007 年第 9 期，第 205—207 页。

② 李琳：《中国船舶工业国际竞争力研究》，硕士学位论文，哈尔滨工程大学，2007 年，第 40—51 页。

③ Pires C. M.，Lamb T.，Establishing performance targets for shipbuilding policies，*Maritime Policy & Management*，2008，Volume 35，Issue 5，pp. 491 – 502.

④ 赵金楼、徐小峰、邓忆瑞：《网络环境下船舶行业创新能力评价体系研究》，《科学管理研究》2008 年第 1 期，第 34—37 页。

⑤ 刘家国、吴冲、赵金楼：《基于技术与成本曲面积分的船舶工业国际竞争力模型研究》，《哈尔滨工程大学学报》2009 年第 5 期，第 592—596 页。

升，但难度系数也显著增加，进一步提升过程中必然会伴随成本的增加。皮尔斯（Pires Jr F）等（2009）[1] 研究船舶制造业的竞争力表现绩效，通过采用层次分析法与数据包络分析模型引入造船企业、船舶生产模式和国家或地区的工业环境特点等因素，建立分析评价模型，结果表明，高技术是实现高效业绩指标的有力推动因素，并倡导各国加强科技创新投入力度。王以恒（2010）[2] 认为，影响船舶制造业国际竞争力的因素有 TC 指数、RCA 指数、市场占有率和进出口价格比指标，并采用结构分析法进行分析，研究结果显示，中国船舶制造业产品的国际竞争力虽已有明显提升，但产品结构仍待于进一步优化。黄金莹（2011）[3] 以山东省船舶制造业为研究对象，在对数据进行合理化处理的基础上，采用因子分析法，并运用 SPSS 软件对竞争力进行评价分析，得出科技含量和造船基础设施的落后是制约船舶工业发展的两大致命瓶颈。韩笑（2011）[4] 采用变异系数法从纵向角度入手对中国船舶产业国际竞争力进行时间序列研究和评价，采用灰色关联分析法横向评价其与日韩船舶产业发展的差距，分析结果阐述中国船舶工业国际竞争力的发展趋势，并指出与日本和韩国造船业相比，中国船舶业仍发展缓慢。段婕等（2012）[5] 从制造业创新角度入手，采用 DEA 模型研究影响国际竞争力的创新效率因素，选用技术创新投入指标与技术创新产出指标进行评价，结果显示，制造业技术含量与综合竞争力程度与技术创新成正比关系。刘树青（2012）[6] 针对中国造船企业的现状，以两大造船集团为主要研究点，分析目前存在的优势和劣势；分析造船企业竞争力构成要

① Pires Jr F., Lamb T., Souza C., Shipbuilding performance benchmarking, *International Journal of Business Performance Management*, 2009, Volume 11, Issue 3, pp. 216–235.

② 王以恒：《中国船舶制造业国际竞争力的结构分析》，《经营管理者》2010 年第 1 期，第 183—185 页。

③ 黄金莹：《山东省船舶制造业竞争力研究》，硕士学位论文，长春工业大学，2011 年，第 16—26 页。

④ 韩笑：《中国船舶产业国际竞争力评价研究》，硕士学位论文，哈尔滨工程大学，2011 年，第 63—76 页。

⑤ 段婕、刘勇、王艳红：《基于 DEA 改进模型的装备制造业技术创新效率实证研究》，《科技进步与对策》2012 年第 6 期，第 65—69 页。

⑥ 刘树青：《中国造船企业竞争力评价研究》，硕士学位论文，江苏科技大学，2012 年，第 24—40 页。

素，通过采用层次分析法建立造船企业竞争力评价指标体系，最终选定资产规模、生产规模、人力资源、生产效率、造船模式、技术能力、经营能力和赢利能力为评价指标，对造船企业的竞争力进行测度和衡量。李金慧（2013）[①] 运用波特钻石模型以及灰色关联度分析方法，从定量和定性两方面对中韩船舶产业国际竞争力在后金融危机时期的表现进行了比较分析，并建立了相应的评价指标体系。顾云松、李文舒（2013）[②] 通过采用变动成本法对中国造船业的国际竞争力进行分析与评价，通过对成本变动的计算指出，变动成本法的应用可以降低成本投入，帮助企业产品定价，有效控制成本，以此提升中国船舶制造业的国际竞争力。李（Lee C. B）等人（2014）[③] 根据问卷调查和德尔菲法的结果，从船舶制造业实践角度选取 24 个因素对其国际竞争力进行评价，通过因素权重的确定和计算，应用航运竞争力指数来具体衡量主要海洋国家的竞争力，并对具有类似背景和发展条件的各国提出政策建议。

（三）中国船舶制造业贸易竞争力提升手段综述

主要是通过国内外文献研究对提升船舶制造业贸易竞争力手段进行综合分析。斯托特、卡坦（Stott P.，Kattan M. R.，1997）[④] 采用与产出相关的生产率以及劳动率的比较法，选取美国造船业为具体研究对象，通过分析显示，提升造船业的国际竞争力必须包含技术、经济以及两者的结合，只有合理协调技术和经济比例，才能在激烈的竞争中不断提升产业竞争力。鲁、唐两位学者（Lu B. Z.，Tang A. S. T.，2000）[⑤] 选取中国造船业的发展为研究对象，追溯自 20 世纪 70 年代至今的发

① 李金慧：《后金融危机时期中韩船舶产业国际竞争力比较研究》，硕士学位论文，中国海洋大学，2013 年，第 39—55 页。

② 顾云松、李文舒：《变动成本法在中国船舶制造业的应用》，《现代企业》2013 年第 1 期，第 41—42 页。

③ Lee C. B.，Wan J.，Shi W.，et al.，A cross-country study of competitiveness of the shipping industry，*Transport Policy*，2014，Volume 14，Issue 5，p. 31.

④ Stott P.，Kattan M. R.，Shipbuilding competitiveness: The marketing overview，*Journal of ship production*，1997，Volume 13，Issue 1，pp. 1 – 7.

⑤ Lu B. Z.，Tang A. S. T.，China shipbuilding management challenges in the 1980s，*Maritime Policy & Management*，2000，Volume 27，Issue 1，pp. 71 – 78.

展历程。研究发现，在过去的 20 年间，中国造船企业面临各种挑战，国际竞争力表现主要受到两个领域的影响，即外部因素和船舶管理两个领域；外部因素主要集中于通货膨胀以及国内基础设施的支持，船舶管理主要包括船舶运营效率以及管理机制等。格林伍德（2005）以典型海洋国家加拿大的船舶制造业为研究对象，通过对现状的分析以及船舶相关产业的研究，提出要提升该国船舶制造业必须从政府、产业和企业多方面入手；政府应出台相应政策并保障政策实施，产业应提升和优化产业结构，企业应提升生产运营效率与技术水平。谭晓岚（2006）[①]、李荣百（2007）[②] 以中国造船业为研究对象，注重中国船舶制造业的国际竞争力提升，研究指出，尽管中国船舶制造业近年来在发展速度、科技创新和造船效率等方面都取得一定成绩，但仍需要从生产要素方面、船舶配套相关产业方面、企业科技创新方面、国内需求方面和政府行为方面入手，进一步提升国际竞争力。邱尔妮（2007）[③] 关注中国船舶竞争力的市场表现，对产品竞争力、企业竞争力和潜在竞争力进行分析，指出要提升船舶市场竞争力要从技术创新、船舶配套和信息化水平等方面入手。谢凌（2009）[④]、郭晓合、李理甘（2010）[⑤] 研究指出，提升船舶制造业国际竞争力的手段包括加强培育实力雄厚的船舶企业发展，调整优化船舶产业结构实现专业化生产，加强科技实力和创造力实施科技兴船，大力培育船舶配套产业链发展，健全融资体系和金融支持等手段。万国臣（2010）[⑥]、王英杰（2011）[⑦] 通过分析实证研

---

① 谭晓岚：《船舶产业发展趋势与山东船舶产业发展条件综合评价——山东造修船业产业链的培育对策研究》，《海洋开发与管理》2006 年第 5 期，第 156—159 页。

② 李荣百：《中国造船业国际竞争力分析》，硕士学位论文，东华大学，2007 年，第 83—96 页。

③ 邱尔妮：《中国船舶行业的市场竞争力研究》，硕士学位论文，东北林业大学，2007 年，第 33—40 页。

④ 谢凌：《湖南省船舶工业发展现状及对策研究》，硕士学位论文，湖南大学，2009 年，第 36—42 页。

⑤ 郭晓合、李理甘：《后危机时代中国船舶产业发展战略调整的选择》，《江苏科技大学学报》（社会科学版）2010 年第 4 期，第 29—33、40 页。

⑥ 万国臣：《基于知识产权的中国船舶产业国际竞争力评价》，硕士学位论文，哈尔滨工程大学，2010 年，第 50—59 页。

⑦ 王英杰：《中国船舶制造业竞争力分析与评价研究》，硕士学位论文，河北工业大学，2011 年，第 37—39 页。

究表明中国船舶制造业国际竞争力较低；为提升船舶制造业国际竞争力从企业组织、相关产业以及政府三个层面提出加强人才培养、改造造船模式、加强政府支持力度等对策。梁晶等（2011）[①] 运用SWOT分析得出优劣势表现，并提出了提升船舶制造业优势的策略，应以自身优势为基础，开拓新市场推动产业发展；加大自主创新和人才激励；加强合作实现产业链共赢；引进高新技术创新融资渠道和手段。

促进船舶配套业发展和加强国际合作以促进船舶制造业国际竞争力提升。曹惠芬（2001）[②] 研究指出，船舶制造业国际竞争力的提升需要船舶配套业发展。李彦庆等（2003）[③]、王荣生（2003）[④] 以中国船舶产业竞争力现状为基础，指出通过培育和发展大型船企，加强发展配套工业，努力开拓国内外市场等策略进一步提升船舶制造业国际竞争力。科内、纳瑞塔（Koneig P. C.，Narita H.，2005）[⑤] 研究指出，船舶业发展除了要提升自身竞争力之外，还要加强与船舶相关的配套产业发展，进一步扩大对外合作交流力度与范围，实现内部和外部运作能力与环境的共同改善与提升。周飞飞、吴晓燕（2006）[⑥] 和谭宏、宁宣熙（2006）[⑦] 指出，保护国内造船市场和船舶配套市场是维持和提升中国船舶制造业贸易竞争力的基础。胡兴军（2007）[⑧] 研究指出，加强法律法规建设、自主创新、新技术的应用以及外资引进四个方面可以有效增

---

① 梁晶、吕靖、李晶：《中国船舶制造业系统性融资需求研究》，《改革与战略》2011 年第 5 期，第 141—143 页。

② 曹惠芬：《中国船舶配套企业存在问题分析及发展思路探讨》，《船舶工业技术经济信息》2001 年第 3 期，第 20—24 页。

③ 李彦庆、韩光、张英香：《中国船舶工业竞争力及策略研究》，《舰船科学技术》2003 年第 4 期，第 61—63、66 页。

④ 王荣生：《提高竞争力做大做强中国船舶工业》，《中国远洋航务公告》2003 年第 8 期，第 8—10 页。

⑤ Koneig P. C.，Narita H.，An American Perspective on Japanese Shipbuilding Competitiveness，*Techno Marine*，2005，Volume 42，Issue 2，pp. 56 - 64.

⑥ 周飞飞、吴晓燕：《中国造船业未来发展战略》，《当代经济》2006 年第 11 期，第 60—61 页。

⑦ 谭宏、宁宣熙：《造船产业贸易政策与中国造船企业国际竞争力研究》，《财经问题研究》2006 年第 5 期，第 37—41 页。

⑧ 胡兴军：《中国船舶工业发展现状及促进措施》，《天津航海》2007 年第 4 期，第 39—42 页。

强中国船舶制造业的国际竞争力。杨（Yang Y. C.，2010）[1] 通过采用层次分析法，研究立足资源分配角度的船舶制造业国际竞争力；研究指出，对于船舶配套业的发展仍不容忽视，船舶配套业的发展关系着船舶制造业发展前景，并为船舶制造业的发展提供重要保障。杨慧力等（2011）[2] 从提升中国国际话语权的角度出发，提出提升船舶国际竞争力的建议。贾立奎（2012）[3] 认为，提高船舶质量、降低船舶成本以及缩短造船周期，从而提高船舶制造业的整体效率，对提高中国船舶制造业国际竞争力具有重要的作用。宗舟（2012）[4] 以上海外高桥造船公司为研究对象，从创新角度出发，提出他的观点，具体船舶企业提升国际竞争力的手段包括调整技术机构，加强产学研合作；精心打造海洋工程，增强软硬件实力等。吴家鸣（2012）[5] 在研究中国造船业历史变迁的基础上，提出提升国际竞争力的有效手段包括降低成本实现船舶行业转移，从质量和技术角度实现行业整体跨越式发展，加强船舶配套业技术水平，实现造船业信息共享，开发高技术高附加值船只利用。

分析市场结构提升船舶制造业国际竞争力。施恩、索恩（Shin J. G.，Sohn S. J.，2000）[6] 以造船企业为研究对象，重点考虑造船企业的运作效率及造船企业市场结构，指出市场结构的合理性对造船企业的国际竞争力影响较大。周维富、王晓红（2003）[7]、袁和平（2003）[8]

---

① Yang Y. C.，Assessment criteria for the sustainable competitive advantage of the national merchant fleet from a resource-based view，*Maritime Policy & Management*，2010，Volume 37，Issue 5，pp. 523 – 540.

② 杨慧力、刘琼、王小洁：《中国船舶制造业定价话语权缺失的原因及对策——基于产业链整合的视角》，《价格理论与实践》2011 年第 3 期，第 85—86 页。

③ 贾立奎：《船舶制造业项目质量管理与成本控制研究》，硕士学位论文，华北电力大学，2012 年，第 22—51 页。

④ 宗舟：《外高桥造船创新引领又好又快发展》，《港口经济》2012 年第 12 期，第 32—33 页。

⑤ 吴家鸣：《中国造船业的变迁与现状》，《广东造船》2012 年第 1 期，第 37—41、55 页。

⑥ Shin J. G.，Sohn S. J.，Simulation-based evaluation of productivity for the design of an automated fabrication workshop in shipbuilding，*Journal of ship production*，2000，Volume 16，Issue 1，pp. 46 – 59.

⑦ 周维富、王晓红：《关于新世纪中国船舶工业发展战略的思考》，《经济研究参考》2003 年第 44 期，第 16—23 页。

⑧ 袁和平：《中国船舶工业参与国际竞争的历史回顾与经验总结》，《中船重工》2003 年第 4 期，第 40—42 页。

以世界船舶工业发展趋势和中国国际分工中的地位为研究基础，进一步提出提升船舶制造业国际竞争力的主要手段，包括建立和健全管理体制，加快结构调整步伐，加大科技创新投入，采用激励机制重视人力资源利用。王连军（2005）[①] 采用 SCP 范式分析法对中国船舶制造业进行研究，研究结果显示，中国船舶制造业表现出高垄断特征，隶属于寡占型市场结构，国际竞争力相对于日本和韩国等造船强国，依然表现较弱，因此要提升船舶制造业国际竞争力应提高市场绩效效率，促进技术进步和鼓励产品创新。杨久炎（2004）[②]、阎蓓（2007）[③] 分别以广东和上海船舶产业的现状发展为研究对象，从"钻石体系"的四大要素入手对其国际竞争力进行分析，并提出从专业性生产要素和产业集群等方面增强船舶产业的国际竞争力。罗清启（2011）[④] 研究指出，单纯依靠产能的加减法很难实现中国造船业国际竞争力飞跃发展。在新产业战略思维指导下，通过产业技术的自主创新与产业链配套的逐步完善，中国造船业国际竞争力才能得以提升。

还有从船舶制造企业和金融融资角度出发研究提升其国际竞争力的途径。柯婴（King J.，1999）[⑤] 研究指出，世界造船业近 30 年的发展迅速超越需求，各国政府都以多种形式进行扶持与鼓励，但在提升世界造船业整体国际竞争力方面，仍需出台金融融资、国际合作等多方面政策，通过政策实施提升竞争力。袁聪（2007）[⑥] 认为，提升中国船舶制造业国际竞争力的途径应着眼于培养国际性科研人才；应加快行业整合和集聚；应大力发展融资业务，其中融资业务的顺利发展可为船舶制造

①　王连军：《中国船舶制造业：SCP 范式分析》，《重庆工商大学学报·西部论坛》2005年第 6 期，第 75—79 页。

②　杨久炎：《广东船舶工业产业国际竞争力研究》，《广船科技》2004 年第 1 期，第 1—7、14 页。

③　阎蓓：《提升上海船舶产业国际竞争力、扩大船舶出口的战略思考》，《上海经济研究》2007 年第 12 期，第 95—99 页。

④　罗清启：《中国造船战略突围路径》，《董事会》2011 年第 2 期，第 58—59 页。

⑤　King J.，New directions in shipbuilding policy，*Marine Policy*，1999，Volume 23，Issue 3，pp. 191–205.

⑥　袁聪：《中国船舶制造业的国际竞争力问题研究》，硕士学位论文，西南财经大学，2010 年，第 71—74 页。

业国际竞争力的提升提供雄厚的资金保障。王以恒（2010）①、许立坤（2010）② 从中国船舶制造企业船东风险管理角度为提升船舶制造业国际竞争力贡献相应对策和建议。他们认为，通过实现船东信息管理、合同管理、应收账款和拖欠账款管理等解决船东风险的控制问题；通过设置风险管理部门和加强建立管理制度实现风险管理保障机制。蔡宇宸（2011）③ 在船舶融资方面提出建立船舶产业基金，创新融资方式等建议。狄为、胡文静（2011）④ 基于国际市场的不稳定背景，认为通过建立船舶制造业财务危机预警系统，能有效地增强风险意识，提高风险防范能力。高由子（2011）⑤ 从船舶制造业融资角度入手，采用模糊层次分析法建立中国船舶制造业融资决策评价模型，通过对融资决策模型的分析指出要想提升船舶制造业的国际竞争力，从融资决策方面应考虑多种融资方式并用，选择合理的银行贷款方式，留存信托理财产品以备需要以及融资决策应适时调整等建议。毛哲炜（2012）⑥ 从船舶融资渠道提出，应加大金融机构对船舶制造业的支持，以保证船舶制造业的资金链连续，有效控制汇率风险，从而提高中国船舶制造业对国际市场的应变力。张为峰、吕开东（2013）⑦ 从船舶制造企业的角度提出，提升船舶制造业国际竞争力的措施，他认为基于战略角度，要准确定位，明确发展战略，可以采取密集型成长战略、多元化成长战略以及一体化成长战略；基于科技创新角度，要着力提高管理和创新水平；基于人力资源

---

① 王以恒：《中国船舶制造业国际竞争力的结构分析》，《经营管理者》2010 年第 1 期，第 183—185 页。

② 许立坤：《造船企业船东风险问题研究》，硕士学位论文，江苏科技大学，2010 年，第 54—62 页。

③ 蔡宇宸：《船舶产业基金——船舶融资方式的创新》，《中国造船》2011 年第 4 期，第 229—238 页。

④ 狄为、胡文静：《船舶制造业财务危机预警系统的构建》，《会计之友》2011 年第 3 期，第 29—31 页。

⑤ 高由子：《船舶工业企业融资决策评价及优化研究》，硕士学位论文，哈尔滨工程大学，2011 年，第 63—65 页。

⑥ 毛哲炜：《船舶制造业存在的问题及金融支持对策浅析》，《经营管理者》2012 年第 16 期，第 46 页。

⑦ 张为峰、吕开东：《中国船舶工业发展趋势及企业生产经营建议》，《船舶工程》2013 年第 2 期，第 1—5 页。

角度，要加强人才队伍建设。张为峰、苏智（2013）[1] 强调，船舶制造企业间通过兼并重组方式，实现资源共享和信息共享，提升企业效率，有利于塑造船舶制造企业的核心竞争力和国际竞争力。毛明来、刘勇（2013）[2] 从金融角度入手，认为要倡导"绿色信贷"，积极开发绿色环保新船型；要促进船舶工业金融资源高效利用，实现自身转型升级；要创新金融产品，培育优势船舶企业；要加大船舶融资人力资源的培育，实施合理的信贷政策，降低行业信贷风险。

（四）中国船舶制造业贸易竞争力述评

影响船舶制造业贸易竞争力的主要因素包括内部因素和外部因素。内部因素主要强调船舶企业自身造船成本、人力资源、管理水平以及技术创新等。2008 年金融危机后，供需关系失衡、融资困难、汇率变动、相关配套产业水平以及造船技术水平等因素都直接对船舶制造业的国际竞争力产生影响。而外部因素更多关注邻国船舶制造业的发展、国内船舶制造业发展水平以及船舶配套能力等。日本和韩国船舶制造业发展经验借鉴、国内船舶相关产业发展思路调整等都是提升船舶制造业发展的途径。

船舶制造业贸易竞争力的评价方法分为定性分析和定量分析两大类。定性分析主要包括文献分析法、波特因子模型以及 SWOT 分析法等。文献分析法纵观掌握船舶制造业发展历程；波特钻石因子模型对于构成竞争优势的要素条件、需求条件等四个核心要素的作用进行评价；SWOT 分析法对中国造船业内部劳动力资源、劳动力成本和基础设施等条件，以及外部产业转移、政策支持等条件进行分析。定量分析法包括加权指数法、数据综合分析法、全息雷达图法等。通过定量方法对船舶制造业竞争力进行衡量与测定，利于行业整体合理发展。

中国船舶制造业贸易竞争力再造提升手段方面研究较多。从综合角度进行分析，可以较为全面地提出中国船舶制造业要提升应加强技术创新能力，提高船舶配套水平，引进先进造船模式，提高企业信息化水平

---

① 张为峰、苏智：《中国船舶制造业企业兼并重组研究》，《学术交流》2013 第 1 期，第 102—106 页。

② 毛明来、刘勇：《中国船舶工业 SWOT 分析及金融支持策略研究》，《金融理论与实践》2013 年第 2 期，第 27—32 页。

等。从市场结构角度分析，则要调整目前船舶制造业市场结构，加大高技术产业结构比例。从船舶制造企业和金融融资角度出发，在融资决策时应考虑多种融资方式并用，选择合理的银行贷款方式，加大金融机构对船舶制造业的支持，以保证船舶制造业的资金链连续和有效的汇率风险控制。

三　发达国家"再工业化战略"对中国船舶制造业贸易竞争力的影响研究综述

"再工业化战略"的实施对中国船舶制造业贸易竞争力影响可分为实施初期影响和实施后期影响两部分。实施初期影响已经初现，但基于船舶制造业的行业特征，影响表征不明显。实施后期影响更加显著，但由于初期相应调整政策已经开始实施，部分影响已经被弱化。

（一）"再工业化战略"实施初期对中国船舶制造业贸易竞争力的影响研究综述

"再工业化战略"实施初期对中国船舶制造业竞争力的影响主要集中在船舶进出口贸易、生产能力等方面，并且强调中国船舶制造业应对战略实施进行的初步转型与挑战。林滨、韩笑妍（2008）[1] 指出，美国金融市场波动对船舶产业融资影响显著。李玉山（2008）[2] 指出，中国船舶制造企业应树立全球市场经营战略理念，以应对发达国家"再工业化战略"实施的负面影响。刘洪滨、孙丽、齐俊婷（2008）[3] 研究指出，在"再工业化战略"实施初期，中国和世界船舶制造产能过剩问题已经凸显，研究国际市场供求关系，把握世界航运市场发展趋势是目前研究重点。许天羽（2009）[4] 研究指出，金融危机和发达国家

---

① 林滨、韩笑妍：《受金融危机影响，船舶市场面临下跌的风险》，《船舶物资与市场》2008 年第 5 期，第 3—5 页。
② 李玉山：《从世界演化大势看未来世界造船市场》，《船艇》2008 年第 6 期，第 16—28 页。
③ 刘洪滨、孙丽、齐俊婷：《中国造船产业现状及走势分析》，《太平洋学报》2008 年第 11 期，第 73—82 页。
④ 许天羽：《世界经济衰退中的中国船舶制造业》，《中国水运（下半月）》2009 年第 3 期，第 62—63 页。

"再工业化战略"对中国船舶制造业发展影响巨大。游友斌、陶永宏（2009）[①]对中国船舶工业进行分析，研究指出，其对中国经济增长贡献巨大。近年来中国船舶行业取得快速发展，但与发达国家相比仍有差距，特别是在金融危机发生后，世界经济环境及发达国家政策发生较大改变，对中国造船业的生产结构、成本优势以及发展战略都产生重大影响。张光明、吴燕（2009）[②]通过采用波特五力模型对中国船舶制造业发展及竞争力进行分析。研究指出，经济危机的爆发及发达国家"再工业化战略"的实施给中国船舶工业产业结构和买方与供应商的议价能力等都带来前所未有的挑战；面对挑战，中国船舶制造业应促进造船企业的联合重组，大力发展高技术、高附加值相关产业，以进一步促进船舶产业发展。张菊霞（2009）[③]提出，船舶制造业是周期行业，并与经济周期联系紧密，同时船舶制造业是高度资本密集型产业，资金链容易断裂；在这次全球金融危机的大背景下，船舶制造业面临重新洗牌。巴斯（Barnes V.）等（2009）[④]以典型海洋国家美国为研究对象，研究指出，美国造船业和政府面临造船劳动力老龄化问题，造船需求不合理以及船舶成本增加等问题；通过对美国船舶业发展瓶颈的分析，提出美国"再工业化战略"的实施对于船舶业发展是有利的，并会影响世界船舶制造业发展格局，尤其是对近几年船舶业发展迅速的中国，会造成中国贸易生产和出口结构的大幅度调整。皮尔斯（Pires F.）等（2009）[⑤]将影响造船竞争力的造船企业规模、生产模式以及地区工业环境等因素进行综合考虑，指出，在金融危机后中国船舶制造业要想提升国际竞争力应合理化企业规模，改变注重低成本的生产模式而转变为注重高新技

---

① 游友斌、陶永宏：《基于钻石模型的我国船舶产业竞争力分析》，《价值工程》2009年第28卷第5期，第38—39页。

② 张光明、吴燕：《基于波特五力模型的我国造船产业结构分析》，《江苏科技大学学报》（社会科学版）2009年第9卷第1期，第58—61页。

③ 张菊霞：《经济衰退下船舶制造企业多元化融资的对策分析》，《北方经济》2009年第24期，第58—59页。

④ Barnes V., Bowden C., Churbuck C., et al., Shipbuilding Industry, Industry Study, Spring 2009, *Industial Coll of The Armed Forces Washington DC*, 2009, Volume 12, Issue 6, p. 31.

⑤ Pires F., Lamb T., Souza C., Shipbuilding performance benchmarking, *International Journal of Business Performance Management*, 2009, Volume 11, Issue 3, pp. 216–235.

术、进一步改善区域工业环境等。张文轩（2009）① 研究指出，自金融危机产生后，发达国家纷纷采取"再工业化战略"，对中国造船业产生巨大影响，中国造船业出现资金周转困难、生产能力降低、接单和交单难度加大等问题，在此基础上，分析中国造船业的市场结构，从市场集中度、产品差异度、规模经济、进入壁垒等方面入手，提出提高市场集中度、加强研发减少产品差异度、支持企业重组兼并实现规模经济以及出台相应政策加强贸易保护等对策。

　　郭晓合、李理甘（2010）② 通过研究金融危机后船舶制造业的出口状况以及出口经济效益，指出，由于发达国家"再工业化战略"实施的影响，自 2009 年始，中国从投资角度、融资角度等多方面出台相应政策降低船舶制造业企业成本，提高企业经济效率，以此拉动制造业经济效益的持续增长；尤其在出口方面，中国三大主流船型已经位居世界前三位，竞争优势显著。祁文才、穆利娟（2010）③ 以后危机时代发达国家实施"再工业化战略"后对中国船舶制造业的影响为研究对象，在分析中国造船业多而散，配套设施落后等现状的基础上，指出中国造船业面临需求疲软、产业结构升级压力和融资困难等多方面瓶颈，通过研究分析指出，中国船舶制造业在增强国际竞争力的途径中应该加强政府扶持力度，解决产能过剩，调整企业结构并实施船舶的低碳经济。高瑾、娄英等人（2010）④ 针对金融危机发生后对中国造船业造成的影响进行研究；从总体角度出发，认为金融危机的发生导致世界经济及世界航运经济发展速度放缓，中国由于其低成本优势也遭受严重影响；为解决中国造船业目前遭遇的瓶颈，应加强国际合作与交流，开拓融资新途径，完善船舶抵押登记制度和风险管理机制，发展船舶租赁模式和信托模式。创等（2010）研究指出，中国造船业与

　　① 张文轩：《金融危机背景下中国造船业市场结构研究》，《产业与科技论坛》2009 年第 8 期，第 47—50 页。

　　② 郭晓合、李理甘：《后危机时代中国船舶产业发展战略调整的选择》，《江苏科技大学学报（社会科学版）》2010 年第 4 期，第 29—33 页。

　　③ 祁文才、穆利娟：《后危机时代中国造船业的机遇与挑战》，《水运管理》2010 年第 12 期，第 6—9 页。

　　④ 高瑾、娄英、范竹竹：《金融危机对中国造船业影响及反思》，《现代商贸工业》2010 年第 3 期，第 14—15 页。

计算机集成制造关系密切，计算机集成制造系统提升了造船业生产效率与安全性，自金融危机产生后，发达国家"再工业化战略"的提出，则进一步强调要更加注重科技应用，给予仿真生产和数字化，通过电脑优化船舶制造，以提升中国造船业的国际竞争力。胡颖、李成强（2010）① 研究了金融危机后中国、日本和韩国船舶制造业的竞争特点，并指出韩国的科研水平与日本的高新技术发展都是中国船舶制造业发展可以借鉴的成功经验；发达国家"再工业化战略"的实施对中国以资源为主要核心优势的船舶制造业造成一定的冲击，应在利用好资源优势的基础上进一步加大高新技术和科研投入，努力实现自身船舶强国的目标。泰（Tsai Y. C. , 2010）② 通过研究 OECD 国家和非OECD 国家在金融危机后的不同表现，指出发达国家金融危机后实施的"再工业化战略"对非 OECD 国家影响显著，尤其是对于中国这类以低技术低成本为竞争优势的国家；"再工业化战略"将影响中国船舶制造业进出口产品格局。王洪增（2010）③ 针对金融危机后中国造船业所遭遇的机遇和挑战为研究对象，分别从钻石模型的五个角度对其发展提出相应对策，他认为，从生产要素角度出发应培育造船行业所需要的高级生产要素；从需求角度出发应巩固需求，扩大国际市场；从相关与支持性产业角度出发应大力发展船舶配套产业；从企业战略角度出发应培育具有雄厚实力的船企，引入高新技术；从政府与机会角度出发应充分发挥政府对船舶业的扶持作用。

（二）"再工业化战略"实施后期对中国船舶制造业贸易竞争力的影响研究综述

"再工业化战略"实施后期对中国船舶制造业的影响主要集中在融资、发展环境以及技术水平等方面。高健（2011）④ 以金融危机对中国

---

① 胡颖、李成强：《"后危机时代"的韩中日竞争格局》，《中国船检》2010 年第 3 期，第 68—71 页。

② Tsai Y. C. , The shipbuilding industry in China, *OECD Journal*: *General Papers*, 2010, Volume 17, Issue 3, p. 28.

③ 王洪增：《金融危机背景下中国造船业国际竞争力研究》，硕士学位论文，中国海洋大学，2010 年，第 52—62 页。

④ 高健：《金融危机冲击下造船企业的船舶融资决策》，硕士学位论文，大连海事大学，2011 年，第 33—43 页。

船舶制造业的融资影响为主要研究对象，并对其进行分析与总结，研究指出发达国家"再工业化战略"的实施，使得中国造船企业融资体系中的融资困难凸显，信用担保难度增加，担保企业和资产抵押问题加剧；应从外部环境和内部环境两方面对问题进行解决，并提出相应的解决对策。艾欧斯库（Ionescu R. V.，2011）[①] 重点分析金融危机新形势下船舶制造业的发展；通过对欧洲造船业的分析，得出新形势和新战略下，欧洲和亚洲造船业面临战略上的调整；欧洲应重点关注船舶人力资源问题，亚洲应重点调整船舶产业结构和技术创新方面，尤其是近几年船舶业发展迅速的中国，应尽快调整战略以维持其造船业的高速发展。王吉武（2011）[②] 指出，金融危机的产生以及发达国家"再工业化战略"的实施，使得中国船舶制造业的盈利空间迅速缩小，很多船企面临持续发展瓶颈；在此基础上，中国船舶制造业应抓住机遇，迎接挑战，重点实施兼并重组，实现资源共享与信息共享，优化产业结构，进一步在国际竞争中维持和提升中国船舶制造业的国际竞争力。张金花（2012）[③] 针对金融危机产生后，对船舶制造企业产生的融资难等滞后问题展开研究，研究指出，在金融危机后果影响下，中国船舶制造企业仍存在内源融资比例低，直接融资较少，银行借款倚重大等问题，针对这些问题提出从船企角度出发要增加企业自己资金的积累，从银行角度出发要扩大船企融资渠道，从政府角度出发要增加船企直接融资等对策。李（Li K. X.）等（2012）[④] 选取2000—2010年的研究数据，分析全球造船业务的发展，结果显示亚洲国家对造船业增长的作用日益显著，目前韩国是世界造船市场的领头羊，中国以可观的造船产量位居全球第二，发达国家"再工业化战略"的提出及实施，使得造船行业的格局继续发展和演变，中国应调整发展策略，协调相关产业发展，努力

① Ionescu R. V.，Competition on the global shipbuilding market under the global crisis impact，*Economica*，2011，Volume 7，Issue 5，p. 20.

② 王吉武：《中国造船业如何借"机"重整》，《中国船检》2011年第9期，第73—74页。

③ 张金花：《后金融危机中国船舶制造企业融资问题研究》，硕士学位论文，江苏科技大学，2012年，第32—42页。

④ Li K. X.，Bang H. S.，Lin L.，et al.，Shipbuilding Policy in Asia（2000 – 2010s），*Journal of Korea Trade*，2012，Volume 16，Issue 4，pp. 105 – 128.

以创新与技术领先于市场。刘树青（2012）①针对金融危机发生后的造船业竞争力进行实证研究，对造船企业的竞争力进行分析和评价，分析了中国造船企业的产品结构、造船企业的集群化、造船企业的技术水平、造船企业成本等因素，提出后危机时代中国船舶制造企业应继续调整产业结构，加速造船企业联合重组，提升科技创新水平和降低造船成本。孟祺（2012）②研究指出，美国"再工业化战略"的实施促进了美国先进制造业和新兴产业发展，鼓励了科技创新和扶持中小企业，对中国制造业的发展提出新的要求；研究还指出，中国制造业整体（包括船舶制造业）都应积极应对，防止产业空心化与虚拟化，要加大科技创新投入，充分发挥市场机制作用，以促进中国制造业国际竞争力的提升。

近两年，中国造船业开始寻求更加合理的发展策略。邢弢（2013）③针对金融危机后发达国家"再工业化战略"的实施对中国造船业造成的影响，在国际国内造船环境及数据低迷的情况下，从长期和短期角度进行分析，指出中国造船业科学发展和解决瓶颈的对策和建议，应促进船舶产业和产品升级，开拓国际国内市场，合理并购重组造船企业。李丹（2013）④研究了美国"再工业化战略"实施背景下中国制造业整体包括船舶制造业所面临的新环境与新发展要求，结果指出，"再工业化战略"的实施会对中国船舶制造业以及全球制造业产业结构重组产生影响，进而对每一个层级的制造业发展提出了新目标，从转移影响、替代影响等方面指出对于传统优势产业应采取巩固策略，对配套产业应采取鼓励策略，对低技术产业应采取创新策略。姜等（2013）指出"再工业化战略"提出后，要提升造船业国际竞争力，应重点关注利润率指标；中国造船业的国际竞争力主要来源于造船成本，而新形

---

① 刘树青：《中国造船企业竞争力评价研究》，硕士学位论文，江苏科技大学，2012 年，第 34—51 页。

② 孟祺：《美国再工业化的政策措施及对中国的启示》，《经济体制改革》2012 年第 6 期，第 160—164 页。

③ 邢弢：《解析金融危机背景下出口订单减少对中国造船业影响的分析及对策研究》，《现代经济信息》2013 年第 7 期，第 112—113 页。

④ 李丹：《美国再工业化战略对中国制造业的多层级影响与对策》，《国际经贸探索》2013 年第 6 期，第 4—14 页。

势下必将削弱中国的成本优势，因此要制定适合的竞争策略以迎接新挑战。万继蓉（2013）[①] 以欧美各国"再工业化战略"为背景，以中国制造业在创新方面遭遇的新机遇和挑战为研究对象，研究指出，"再工业化战略"的实施推动中国制造业加速产业转型升级步伐，中国制造业必须从技术、产业、制度等多方面进行创新性发展，以提升制造业国际竞争力。张为峰、吕开东（2013）[②] 对"十一五"期间中国船舶制造业的发展进行研究总结和分析，结果显示"十二五"将是中国船舶制造业发展转型的重要阶段，国际经济局势和世界船舶市场需求变动以及发达国家战略变更，都会影响中国船舶制造业发展。郭进、杨建文（2014）[③] 指出，美国"再工业化战略"的实施给美国制造业带来恢复增长、发展态势转好等效果，但对中国制造业的发展造成诸多不良影响，导致中美制造业竞争激烈程度增加，加上美国贸易保护措施和技术优势明显，这些都将促进中国制造业加速经济转型，提升整体竞争力水平。

（三）日本等发达国家"再工业化战略"实施对中国船舶制造业竞争力影响评述

"再工业化战略"实施初期对中国船舶制造业竞争力的影响主要集中在船舶进出口贸易、生产能力等方面，主要强调中国船舶制造业如何应对战略实施进行的初步转型与挑战。在金融危机和"再工业化战略"背景下，中国船舶产业产能过剩是必然结果，出口订单面临危机和风险。中国造船业出现资金周转困难、生产能力降低、接单和交单难度加大等问题。为解决中国船舶制造业遭遇的瓶颈，应加强国际合作与交流，加强政府扶持力度，解决产能过剩，调整企业结构并实施船舶的低碳经济。

"再工业化战略"实施近期对中国船舶制造业的影响主要集中在融

---

① 万继蓉：《欧美国家再工业化背景下中国制造业的创新驱动发展研究》，《经济纵横》2013 年第 8 期，第 112—115 页。

② 张为峰、吕开东：《中国船舶工业发展趋势及企业生产经营建议》，《船舶工程》2013 年第 2 期，第 1—5 页。

③ 郭进、杨建文：《美国再工业化的战略实施对中国制造业出口的影响》，《对外经贸实务》2014 年第 2 期，第 9—12 页。

资、发展环境以及技术水平等方面。发达国家"再工业化战略"的实施，使得中国造船企业融资体系中的融资困难凸显，信用担保难度增加，担保企业和资产抵押问题加剧。后危机时代，中国船舶制造企业应继续调整产业结构，加速造船企业联合重组，提升科技创新水平和降低造船成本。近两年，中国造船业开始寻求更加合理的发展策略。在产业结构方面，对于传统优势产业应采取巩固策略，对配套产业应采取鼓励策略，对低技术产业应采取创新策略，并建立绿色造船体系以迎合新时期挑战。

四　日本"再工业化战略"对中国船舶制造业贸易竞争力影响文献研究述评

在对发达国家"再工业化战略"、中国船舶制造业贸易竞争力、日本等发达国家"再工业化战略"对中国船舶制造业贸易竞争力影响三方面国内外文献分析中，涉及研究内容的文献数量超过400篇，对其中近200篇核心文献进行综合分析和研究，为研究日本"再工业化战略"对中国船舶制造业贸易竞争力实证分析奠定了文献研究基础。

在日本等发达国家"再工业化战略"文献研究方面，首先对"再工业化战略"概念进行追溯，对其含义拓展进行关注研究。传统的"再工业化战略"核心任务为实现工业部门的复兴，加强固定资产和基础设施的投资和更新换代，提供提高能源效率的技术和方法。含义扩展后的"再工业化战略"是积极的产业政策选择，需要依靠市场机制手段实现产业调整和升级。目前的"再工业化战略"更加注重制造业回归，力争解决产业空洞现象，实现产业实体化，实现工业产业向高级发展的升级过程。其次对发达国家"再工业化战略"实施的效果、目的性和前景进行评价。赞成者指出"再工业化战略"的实施适合发达国家经济发展现状与发展国情，借助制造业发展实现实体经济的回归，有利于吸引外资，增加就业，减少失业，提升生产效率及提高经济发展水平。反对者质疑"再工业化战略"由于政治色彩浓厚而影响效果的实施。从长期角度出发，不利于国家资源配置和结构调整，尤其不利于发展中大国资源和经济发展。

在中国船舶制造业贸易竞争力文献方面，首先对影响船舶制造业贸易竞争力的内部因素和外部因素进行归纳总结。内部因素主要集中在船舶企业自身造船成本、人力资源、管理水平以及技术创新等方面，外部因素主要集中在邻国船舶制造业的发展、国内船舶制造业发展水平以及船舶配套能力等方面。其次对于船舶制造业贸易竞争力定性和定量评价方法进行研究。文献中的定性分析主要集中于波特因子模型以及 SWOT 分析法等几种方法，定量分析法主要为加权指数法、数据综合分析法、全息雷达图法等方法。最后对中国船舶制造业贸易竞争力再造的主要提升手段进行研究。贸易竞争力提升再造对于中国船舶制造业发展的促进作用显著。在再造提升手段方面，集中从综合角度、市场结构角度和金融融资角度出发，一方面较为全面地提出整体发展对策，另一方面较为明确地提出具体发展对策。

关于从实施初期和实施后期两个阶段来研究日本等发达国家"再工业化战略"的实施对中国船舶制造业贸易竞争力造成的影响。"再工业化战略"实施初期对中国船舶制造业竞争力的影响主要集中在船舶进出口贸易、生产能力等方面。中国船舶制造业产能过剩、资金周转困难、生产能力降低、接单和交单难度加大等历史问题表现加剧。为解决历史瓶颈，通过加强国际合作与交流，加强政府扶持力度，解决产能过剩，调整企业结构等方式应对"再工业化战略"挑战，实现产业初步转型。"再工业化战略"实施后期对中国船舶制造业的影响主要集中在融资、发展环境以及技术水平等方面。中国造船企业融资体系中的融资困难凸显，信用担保难度增加，担保企业和资产抵押问题日益严重，促使中国船舶制造企业加速产业结构调整，造船企业联合重组，提升科技创新水平和降低造船成本，建立绿色造船体系以迎合新时期挑战。

第三节　主要研究内容与研究思路

一　主要研究内容

本书以日本"再工业化战略"对中国船舶制造业贸易竞争力影响为研究对象，主要内容包括对日本"再工业化战略"进行历史追溯及定性评定；对中国船舶制造业贸易竞争力现状分析；构建中国船舶制造业贸易竞争力评价指标并进行评价；日本"再工业化战略"对中国船舶制造业贸易竞争力影响实证分析；日本"再工业化战略"下中国船舶制造业贸易竞争力提升建议等。具体分为六部分内容：

第一部分，日本"再工业化战略"的提出及测算。首先以经济周期理论为基础追溯及整理日本工业化进程；继而重点研究日本"再工业化战略"的提出、战略实质以及实现路径；然后对日本再工业化指标进行筛选与赋值，应用扩散指数法衡量再工业化进程表现，并采用因子分析法测算"再工业化战略"指标综合指数。从出口和进口基本面以及造船三大指标①两个方面，分别研究日本"再工业化战略"对日本船舶制造业造成的影响。

第二部分，中国船舶制造业贸易竞争力现状分析。首先对中国船舶制造业贸易竞争力基本面进行分析，分别从中国船舶历年出口和进口规模及占比，历年出口和进口五大国家，中国船舶出口日本历年信息统计表三个方面对中国出口和进口基本面进行分析。然后采用贸易竞争力指数、显示性比较优势指数、Michaely 指数测算中国船舶制造业贸易竞争力大小。

第三部分，构建日本"再工业化战略"下中国船舶制造业贸易竞争力评价指标体系。以波特钻石模型为理论模型依据，以客观针对性、科学可行性、全面系统性和动态持续性为原则，对指标体系相应指标进行筛选及分析，确定日本"再工业化战略"下中国船舶制造业贸易竞争力评价指标体系框架。

第四部分，评价日本再工业化下中国船舶制造业贸易竞争力。应用层次分析法确定中国船舶制造业贸易竞争力评价指标权重，采用模糊综合评价法测算船舶制造业贸易竞争力。分阶段分析贸易竞争力综合指数及二级指标结果历年表现特征及趋势，应用 HP 滤波法对中国船舶制造业贸易竞争力综合指数和生产要素等四个子指数趋势成分进行分析，辨别各指数趋势图。

第五部分，日本"再工业化战略"对中国船舶制造业贸易竞争力影响实证研究与分析。应用单位根、协整检验、误差修正模型和脉冲响应

---

① 造船业三大指标为造船完工量、手持订单量和新接订单量。

计量方法对影响结果进行实证分析。针对实证结果，采用单位根、协整检验和回归方程对贸易竞争力重要影响指标需求指标进行实证分析，为贸易竞争力手段提升对策提供量化依据。针对实证结果，分别从造船业三大指标角度、贸易竞争力指标角度和需求指标角度对日本"再工业化战略"带来的影响做深入分析。

第六部分，日本"再工业化战略"下中国船舶制造业贸易竞争力提升建议。以贸易竞争力评价指标体系为指导，以日本"再工业化战略"对中国船舶制造业贸易竞争力影响实证结果为基础，分别从低价值船舶、高价值船舶、机遇发展和相关及辅助产业四个方面提出相应对策，以调整产业结构，促进中国船舶制造业贸易竞争力提升。

二 研究思路

日本"再工业化战略"对中国船舶制造业贸易竞争力影响研究的主要研究思路是，首先对日本工业化发展历程以及"再工业化战略"进程及指标进行衡量和测算，得到再工业化指标发展趋势结果和综合指数结果。其次对中国船舶制造业贸易竞争力基本面和指数进行分析和测算，得到进出口基本面分析特点和指标测算结果。再次将层次分析法和模糊综合评价法相结合，构建中国船舶制造业贸易竞争力三层指标评价体系并进行定量评价，分析贸易竞争力综合指标和生产要素等四个二级指标历年竞争力表现；应用 HP 滤波法分析中国船舶制造业贸易竞争力综合指数和生产要素等四个子指数趋势，为实证研究奠定基础；然后以"再工业化战略"综合指数和贸易竞争力综合指数为研究对象进行实证研究，对影响进行定量分析；针对定量分析结果进一步对中国造船三大指标、贸易竞争力指标和需求条件指标进行深入分析。最后从低价值船舶、高价值船舶、机遇发展和相关及辅助产业四个方面提出相应对策，促进日本"再工业化战略"下中国船舶制造业贸易竞争力的提升。

本书的技术路线图如图 1—1 所示。

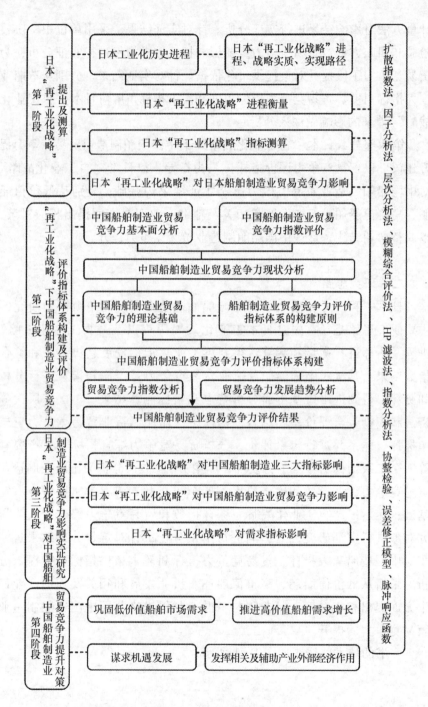

图1—1　技术路线图

第四节　主要研究方法与创新点

一　主要研究方法

运用扩散指数法对日本再工业化指标发展趋势进行判断。采用相对值的方法对筛选出的日本"再工业化战略"指标进行赋值，以扩散指数 0.5 为界限，初步判定日本"再工业化战略"的实施效果及经济发展态势。运用因子分析法通过降维的方式将单个指标的信息综合为少数几个综合指标的信息，得到日本"再工业化战略"综合指数。

运用贸易竞争力指数、显示性比较优势指数、Michaely 指数分别测算中国船舶制造业贸易竞争力大小，衡量自 1992 年至 2013 年中国船舶制造业贸易竞争力发展趋势。贸易竞争力指数侧重评价国际竞争力，显示性比较优势指数侧重评价国际贸易中的比较优势，Michaely 指数侧重评价进出口占比，三个指标从不同角度评价中国船舶制造业贸易竞争力表现。

运用层次分析法测算"再工业化战略"下中国船舶制造业贸易竞争力评价体系中各指标的权重，克服主观因素的影响，保证指标权重设置的客观性与准确性。运用模糊综合评价法对历年中国船舶制造业贸易竞争力指数进行评价。确定指标隶属度矩阵和最优模糊划分矩阵，得到中国船舶制造业贸易竞争力历年决策优属度，以此为依据评价贸易竞争力发展特点。

运用 HP 滤波法对中国船舶制造业贸易竞争力综合指数和生产要素等四个子指数趋势成分进行分析，得到贸易竞争力综合指数与各子指数趋势的相似性。赋予四个子指数相同权重来验证贸易竞争力指标评价体系中所赋权重的合理性结果显示，其中需求条件是影响贸易竞争力最重要的指标。

运用误差修正模型和脉冲响应评价日本"再工业化战略"对中国船舶制造业贸易竞争力影响。运用单位根及协整检验证明贸易竞争力一级指标和生产要素等四个二级指标以及"再工业化战略"综合指数均为一阶单整序列。协整关系分析结果显示"再工业化战略"仅与贸易竞争力和需求条件存在协整关系，在此基础上进一步构建误差修正模型评价"再工业化战略"综合指数对两个指标的影响。运用脉冲响应函数，进一步分析各个指标对"再工业化战略"综合指数影响扰动的响应。

运用单位根、协整检验和回归方程对贸易竞争力重要影响指标需求指标进行实证分析，结果显示"再工业化战略"综合指数对五个需求指数的影响虽都为负向，但对需求结构方面影响显著。针对散装船、集装箱船和油船三种主要船型，以船舶完工量、船舶新承接订单量、手持船舶订单量为主要方面进行深入分析。

二　研究创新点

本书经过近三年的系统研究，在以下三个方面做了创新性的研究：

第一，以经济的重要性、景气的对应性、时间的规则性、统计的充足性和数据的速报性为原则，筛选出以日本第二产业产值比重等为代表的七个指标，采用相对值方法赋值，运用扩散指数法判断日本再工业化指标发展趋势。运用因子分析法按照特征根大于 1 的标准，提取了 Z_1、Z_2、Z_3 三个因子。将三个因子得分进行加权平均得到综合因子 Z，确定综合因子 Z 为日本"再工业化战略"综合指数。

第二，运用层次分析法和模糊综合评价法，创建日本"再工业化战略"下中国船舶制造业贸易竞争力指标评价体系。分别从生产要素，需求条件，相关及辅助产业，经营战略、市场结构与竞争四个二级指标入手，选取 23 个三级指标对中国船舶制造业贸易竞争力进行定量计算和分析评价，依据指标隶属度矩阵测算结果对历年中国船舶制造业贸易竞争力表现进行评价，得到历年中国船舶制造业贸易竞争力综合指数变化趋势图。

第三，运用误差修正模型和脉冲响应模型研究日本"再工业化战略"对中国船舶制造业贸易竞争力的影响。误差修正模型结果表明"再工业化战略"的实施会对贸易竞争力提升起到负面抑制作用，对需求条件也起到负面作用。运用单位根、协整检验和回归方程对贸易竞争力重要影响指标需求指标进行实证分析，结果显示"再工业化战略"综合指数对需求条件中的需求结构指标影响显著。

第五节　相关概念界定

一　"再工业化战略"

对"再工业化战略"的理论界定起源于 1968 年版的《维特斯特词典》中，概念的提出旨在通过政府协助刺激经济增长，复兴旧工业部门并刺激新兴工业部门发展。针对由于过度消费和投资力度相对不足导致的经济增长放缓现象，提出重新发展工业来解决这些问题，传统"再工业化战略"应运而生。20 世纪 70 年代的"再工业化战略"旨在通过新技术的引入，以制造业发展为主要驱动力，大幅度吸引国外投资，减少生产成本投入，提高生产效率，提升社会工资水平。进入 20 世纪 80 年代和 90 年代，"再工业化战略"更多体现人性特征，内涵包括重构社会保障网络体系，支持发展阳光产业，以制定经济计划和民主决策方式决定夕阳产业某些厂房的设置和存在，恢复经济高速发展。

进入 21 世纪，在第三次产业革命背景下，全球网络经济与实体经济关系日趋密切，生产能力与生产方式表现出新的特点和发展态势。新经济环境下的"再工业化战略"的提出，是以生产能力的高速发展与科技投入和依附于互联网的大规模定制生产方式为背景。"再工业化战略"表面上更加强调实体经济的回归，但实质上是淘汰处于衰退阶段的部分实体经济，稳定经济发展结构，重构制造业产业链，注重高端制造业的投入与开发，提升产业竞争力，发展有利于支撑经济可持续发展的高端产业，实现产业结构的优化和升级。

二　船舶制造业

船舶制造业又被称为造船业，是一个综合性很强、高度集成的产业，是中国重要的装备工业之一。它是指能承担各种军事和民用船舶以及其他浮动工具、配套设备相关的系列工作——如设计、建造、维修等，同时能为水上运输、海洋开发和国防建设等行业提供现代化技术装备的产业。从行业相关性角度，船舶制造业不仅为海洋资源和能源的开发与运输提供坚实的物质基础，而且对化工行业、电子行业、机械行业等都具备较强的需求。从国家安全角度，船舶制造业为中国海域安全提供了必要的装备保障。

船舶制造业是为水上交通、海洋开发和国防建设等行业提供技术装备的现代综合性产业，也是劳动、资金、技术密集型产业，对机电、钢铁、化工、航运、海洋资源勘采等上、下游产业发展具有较强带动作用，对促进劳动力就业、发展出口贸易和保障海防安全意义重大。中国劳动力资源丰富，工业和科研体系健全，产业发展基础稳固，拥有适宜造船的漫长海岸线，发展船舶工业具有较强的比较优势。同时，中国对外贸易的迅速增长，也为船舶制造业提供了较好的发展机遇。

船舶制造业具有生产要素密集性、高关联性、高效性和长周期性等特点。生产要素密集性体现在资金、技术和劳动三方面，船舶制造业的发展需要投入资金购买相应装备及运作管理，投入先进科研技术维持竞争力，投入高素质劳动力提高生产效率。高关联性体现在中国船舶制造业是传统产业，涉及钢铁、电子、化工等多个专业和行业，关联产业与部门数量近百个，能对相关的产业发挥推动和带动作用。高效性一方面强调生产与运作的高效率，另一方面强调管理的高效率。长周期性表现在船舶产业与国际经济贸易发展周期息息相关，世界经济与贸易的兴衰会直接影响船舶产业发展。

三　贸易竞争力

贸易竞争力属于国际竞争力内涵范畴，但并不是产业竞争力和企业竞争力的简单加总，而是竞争力在贸易方面的具体表现。贸易竞争力是指一个国家或地区将本国优势产品、企业和产业在国际市场中应用国际贸易、国际合作等手段开拓市场、占据市场，并最终实现利润的能力，是一个国家或地区参与国际贸易活动和国际竞争的能力。

贸易竞争力包括两个方面的内容：第一是否有能力向众多国家持续、大量地出口，第二是否能够从这种出口当中获得大量的贸易利益。贸易竞争力是一国通过对外贸易活动所表现出来的参与国际竞争和国际分工的能力，是一国在国际市场上不断扩张市场份额并以此获得利润的能力。贸易竞争力是国际竞争力的重要表现形式和内容。阿基米认为，国际竞争力是该国出口占世界出口的份额大小及其增长能力。马库森提出，国际竞争力就是在一个自由贸易的环境中，一个国家通过贸易使实际收入的增长速度高于其贸易伙伴的能力。

贸易竞争力是国际竞争力的重要构成。从词源上看，贸易竞争力与国际竞争力具有异常紧密的联系。广义上，国际竞争力是指一个国家在市场经济竞争的环境和条件下，在与世界各国的竞争比较中，所能创造的增加值和国民财富的持续增长和发展的系统能力水平。国际竞争力反映的是一个综合水平，既包括已有的财富基础，也包括未来的竞争潜力；既反映经济发展，也反映宏观经济的改善。从狭义上看，国际竞争力首要的是表现在各国的产品和服务在国际市场中的竞争位势和竞争状态，因而，贸易竞争力构成了国际竞争力的基本内容。一般国际竞争力的测算是围绕国内市场和国际市场的竞争来展开的。这完全可以由进口和出口竞争力来表示。

贸易竞争力不仅能体现国家或地区吸收与输出扩张的国际竞争力，而且能体现国际化的国际竞争力以及经济国际化程度等。贸易竞争力水平的衡量大多采用绩效、商品和服务进出口等指标，使用较为广泛的主要有贸易竞争力指数、显性比较优势指数、Michaely 竞争优势指数等。贸易竞争力是不断变化的过程，立足于长期角度，仅仅依靠低成本维持竞争优势是相对较薄弱的，应更多依赖高质量和科技创新，进入国际分工和国际产业链的高级阶段，以此将潜在能力发挥至极限，获取更多贸易利益。

四 竞争力再造

竞争力再造是指重新审视一个产业或企业最具核心竞争力的发展状况，据此提出适合其塑造及发展的一系列政策、目标和战略对策，重新塑造更具竞争优势的核心竞争力，以取得国际市场上健康、合理、可持续发展。核心竞争力具有时效性和动态性，时效性体现在不同时期核心竞争力不同，动态性体现在核心竞争力随市场环境不断变化，竞争力再造是体现核心竞争力的主要手段。竞争力再造将现有综合实力与领先优势进行重组和评估，塑造出更强更大的综合实力与领先优势。

竞争力再造主要集中于开发能力、生产指导能力和市场营销等能力的塑造。是对具体产业或企业的核心竞争力制定合理的竞争力再造目标与方针，进行定期的分析与梳理，保持核心竞争力的强大生命力。竞争力再造的过程是解决产业或企业未来发展方向和发展路径等问题，是战略规划的重要内容，由此可以形成新环境下的竞争优势，引导产业和企业实现持续的发展和稳定的国际经济地位。

第二章　理论基础和研究架构

研究日本"再工业化战略"下中国船舶制造业贸易竞争力变化，有利于掌握船舶行业在国际环境变动时的应变能力，有利于通过调整产业发展战略提升产业整体发展水平，并带动国内经济进一步发展。经济周期理论、竞争力理论和战略贸易理论是研究日本"再工业化战略"下中国船舶制造业贸易竞争力的三大理论基石。"再工业化战略"是经济周期过程中战略的变动，经济周期理论为其阐述及实施提供理论依据，竞争力理论为贸易竞争力的研究提供理论指导，战略贸易理论为竞争力提升提供理论基础。最后，笔者指出本书的研究架构，将理论基础与日本再工业化、日本船舶制造业与中国船舶制造业贸易竞争力的关系以图表形式列出，为本书研究提供较为缜密的逻辑性。

第一节　经济周期理论

经济周期是指经济活动在经济发展历程中按照经济发展的总体规律和趋势所表现出来的有规律的扩张和收缩。经济周期表现及特点是研究宏观经济运行的重要内容，也是宏观经济学学说的主要组成部分。一个完整的经济周期包含扩张和收缩两阶段，也可以具体分为繁荣、衰退、萧条和复苏四个阶段。经济周期的阶段性变化是反复发生的，但时间上总是存在不确定性，时间长度可以跨越一年至十年不等。概括来讲，第二次世界大战前传统的经济周期主要研究经济总量上升和下降的交替过程，第二次世界大战后经济周期的研究更加注重由经济表象至经济内涵的分析和研究，注重内在经济实体的经济增长速度。由此可见，中西方对于经济周期的研究都已经做出重要的研究与论述，据此形成了传统经济周期理论、凯恩斯主义学派经济周期理论和金融经济周期理论等诸多理论。

一　凯恩斯主义学派经济周期理论

凯恩斯经济周期理论最初是从心理因素角度论述经济周期的理论。1936 年，现代英国著名经济学家约翰·梅纳德·凯恩斯在《就业、利息和货币通论》一书中首次提出该理论。他认为，经济发展必然会出现一种始向上、继向下、再重新向上的周期性运动，并具有明显的规则性，即经济周期。在繁荣、恐慌、萧条、复苏四阶段中，繁荣和恐慌是经济周期中两个最重要的阶段。在繁荣后期，由于资本家对未来收益作乐观的预期，因而使生产成本逐渐加大或利率上涨，投资增加。但实际上这时已出现了两种情况，一是，劳动力和资源渐趋稀缺，价格上涨，使资本品的生产成本不断增大；二是，随着生产成本增大，资本边际效率下降，利润逐渐降低。

最为盛行的是，凯恩斯主义学派经济学家研究与总结的经济周期理论将关注焦点放在投资分析方面，通过对投资变动的原因进行分析，寻求经济周期形成原因与影响因素。从现代经济学对消费的经验成果来看，消费在长期中是相当稳定的。消费中的短期变动，尤其是耐用品的消费变动，对经济周期有一定的影响，但并不是主要原因。政府支出是一种人为控制的因素，净出口所占的比例很小。这样，经济周期形成的主要原因还在于投资的变动。但由于资本家过于乐观，仍大量投资，而投机分子也不能对资本的未来收益做出合理的估计，乐观过度，购买过多，使资本边际效率突然崩溃。凯恩斯主义学派经济周期理论主要包括凯恩斯经济周期理论与乘数加速数周期模型。

凯恩斯经济周期理论指出经济周期具有明显的规律性，能随着经济发展进行上下周期性波动。基于排除资本主义制度因素的前提要求，凯恩斯经济周期理论指出资本边际效率——即能体现投资预期利润按照当前贴现率折算成的现值与投资预期利润贴现值关系的指标，是影响经济周期性变动的主要因素。资本边际效率的循环性变动特征会导致经济周期的波动幅度与波动频率大小。在理论模型方面，首先，凯恩斯经济周期理论将心理因素作为主要影响因素，指出心理因素通过资本等实物发挥作用，从理论角度较为全面地解释了19世纪30年代的西方经济大萧条。其次，凯恩斯经济周期理论强调政府作用，指出政府的干预虽在客观上作用较为明显，但长期极易引发通货膨胀。再次，鉴于凯恩斯经济周期模型自身注重静态性而缺乏动态性的不足，基于理论补充及经济理论应用，其外延被经济学家多方面扩展，乘数加速数周期等模型相继产生。

乘数加速数周期模型是美国经济学家萨缪尔森基于乘数与加速数相互作用理论，对投资与产量两个因素的变动引起的周期性波动进行分析与总结，证实经济系统中的微小因素变动会引起持续性的经济周期增减变动，从而进一步说明经济周期的变动并非是短期变动，也并非是可以自我调节的。乘数加速数周期模型成立的前提认为总需求中的投资是引起经济周期的关键因素，而乘数与加速数相互作用会较全面和完整地解释投资会引致经济周期的波动。首先，经济繁荣时期意味着一国投资数量的递增引起该国产量的极速增加，产量的扩大又引起投资的进一步增加，经济发展处于经济周期扩张阶段。其次，萧条时期意味着一国产量增加已经达到国民经济需求与资源承受的上限，投资会由于加速原理减少，产量会因为乘数原理迅速减少，国民经济发展进入经济周期收缩阶段。乘数与加速数的并存，引致经济在经济周期的扩张和收缩阶段交替运行。乘数加速数周期模型侧重强调乘数与加速数的共同作用影响着经济周期的波动，但社会体制制度本身、经济发展规律等因素也对经济周期的波动产生作用。

中国船舶制造业发展与经济发展周期基本吻合。在经济发展繁荣时期，基于国家和经济政策刺激作用，船舶制造业发展速度提升。在经济发展衰退时期，船舶制造业发展基本处于低迷状态，其产业发展速度放缓。从静态性角度出发，中国船舶制造业与政府联系较为密切，政府的干预作用对船舶产业发展影响较为直接，这与传统凯恩斯经济周期模型内容相符。在经济发展周期各个阶段，船舶制造业对经济发展的乘数和加速作用都较为明显，符合乘数加速数周期模型特点。船舶制造业订单周期长，涉及行业数量多等行业自身特点决定其发展的独特性。在经济发展周期过程中，出现由于配套产业与船舶制造业发展步伐不一致，政府政策法规不健全等问题，导致船舶制造业发展遭遇形式多样的瓶颈。

努力提升相关及辅助产业的发展水平，出台及完善船舶制造业法律法规政策，对中国船舶制造业发展具有显著促进作用。

二 金融经济周期理论

金融体系显著影响着经济周期的运行规律。20 世纪 80 年代，伯南克（Bernanke）等人的开创性研究对货币和证券"中性论"进行了批判，金融经济周期理论才取得突破性的进展，其后的一系列研究奠定了金融经济周期理论的基础，并建立了一般理论框架。金融经济周期是一个较新的概念，它主要是指金融经济活动在内外部冲击下，通过金融体系传导而形成的持续性波动和周期性变化。法国中央银行专家组将金融经济周期作了如下定义：用于经济长期均衡水平密切相关的金融变量度量的经济实质性、持续性波动。因此，金融经济周期实际上反映了经济波动与金融因素之间的关系，体现了金融变量对真实经济周期的重要影响。

传统的周期理论认为金融因素不会对真实经济产生实质性的影响，强调实物因素在经济周期生成和传导中的作用。然而，历次货币危机和金融危机证明，金融因素对经济周期运行的影响十分显著。1890 年的巴林危机、1914 年的美国金融恐慌、1931 年的中欧货币危机波、1980 年前后的发展中国家债务危机、1994—1995 年的墨西哥比索危机、1997 年的东南亚金融危机的各级影响历历在目。金融危机理论以历次金融危机产生原因与表现特征为主要研究对象，重点阐述金融因素对周期的影响，但从系统角度来看，金融危机只是经济周期的特殊收缩阶段，并没有办法解释经济周期各个阶段的发展特点及转换机制。

金融经济周期理论是在金融危机理论基础上的研究与分析。金融经济周期理论侧重于对经济周期繁荣、衰退、萧条和复苏四个阶段进行较为全面的解释与阐述，从金融因素角度出发寻求经济周期的波动原因和表征。金融因素决定着现代经济周期的运行规律，国际游资、汇率和货币危机、外债清偿问题等无不对经济周期起着重要的影响。在金融工具的创新不断取得突破的情况下，金融管制放松和全球金融市场的融合已成为一种发展趋势。资金的高度流动性改变了经济周期的运行特征。现代金融周期表现出与真实经济周期、古典经济周期完全不同的特征事实，任何微小的变化都可能通过金融市场的放大和加速作用而对国民经济产生巨大的冲击。传统周期理论已无法解释短期经济剧烈波动的现象。对于如何解释货币冲击或股市崩盘导致的短期经济剧烈波动，金融经济周期理论从委托—代理问题切入，突破传统理论的局限性，从一个全新的视角研究现代经济周期的运行规律，在宏观经济波动中显示出很强的解释力，凸显其研究现代经济周期的主流理论地位。

金融经济周期理论主要包括信贷周期理论、金融加速器理论和金融中介理论等。信贷周期理论是费舍尔（Fisher）等人于1933年首次正式提出，是金融经济周期理论中的里程碑。信贷周期理论不再以传统的周期理论中的信息完全对称为假设前提，突破传统理论的强烈主观性，更趋于合理性。该理论以信息不对称为前提，以银行信贷为手段与渠道，指出经济周期产生的根源源于金融负债和外生金融冲击。信贷收缩和信贷扩张交复出现的现象就形成信贷周期。当信贷出现紧缩时，银行将贷款资金减少，融资渠道不对称会加速信贷对经济的冲击，过度的金融摩擦不利于企业获得资金援助，也不利于金融市场的融资，银行采取压缩信贷规模、合理规范信贷合同、提升信贷实际收益率等措施加以应对。企业鉴于信贷渠道的传导作用，由于贷款规模下降、成本急剧上升、投资递减等因素导致经济整体的活跃程度不高。但在实际运作中，"货币中性论"的主流思想对金融经济周期的发展并未起到足够的促进作用，各类金融资产的可获得性和可替代性不完全也没法很好解释资产跨国流动对经济波动的影响。信贷周期理论的发展受到一定局限。

金融加速器理论由伯南克等人于1989年首次研究并正式提出，信息不对称和信贷市场不完美是理论前提，由于借贷代理成本的存在会改变企业资产负债状况从而改变投资的数量与方向，并最终引起产量的变动和经济更大的波动。企业净值的增加和减少是金融经济周期波动的表现渠道和重要手段。在资金既定的情况下，外部融资的成本与企业净值之间呈现负向相关关系。当经济运行过程中出现如利率上升等因素变动导致企业净值减少时，信贷代理成本则会增加。此时贷方将会收取借方较高数额的利息来弥补信贷代理成本方面的损失，进而导致企业外部融资成本提升。企业则将缩减本期和下期的资本投入，由此又加速了经济的衰退。在金融经济周期运行过程中，信贷市场需求与供给的矛盾和资产价格波动之间存在密不可分的联系。金融加速器理论的不足体现在其经济阶段和规模大小双重不对称特点方面，在经济萧条时期金融加速期的作用要比繁荣时期大，对规模较小的公司的作用比对规模大的公司作用大。金融加速器理论对于确立金融因素在经济周期中的核心作用提出新的解释，并将经济周期理论的研究重点转移到金融经济周期，促进了经济周期理论的转变与发展。

金融中介理论由约翰·钱特（John Chant）于 1990 年首次提出，并将该理论分为两部分，即旧论和新论，但两者的区分界限不是很明确，两者的形成与发展是相互作用、相互影响的。金融中介是指那些将从消费者或储蓄者处得来的金融资本和资金借给既有投资需求又缺乏资金的企业。旧论强调将金融中介看作被动的资产组合管理者，这些企业根据市场中的风险与收益组合完成资产转型和所有权转移。新论涵盖信息经济学和交易成本经济学的内容，对金融中介提供的服务内容进行深入分析与阐述，寻求合理方法实现服务转型。新论依然延续旧论中成本交易与信息成本不可分割等市场特征，但由于信息获得方式和交易监督方面的比较优势存在性等因素而对金融中介的形成产生一定阻碍作用。新论范畴下的金融中介更加强调风险管理、增值管理等方面的作用，有利于金融中介理论从储蓄—投资的被动行为转向为储蓄者和投资者提供增值的主动行为。

自 20 世纪以来，世界经济经历了五次较为重大的金融危机。第一次金融危机为 30 年代的经济大萧条时期，由于通货紧缩使得企业的销售量下降，利润的降低使得企业清偿能力减弱。借贷者的低价抛售进一步拉低物价水平，加重企业债务负担，经济萧条时期，金融加速器作用增强，经济形成恶性循环。第二次金融危机为第二次世界大战后欧美国家的银行危机，在道德风险、货币发行、银行企业关联等方面表现出信贷市场的不稳定性和脆弱性，信贷周期的存在使得银行危机加剧。第三次金融危机是 80 年代拉美国家的债务危机，由于偿债能力的丧失使得拉美等发展中国家产生严重的债务问题，导致经济急剧退后，试图利用大量举借外债迅速实现现代化的梦想破灭，信贷周期的变更和金融中介的缺乏加剧债务偿还负担。第四次金融危机是 90 年代亚洲金融危机，泰铢的大量沽售导致汇率大幅度波动，亚洲各国的资产大幅度缩水，发展中国家的高储蓄率和高投资率弊端尽显，金融加速器作用在危机时代高速运转，亚洲金融全球化的市场风险加大。第五次金融危机是 21 世纪的次贷危机，美国金融风暴导致全球金融市场流动性不足，金融秩序与金融监管失调等原因造成 21 世纪经济泡沫化现象严重。

第二节　竞争力理论

古典经济学者主要以资源拥有数量衡量或比较国家间竞争力，早期的比较优势理论即在于尝试阐释国家间如何竞争。然而，经济学家渐渐明白仅靠资源拥有量的比较并不足以给出令人信服的解释。进入 20 世纪，从熊彼特到波特等更多学者的理论贡献使我们进一步了解了竞争力的意义。诺贝尔经济学奖得主道格拉斯·诺斯强调了制度对于提高国家竞争力的重要性。他对把产业革命的原因归结于偶然技术革命的说法不以为然，而认为应把目光转向一个社会如何从封建制度以及产权系统的漫长孕育过程中脱胎走向现代化阶段。世界经济论坛（WEF）和瑞士洛桑国际管理开发学院（IMD）这两个竞争力的权威评价机构阐发了自己的观念。认为国际竞争力是指一国的企业或企业家设计、生产和销售产品和劳务的能力，其价格和非价格特性比竞争对手更具有市场吸引力。他们认为，国际竞争力是一个综合的概念。包括两个方面：一方面是企业内部效率形成的竞争力，另一方面是由环境左右而形成的竞争力，后者是更主要的内容。所以在他们看来，国际竞争力既产生于企业内部效率，又取决于国内、国际和部门的环境，同时国际竞争力比较研究的重点是受环境左右而形成的竞争力。

21 世纪的经济全球化和信息化推动了各国经济格局的变化，国家间贸易联系的密切程度提升，进一步加大了对竞争力问题的研究与关注。竞争力理论涵盖三个层次，分别为宏观层面上的国家竞争力理论、中观层面上的产业竞争力理论和微观层面上的企业竞争力理论。产业竞争力是国家筛选核心产业的重要指标，是企业发展的方向和引导。产业竞争力的提升有利于增强国家国际竞争力，有利于保护国内产业安全发展，有利于国民提高福利水平。对产业竞争力理论的研究主要包含经典的钻石模型理论、竞争力过程理论和产业竞争力成因理论。

一　钻石模型理论

钻石模型理论最初是由美国哈佛大学教授迈克尔·波特在 1990 年提出的竞争优势理论中提及的。基于对比较优势和要素禀赋等理论的深入探讨和质疑，迈克尔·波特提出能更好解释国家产业竞争优势的钻石模型。钻石模型涵盖生产要素，需求条件，相关及辅助产业，经营战略、市场结构与竞争四个基本要素和政府行为与机遇两个辅助要素。六个要素相互联系，相互影响，共同构成了六角菱形的钻石模型，是产业竞争力研究和分析最主要和最经典的理论基础。

生产要素主要指产业竞争力过程中投入的要素。它包括一国或地区自身拥有或投入较少就可以获取的初级要素和通过投资、科研与培养才可以获得的高级要素两大类。地理条件、资源条件以及气候等因素是初级要素涵盖范围，这些要素多数是非技术或半技术产品与资源，资源获得与利用相对简单。高级生产要素包括人力资源、通讯基础设施、技术知识等，是通过主观努力或通过投入资本与精力培养获得的要素。高级生产要素的作用要高于初级生产要素，高级生产要素是竞争优势的根源所在，在对初级生产要素进行合理开发与使用的基础上，通过个人努力、政府投资等形成具有持久竞争力的高级生产要素。

需求条件是产业发展的首要前提，市场需求越大，产业发展和改革创新的前景越好。需求状况良好有利于刺激产业生产和投入，有利于产业竞争力的培育。需求条件包括需求规模和需求质量两方面。从需求规模角度出发，需求规模的扩大有利于国内市场的发展，世界各国消费的时间差和消费需求结构的规模差是影响产业竞争力的主要原因。从需求质量角度出发，需求质量的提升有利于刺激产业生产投资以及科研创新，不断提升产业竞争力。因此满足市场中不同客户需求，充分考虑需求规模和需求质量对产业竞争力的培育意义重大。

相关及辅助产业的发展推动产业竞争力的培育及发展。相关及辅助产业的技术、知识和高级生产要素方面的优势会产生外溢效应，上下游产业之间的良好合作都有利于本产业自身竞争力的提升。相关及辅助产业与本产业处于同一条产业链中，相关及辅助产业的良好发展有利于其自身竞争优势的提升，也有利于本产业获得更好的国际竞争地位。相关及辅助产业的发展还为本产业发展提供保障，通过相互协作、资源共享等方式实现技术、资源等方面的互补，有利于关联产业集群，形成规模经济。

企业经营战略与结构是产业中企业发展的核心因素。企业经营战略和结构是企业经营管理、竞争程度、发展规划的重要体现，也是企业赖以发展和生存的特征表现。从企业经营战略与结构研究中可以看出，首先，国家差异导致经营管理理念差异，其次，国家差异导致国内竞争程度差异。经营理念因民族文化、人力资源受教育环境、全球化认知程度不同而千差万别，但各国的经营管理理念必须与该国的经济发展环境与政策相一致。竞争程度差异因经济发展水平和技术研发程度不同而表现各异，激烈的国内竞争是产业提高质量、降低成本并保持国际竞争优势的良好激励因素。

政府行为和机遇因素是影响竞争力的两大外部辅助因素，也是变数较大的因素。政府行为因素主要是指要维持良好竞争力，政府应实施最合理、最恰当的相关政策。政府通过制定相关政策和制度规则，首先规范产业发展，鼓励和刺激产业进步，其次对产业发展提供相应的支持和扶持政策，通过采用刺激或激励手段保障产业竞争力的发展。相对于政府行为因素而言，机遇因素更加具有不可控特点。机遇主要是指外部环境变化对产业发展产生的各种影响，技术的重大创新、石油危机等重大事件的发生超出产业或企业自身可以控制的范围，由于机遇的发生对现存的国际竞争现状及竞争地位等进行重新排序，为竞争力较弱的产业提供急速发展的机会。

中国船舶制造业贸易竞争力的培育以钻石模型理论为基础，较传统的绝对优势理论和比较优势理论更具有适用性。钻石模型理论中的各要素在提升竞争力时要综合考虑与评估，才能获得长久及较强的贸易竞争力。造船业的生产要素禀赋包含自然地理位置、气候等初级生产要素，造船人力资源、基础设施等高级生产要素，目前高技术含量的造船研发不断增强。从需求要素角度出发，船舶制造业的产业特征表现为外向型产业，其需求规模和需求质量都与经济环境、世界海洋经济发展、海运发展程度相联系。在相关与辅助产业方面，船舶配套业是最重要的船舶制造业相关支撑产业，世界各国都在加强船舶配套业的发展，以此促进船舶制造业竞争力的提升。船舶制造企业的发展对其竞争力的实现有重要影响，其经营战略与结构不仅是船舶企业竞争力培育的重要因素，更是船舶制造业竞争力提升的重要内容。在政府和机遇要素方面，船舶制造业依靠政府扶持政策进一步发展，利用政府创造的良好市场竞争环境促进产业规模化，抓住经济发展机遇实现船舶制造业产业升级。

二　竞争力过程理论

竞争力过程是指产业核心竞争力和产业结构发生变化的过程，它与企业规模、产业政策以及政府关注程度密切相关，对竞争力过程进行系统研究，反映出竞争力变化的规律及特点。瑞典国际管理发展学院（IMD）对国际竞争力进行研究指出，可以通过将竞争力资产自身的拥有与经过创造产生的经济结果相乘来反映国际竞争力表现。将其归纳为简单的国际竞争力公式，即国际竞争力 = 竞争力资产 × 竞争力过程。公式中的竞争力资产既包含初级自然资产，如自然资源、土地和人力资本等，又包含经过初级创造产生的资产，如基础设施等。竞争力过程更多强调将竞争力资产通过加工、贸易或制造转化为其增值资产的过程，而竞争力过程通过技术、加工等手段又可以创造出新的竞争力资产。竞争力过程活跃程度与竞争力资产关系密切，同向变动。竞争力过程活跃程度越大，其积累的竞争力资产越多，国际竞争力越强；相反，竞争力过程欠活跃，则竞争力资产较弱，国际竞争力不能很好体现。

在分析产业竞争力过程中，在原有模型的基础上又引入竞争力环境因素变量，即产业竞争力 = 竞争力资产 × 竞争力环境 × 竞争力过程。由此公式可以看出，产业竞争力的衡量要同时考虑竞争力资产、竞争力环境和竞争力过程三个要素。竞争力资产是对现有产业竞争力的客观评估和核算，主要考察产业拥有的资本、技术和劳动力等资源。竞争力环境主要包括市场机制、制度环境等软环境和基础设施等硬环境。竞争力过程重点考察产业利润和效率以及产业结构的合理程度等要素变化，关注竞争力持续变动和发展。对产业竞争力过程的研究涉及国内经济活动与全球经济活动之间的系统平衡、在经济运作过程中引进吸收与输出扩张之间的内部协调、资产持有能力与资产获得手段与过程之间的平衡等多个方面，较为全面地解释与阐释了产业竞争力的形成与持续，并据此获得更多的国际地位和国际竞争力。

中国船舶制造业在发展过程中经历了 19 世纪中期的萌芽阶段、中华人民共和国成立后的发展阶段、改革开放后的转变阶段和 21 世纪的深化阶段。在萌芽阶段，船舶作为国际贸易中的主要交通运输工具，在促进经济发展过程中作用显著，产业自身发展备受关注。在萌芽阶段，船舶制造业的竞争力资产丰富，竞争力硬环境实力雄厚，竞争力过程活跃程度较高，三个因素的良好发展为船舶制造业的发展提供了动力。在发展阶段，中国与苏联等国家的技术交流为中国造船技术带来较多成就，在造船质量和造船周期方面都有很大进步，造船质量提高，造船周期缩短，造船业的自主创新得到鼓励，相应的船舶科研教学机构也相继成立，为船舶制造业培育较多人才。在转变阶段，改革开放政策的实施使中国贸易范围扩大，由原来封闭经济转变为开放经济，国际贸易的增加为船舶制造业的发展提供条件，船舶企业也由原来局限于本国技术和本国资源转变为积极参与世界市场竞争，实现国际市场服务。进入 21 世纪后的深化阶段，船舶制造业数量大幅度增加，2005 年跃居世界造船产业第二位；船舶制造业竞争力资源更加丰富，劳动、资金和技术密集型特点逐渐显现；竞争力环境方面产业集中现象出现，主要分布在长江三角洲、珠江三角洲等区域；软环境方面，高新技术的引进和应用更加广泛，高附加值船舶的创汇能力强，产业增值能力增加，竞争力进一步提升。

三　产业竞争力成因理论

20 世纪 80 年代初迈克尔·波特提出产业竞争的五种作用力模型，并指出影响产业竞争力的因素主要可以分为产业外部因素和产业内部因素两大类。产业外部因素包括市场环境，产业政策等方面，但与内部因素相比较，其影响作用较小。产业内部因素是产业竞争力的主要成因，它主要集中于五种作用力之中。五种作用力分别是进入威胁、替代威胁、买方议价能力、卖方议价能力、现有同行业竞争对手的竞争。五种力量共同发挥作用，形成综合合力影响产业竞争力，并对产业结构、产业发展规划、市场竞争等方面产生作用。

进入威胁要考虑产业进入壁垒的设置及现有企业的反应。由于新进人者的进入会重新分割原有市场，重新进行产业间利润分配，因此新企业进入的可能性大小取决于进入市场带来的潜在利益和新企业自身要付出的成本和代价。替代品企业之间的产品特征决定了企业间的竞争关系，替代品的价格和质量又决定了其产生的竞争压力。替代品侵入市场，会对原有产业结构产生影响，产业中原有企业采取降低售价或提高产品质量等手段维持其竞争力。购买者的议价能力主要通过对价格和产品质量提出新要求，从而影响产业中企业的利润所得。购买者的数量、卖方行业的规模、产品标准化程度等因素会直接影响购买者的议价能力。卖方即供应商通过对要素价格和质量的改变影响其议价能力。产品自身特点、供应商地位以及营销行为都直接影响供应者的议价能力。行业壁垒的高低与同行业竞争对手数量呈反比关系。行业壁垒低导致同行业竞争对手数量增多，产品标准化导致产品无差异性高，市场成熟度高导致产品需求量增长率降低，同行业间竞争规模的扩大和激烈程度的增加。

产业竞争力成因理论在做定量分析时主要采用计量经济学分析方法。以产业特性和产业属性为成因分析的基础，首先对评价指标进行筛选，利用筛选出的指标建立相应指标评价体系，并经过估算与测度分配指标权重，建立指标评估模型；其次根据搜集的信息和数据，对指标进行进一步测算，根据测算结果分析竞争力成因。在产业竞争力成因定量分析过程中既要保障指标筛选的准确性，又要保障指标体系建立的科学性，而且要保障权重分配的合理性。在指标筛选过程中，一方面要筛选分析性指标，即能反映竞争力形成原因的指标，另一方面要筛选显示性指标，即能反映竞争力结果的指标。指标评价体系以系统性、科学性和完整性为主要原则，对数据进行标准化处理，定性研究影响竞争力的因素。指标权重分配过程中可以采用传统经验法、统计学方法、主成分分析法等多种方法。

中国船舶制造业涉及多个相关产业，产业的关联性高，从理论角度上看，鉴于技术、资金和劳动密集特点，船舶制造产业进入壁垒较高。但在实际运作过程中，高利润和政治社会价值会吸引大量人员进入造船市场。大量进入者的进入会重新分配船舶市场的利润和市场份额，影响船舶制造业的产业结构和发展规模。船舶制造业的替代产品市场主要是飞机和铁路等运输方式的竞争，但目前全球 90% 的国际贸易量仍是通过水运、依赖船舶而完成，因此替代产品市场虽然存在威胁，但威胁不大。从买卖双方讨价还价能力方面来看，船舶市场目前仍属于买方市场，供过于求的局面使得船舶供应商的讨价还价能力劣于船舶需求方，船价和运输费用等提价较难，从而导致利润较低。船舶需求方基于技术和船舶价值等方面，大多选择国外技术高、附加值高的船舶，对国内船舶制造业威胁较大。中国现有船舶行业内的竞争从数量上看，造船企业数量逐年递增，但规模都不大，高产出仍集中于几个领头羊企业中。从产品集中度上看，船舶制造业内造船完工量超过百万吨的仅局限于大连船舶重工集团有限公司等几个公司，总体来看集中度较日本和韩国仍较低。产品差异度方面，中国船舶制造业产量虽位于世界前列，但仍局限于传统造船技术和船型，高技术以及高附加值船舶占比例不高，差异化程度不高导致国内企业竞争激烈。

第三节　战略贸易理论

20 世纪 80 年代，保罗·克鲁格曼（Paul Krugman）、詹姆斯·A. 伯兰特（James A. Brander）和巴巴拉·斯本塞（Barbara Spencer）等人正式提出战略贸易理论，以克鲁格曼发表的《工业国家间贸易新理论》和《市场结构与对外贸易》为标志，对战略贸易理论的内容及表现形式进行初步分析和阐述，是理论形成的雏形。战略贸易理论是基于传统垄断竞争模式和规模收益递增原理的新贸易理论，它是一个国家政府及政策实施者在不完全竞争条件下完成贸易可参考的依据。战略贸易理论指出，在不完全竞争条件下，在规模收益递增状态下，要提升产业及国家的竞争力应从扩大生产规模入手，继而获得更多的规模收益。因此，战略贸易理论是为政府和国家干预经济提供政策指导和理论基础。战略贸易理论主要包括两方面内容：其一是基于内部规模经济的利润转移理论，其二是基于外部规模经济的外部经济理论。

一　利润转移论

利润转移理论是狭义战略贸易理论内容，是由詹姆斯·A. 伯兰特

（James A. Brander）和巴巴拉·斯本塞（Barbara Spencer）提出的。利润转移理论注重以内部规模经济为基础，在不完全竞争和规模经济条件下，会因产品价格因素的设置而产生垄断利润或租金。一国政府可以通过对贸易手段进行干预的方式来改变竞争行为和国际竞争格局，从而将租金或垄断利润由国外垄断寡头企业转移至国内企业，实现利润转移提升本国经济收益和福利。

利润转移理论主要包含三方面内容，即出口补贴论、战略进口论和以进口保护促进出口论。出口补贴论最初由伯兰特和斯本塞于 1983 年研究并提出，主要强调采用出口补贴方式加强出口数量和质量，并进一步提升在国际市场中所占份额。出口补贴论更适合于寡头厂商运作，在国际贸易中当厂商规模较大并能获得垄断利润时，政府采用出口补贴方式对本国寡头企业给予一定支持和帮助，有利于本国寡头企业边际成本的降低，提升国际市场销售份额和利润，实现利润由国外向本国国内转移，利润转移部分从数量上看远远超出政府的出口补贴支出，可最终实现国家利润增加，国民净福利上升。出口补贴论为寡头垄断企业或行业之间的不完全竞争提供利润转移方向和手段，通过政府调控实现对寡头垄断的适度调控，从而带动国家整体利润的增加。但出口补贴论的前提是基于能准确获得对方国家市场、成本等信息的调研与反馈信息，并且当一国政府采取出口补贴的同时，确保对手国家政府并不采取相同措施，否则出口补贴论不但不会帮助企业扩大国家市场，而且本国补贴会白白浪费。

战略进口论又被称作"关税抽取租金论"，是由伯兰特和斯本塞于 1981 年研究并提出，主要强调对外国寡头厂商进行关税的征收，相当于支付租金，实现利润向国内转移。战略进口论大多适用于不完全竞争市场中的寡头企业，在国际贸易中当国外寡头厂商在进口国获取较高额的垄断利润时，进口国政府可以通过采用征收关税的手段抽取垄断厂商的利润，相当于对国外寡头企业征收租金，实现利润的转移。国外寡头企业在被征收关税后，则会相应采取对策以平衡关税支出，通过调整在关税征收国家的垄断价格或出口该国的出口量，以平衡被征收的税收金额。国外寡头企业的提价行为和减少出口行为都会激励本国潜在的生产者进入国外寡头垄断企业占领的国内市场，扩大本国企业市场份额，并改善贸易条件和增加国家和社会的净福利。战略进口论实现的前提是对于关税税率的确定要合理，同时对于消费者的补偿要及时到位，从而实现通过关税来转移国外寡头企业的超额垄断利润，提升国民收益的目的。

以进口保护促进出口论是由克鲁格曼（Krugman）于 1984 年研究并首次提出，主要强调在不完全竞争市场上，尤其是在寡头垄断市场中，在规模收益递增的条件下，通过对国内市场采取相应的保护手段促进本国的出口，其中实施进口保护措施则为最优之举。实施进口保护措施可以为本国企业和厂商创造更多销售特权，从而带动销量，增加产量，实现规模经济优势，降低边际成本，使市场份额增加和国际竞争力增强，并实现促进出口的目的。鉴于产量—边际成本—产量之间的反馈与强化机制，政府通过进口保护等措施为该国厂商带来一定的规模经济效益，一方面可以增强本国厂商在国内外市场中的国际竞争力，另一方面可以削弱国外厂商的国际竞争力以及占据的国际市场份额，最终实现扩大本国企业市场份额，减少国外企业市场份额的目的，并实现国外利润向国内的转移。以进口保护促进出口论的实现前提是规模经济的存在与合理，以及市场为可分割的市场，在这两个条件下，实施进口保护措施才能实现促进出口、转移利润的最终目的，促进本国社会净福利的增加。

中国船舶制造业是资本、技术和劳动综合密集型产业，但传统竞争优势依然集中在劳动力成本低廉方面。国际市场环境的日益变化导致具有成本优势的国家优势降低。一方面，中国船舶制造业规模较小，布局分散，无法发挥规模经济的作用；另一方面，船舶原材料以及配套设备的大量进口进一步削弱中国船舶制造业的低成本优势。利润获取空间的缩小和传统竞争优势的减弱，为中国实施利润转移论的战略贸易政策提供了现实条件。首先，调整中国船舶制造业产业结构，应用出口补贴论可以对中国船舶制造企业的出口进行适当补贴，鼓励高附加值、高技术的船舶出口。其次，对中国现存的国外大型船舶制造企业在一定程度上实施战略进口论的一些作法，可以通过关税转移国外实力雄厚企业的超额利润，保护中国还不成熟的船舶制造产业。再次，采取以进口保护促进出口手段，对国内市场采取相应保护手段，有利于本国船舶制造业的出口，实现国外企业超额利润的转移，增强中国经济效益，提升社会净福利。

二　外部经济论

外部经济论又被称作外部经济理论，是广义战略性贸易理论的主要内容，是由克鲁格曼主张及倡导提出的。外部经济论主张通过对外部性较强的产业提供相应的战略指导和支持，促进本产业发展，并在此基础上促使其在国际市场中成功扩张，获得以本产业为支柱的外部经济效应。外部经济论更适用于高科技产业，高科技产业开发的新产品、新技术，不仅有利于企业自身的进步及科技创新，更有利于全社会技术进步和经济增长。为鼓励高科技产业的科技创新和知识创造，政府可以通过补贴和扶持手段扩大知识外溢所产生的经济效应。

外部经济论主要包括两部分内容，其一是技术性外部经济，其二是收益性外部经济。技术性外部经济是指厂商通过获得同行业中其他厂商的技术外溢和技术共享所得到的技术和知识，以此带动生产成本的下降和生产率的提升。在市场失灵情况普遍存在的经济体中，企业所生产和研发的知识被其他企业无偿地使用和占用，导致企业缺乏研发创新的激励。在高技术产业中，技术密集特征表现较为明显，研发投入强度相对较大，由于技术外溢导致厂商不能完全获得研发收益，产生私人投资数量递减状况。从长期角度来看，外部经济的产生不利于企业最佳状态发展，需要政府给予贸易政策方面的扶持。政府采取正面措施，如保护或补贴等手段，一方面有利于产业发展，有效刺激企业进行有效的科技创新和知识研发，提升该企业和行业的国际竞争力，从而增加社会福利积累；另一方面通过产业关联效应将先进技术扩散到相关产业，实现高新技术共享，从而提升整个国家经济竞争力，还可以抵御外国政府采取的技术研发保护措施和政策，减少本国有益技术的外溢。

收益性外部经济主要指货币外部经济，它通过厂商集聚等手段获得原材料、中间产品等规模经济和人工专业化服务，实现市场规模效应，最终达到成本降低和生产率提升的目的。收益性外部经济与产业规模关联性较强，产业规模大的厂商赢得较大的产业集聚效应，可以获得较高的收益性外部经济，在国际竞争中占有较有利地位，反之亦然。处于发展初期的产业若定位为战略性产业，政府可以采取保护和扶持等相应贸易手段实现厂商产量的扩张、市场规模效应和收益性外部效应的提高，进一步提升产业和国家的国际竞争力。在不完全竞争和贸易壁垒存在的市场环境中，具有显著外部经济特征的产业，它的发展会带动相邻的要素市场、产品市场和服务市场的发展，促进产业集聚的产生。产业集聚现象有利于更好发挥规模经济效应，实现生产效率的提高和成本的缩减。从整体角度出发，一国政府可以通过积极的政策干预来获得显著收益性外部经济和有效国际分工，保护具有潜在竞争优势产业的发展，发挥促进产品竞争力提升和经济增长的战略指导作用。

中国船舶制造业以其产业链长、与相关产业管理程度高、辐射带动作用大等特点被称为"综合工业之冠"。船舶制造业的发展不仅会带动相关产业及地区经济发展，而且会带动国家整体经济发展。外部经济论为船舶制造业的发展提供技术和收益经济指导。首先，船舶制造业技术水平的提升是发展高技术、高附加值船舶和船舶制造业自身发展的首要要求。通过科技创新资本、人力以及物力的投入，力争拥有自主开发能力，在国际市场中赢得更多市场份额。其次，船舶制造业技术水平和研发能力的提升，可以通过技术外部性带动关联产业发展，将技术共享于其他相关产业，通过旁侧扩散效应带动各产业发展，以此推动社会整体经济发展和社会福利的提升。最后，船舶制造业外部经济论为船舶制造业的产业集聚提供理论指导，中国目前船舶制造业主要集聚在长江三角洲、环渤海和珠江三角洲三个地区，高新技术共享和正外部效应有利于生产效率的提升和生产成本的降低。

第四节　研究架构

本书研究架构如图 2—1 所示。

以经济周期理论为指导的日本工业化进程经历了高速发展的工业化阶段，以及产业空心化[①]的去工业化阶段，进入以转变经济发展模式、

---

① 产业空心化即指实体经济大量转移至国外，以制造业为中心的物质生产失去经济主体地位，第三产业比重超过 60%。

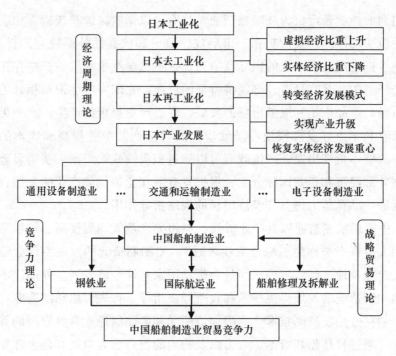

图2—1　本书研究架构图

实现产业升级和恢复实体经济发展重心为实质的再工业化阶段。日本
"再工业化战略"的实施对日本产业结构调整起到了重要影响，开始大
幅减少第三产业比重，恢复以制造业为核心的第二产业经济主体地位。
日本制造业涉及产业三十多个，以交通和运输制造业、通用设备制造业
和电子设备制造业为主要产业，其中交通和运输制造业产能占比超过
20%，是日本制造业中的核心。船舶制造业是日本交通和运输制造业的
重要核心产业，日本持续多年的造船大国地位，领先于世界多数国家，
2005年后与韩国和中国形成船舶制造业"三足鼎立"局势，尤其是日
本高价值船型的研发竞争优势显著。"再工业化战略"的实施促进了日
本船舶制造业的发展。近十年来中日韩三国在世界船舶市场中交替争当
领头羊，日本"再工业化战略"的实施鼓励日本高技术船型的开发与
研制，增加日本船舶基础设施建设，扩大日本出口市场规模。日本在世
界船舶市场竞争中市场份额的增加势必减少中国和韩国世界船舶市场比
重，对中国船舶制造业贸易竞争力产生影响。在竞争力理论和战略贸易

理论指导下，提升中国船舶制造业贸易竞争力不仅要应对日本"再工业化战略"影响，还需要考虑上游钢铁业，下游国际航运业以及辅助产业船舶修理与拆解业的需求以及发展。综合考虑各方面因素影响，提出促进中国船舶制造业贸易竞争力提升对策，加速实现船舶产业升级。

第五节　本章小结

日本"再工业化战略"背景下中国船舶制造业贸易竞争力研究的理论基础主要是经济周期理论、竞争力理论和战略贸易理论。经济周期理论为研究"再工业化战略"实施提供基础，竞争力理论和战略贸易理论为船舶产业贸易竞争力提升提供理论基础。经济周期理论以凯恩斯主义学派经济周期理论和金融经济周期理论为主要内容。凯恩斯主义学派经济周期理论指出经济周期规律性明显，伴随经济发展产生周期性波动，并产生乘数加速数周期模型，处于不同经济周期国家对应实施不同战略。金融经济周期理论将研究重点与金融相结合，侧重于对经济周期四个规律阶段进行研究，从金融角度探求经济周期波动规律。竞争力模型主要包含钻石模型、竞争力过程和产业竞争力成因理论。钻石模型以生产要素等四个基本要素和政府与机遇两个辅助要素为主要内容，六个要素相互作用，合成钻石模型，也是本书采用的主要理论模型基础。竞争力过程是对产业核心竞争力和产业结构变化过程进行系统研究，为国际竞争力表现评价奠定基础。在研究中，建议关注竞争力资产以提升国际竞争力。产业竞争力成因理论指出影响产业竞争力的因素分为内部和外部两大类。内部因素主要集中于进入威胁等五种作用力，外部因素主要是市场环境等，内部因素作用较外部因素作用更显著。战略贸易理论主要包括利润转移论和外部经济论。利润转移论以出口补贴、战略进口和以保护进口促出口为主要内容，多角度强调进出口重要性，适用于中国船舶制造业贸易进出口发展战略制定。外部经济论是战略贸易理论的广义延伸，以技术性外部经济和收益性外部经济为主要内容。技术性外部经济通过技术外溢和技术共享实现，收益性外部经济通过规模经济实现产业集聚。在这三个理论的指导下，笔者绘制本书研究架构，在日本工业化、去工业化和再工业化周期波动过程中，指出日本"再工业化战略"的实施对日本产业结构调整起到重要影响，大幅减少第三产业比重，恢复以制造业为核心的第二产业经济主体地位。船舶制造业是日本交通和运输制造业的重要核心产业。日本持续了多年的造船大国地位，"再工业化战略"的实施进一步促进日本船舶制造业发展。日本在世界船舶市场竞争中市场份额的增加势必减少中国和韩国世界船舶市场比重，并对中国船舶制造业贸易竞争力产生影响。

第三章　世界主要国家再工业化发展战略概述

自金融危机以来，美国、欧洲和日本等国纷纷提出"再工业化战略"，重视制造业的发展，以此作为重塑竞争优势的重要出路。

第一节　美国"再工业化战略"概述

为了重振本土工业，美国政府推出了大力发展新兴产业、鼓励科技创新、支持中小企业发展等再工业化的政策和措施。2009 年 2 月，奥巴马签署了《2009 年美国复苏和再投资法案》，推出了总额为 7870 亿美元的经济刺激方案，其中基建和科研、教育、可再生能源及节能项目、智能电网、医疗信息化、环境保护等成为投资的重点，并且包含增加 133 亿美元以制造业为主的科研投入。2009 年底，美国总统奥巴马发表声明，美国经济要转向可持续的增长模式，即出口推动型增长和制造业增长，发出了向以先进制造业为代表的实体经济回归的信号。

美国政府在 2010 年 8 月提出了《制造业促进法案》，旨在帮助制造业降低成本、恢复竞争力、创造更多就业岗位。该法案约定的制造业总投资规模为 170 亿美元左右，美国联邦政府希望通过暂时取消或削减美国制造业在进口原材料（主要为化学原料）过程中需付的关税，来重振制造业竞争力并恢复在过去 10 年中失去的 560 万个就业岗位。2011 年 6 月，美国总统科技顾问委员会提交给奥巴马一份《保证美国在先进制造业的领导地位》的报告，建议启动《先进制造伙伴计划（AMP）》，美国总统奥巴马同意启动该计划，提出了强化关系国家安全的关键产业的本土制造能力、研究开发创新型节能制造工艺等政策措施。2012 年 1

月 24 日，美国总统奥巴马在《国情咨文》中，宣布通过税收、出口等方面的措施将美国制造商拉回美国，从而为本国提供就业机会，振兴美国制造业。

相关协会、民间机构也纷纷出台研究报告，支持美国的这一"再工业化战略"，2010 年 6 月，美国制造商协会（NAM）发布了《制造业发展战略：创造就业机会，提升美国竞争力》的报告。该战略细述了提升出口，推动制造业的综合规划，以此应对史无前例的全球竞争，该战略还在税收、贸易、能源和基础设施等各项政策方面提出了较高目标。2011 年 11 月，美国制造商协会又发布了《美国制造业复兴计划——促进经济增长的四大目标》的报告，该报告客观分析了美国制造业在政策上存在的弊端，系统提出了在投资、贸易、劳动力和创新等四大方面促进美国制造业复兴的目标及相应的对策措施。表 3—1 列明了美国制造业实施复兴计划以促进经济增长的四大目标及相应对策措施。

表 3—1　　美国制造业复兴计划——促进经济增长的四大目标及主要对策措施

目标	主要对策措施
抢占制造业和吸引外资的世界制高点	鼓励管理、推动创新，创造税收环境，加大投资更新基础设施，实施法律改革等
大力开拓全球市场，为海外 95% 的消费者提供产品	降低监管和非关税壁垒，更改出口管制制度、鼓励出口、完善出口促进计划、实施出口信贷援助
积极培育满足 21 世纪制造业发展需要的劳动力	强化劳动力雇佣规制，培育更有效率的劳动力，吸引国外优秀人才
着力促进美国制造商成为创新引领者	加大研发税收抵免，支持各类研究机构的研究，加强知识产权保护

2011 年 8 月，由著名战略咨询机构波士顿咨询公司发布了引起广泛关注的《美国制造回归——为何制造业将回流美国?》报告。该报告认为，随着劳动力和能源等综合成本的不断提升，中国将不再是制造业投资者的默认选择，而美国在劳动生产率、物流、本币贬值以及土地资源等方面的优势将不断显现，这将不可避免地引发全球制造业投资的回归趋势。随后，波士顿公司又陆续推出了一系列的相关评论，继续为美

国制造业回归营造声势。而美国奇点大学的一位教授发表的《为什么说现在轮到中国担心制造业了?》更是提出了以人工智能、机器人和数字制造技术相结合的制造业革命的观点,以此来支持美国的再工业化战略定位于新技术。相关文件,可参见表3—2。

表3—2　　　金融危机之后美国出台的"再工业化战略"相关文件

层面	发布日期	名称	机构	内容简介
政府	2009年2月	《美国复苏和再投资法案》	美国总统奥巴马	大力发展新兴产业、鼓励科技创新、支持中小企业发展
	2010年8月	《制造业促进法案》	美国总统奥巴马	帮助制造业降低成本,恢复竞争力,创造更多就业岗位
	2011年6月	《先进制造伙伴计划(AMP)》	美国总统奥巴马	强化关系国家安全的关键产业的本土制造能力、研究开发创新型节能制造工艺等
	2012年1月	《国情咨文》	美国总统奥巴马	通过税收等方式将美国制造商拉回美国
协会	2011年11月	《美国制造业复兴计划——促进经济增长的四大目标》	美国制造商协会	提出了在投资、贸易、劳动力和创新等四大方面促进美国制造业复兴的目标及相应的对策措施
咨询公司	2011年8月	《美国制造回归——为何制造业将回流美国?》	波士顿咨询公司	随着劳动力和能源等综合成本的不断提升,中国将不再是制造业投资者的默认选择,而美国在劳动生产率、物流、本币贬值以及土地资源等方面的优势,将不可避免地引动全球制造业投资的回归趋势

此外,2011年12月13日,美国白宫宣布,创设隶属于白宫国家经济委员会的白宫制造业政策办公室,以协调各政府部门之间的制造业产业政策制定和执行,并推动美国制造业复苏和出口。

第二节　其他主要国家"再工业化战略"

欧盟大部分成员国或多或少存在去工业化现象,其中以西班牙、法国、英国、比利时等国尤为严重，主要涉及纺织与服装业、汽车等制造行业。欧盟统计局的数据表明，从 1996 年到 2007 年，工业占欧盟国内生产总值（GDP）的比重从 21% 降至 18%，工业部门吸收的就业人数从 20.9% 降至 17.9%。欧洲的去工业化，主要是源于第三产业的崛起，其中，以房地产和金融业为代表的虚拟经济发展所带来的影响更为显著。同时，政府缺乏政策重视及新兴市场国家所带来的低成本冲击加速了去工业化的进程。去工业化给金融危机后，特别是欧债危机时期的欧洲经济带来很大的困难，大大削弱了其抗衰退的能力。

瑞典及早意识到了去工业化的危害，政府重新加大了对工业的投入，实行"再工业化战略"。2011 年工业领域总投资达 532 亿瑞典克朗，比去年增加 10%，2012 年工业投资又增加了 7% 左右。并且，政府积极引导企业将高新技术应用于传统产业领域，大力发展电子、环保、能源、生物、制药等高端制造业，爱立信、ABB、SKF 等老牌企业焕发出新活力。在 2011—2012 年度世界经济论坛的《全球竞争力报告》中，瑞典排名第三，仅次于瑞士和新加坡，超过了美国。瑞典工会组织首席经济学家丹尼尔·林德指出，这种制造业的再次繁荣被一些学者称为"积极地去工业化"，而从生产率及其在实际 GDP 中所占的比重看，这其实就是再工业化。再工业化代表了欧盟未来产业的发展方向，高端制造业是其他产业发展的坚实基础和有力保障。

英国政府早在 2008 年金融危机时就已经发布了制造业战略。2009 年 4 月，英国公布了新产业新工作战略，形成了支持发展英国新产业和新工作机会的主要框架。基于以上战略，英国商务、创新和技能部发布了《英国先进制造领域一揽子新政策》，旨在帮助英国制造业充分利用先进技术并抓住新的市场机遇，打造英国工业的未来。同年，英国工党政府还设立了一个 7.5 亿英镑的战略投资基金，向一些行业和公司进行投资，其中主要包括制造业。2010 年 5 月 28 日，英国首相卡梅伦在英国约克郡的利兹市表示，英国经济需要转型，他的联盟政府将降低企业税、鼓励创业和制造业发展。新任政府将会为企业减少干预，支持和鼓励竞争，重新重视制造业的发展，努力恢复经济平衡。2011 年，英国政府又发布了一项新的制造业发展战略，对制造业进行重新认识和定位，提出了占据全球产业价值链的高端环节、加快技术创新成果转化步伐、加大对无形资产的投资、帮助企业增加对人才和技能的投资以及抢占低碳经济发展先机来提振英国制造业的五大策略，并提出了诸如英国贸易投资署将额外拨款支持、投入 3000 万英镑建立制造业技术中心、通过合作创新培养良好的创新环境、提高地方产业规划和中小企业产品设计能力、对先进制造业员工进行综合技能培训、加强软科学研究并培养年轻一代对制造业的兴趣，以及出台"低碳工业战略"和"国际市场战略"等几大配套行动计划。并且，英国政府还于 2011 年 8 月发布了《绿色经济转型计划：政府和企业合作》，以促进包括制造业在内的绿色经济转型。

为了振兴制造业，一向很少直接干预产业发展的法国政府也积极制定重振本国制造业经济的政策。法国总统萨科齐在 2008 年宣布建立了国家主权基金——"战略投资基金"（FSI），旨在向深陷金融危机影响的制造企业注资。如 2009 年 7 月向法国建筑玩具制造商麦卡诺（Meccano）注资了 220 万欧元，促使 2010 年 2 月麦卡诺（Meccano）宣布其加工制造工厂将从中国迁回总部加莱，从而为加莱创造多个就业岗位。继建立战略投资基金后，萨科齐还计划通过国家持有企业股权对企业实施更严密的控制。法国政府在 2010 年 3 月宣布五年内要将制造业产出增加 25%。2012 年 1 月 29 日，萨科齐宣布提高增值税、增加就业、促进实体经济发展和征收金融交易税等多项改革措施以重振经济。萨科齐表示法国正面临最严重的经济危机，尽管目前危机形势有所改善，但法国必须进行改革，在削减债务的同时采取有效措施，增强法国制造的竞争力，促进法国经济复苏。为支持实体经济，法国政府于 2010 年 2 月起将斥资 10 亿欧元建立"工业银行"，专门面向实体经济企业展开借贷业务。

去工业化不仅削弱了西班牙制造业的国际竞争力，也对国内就业产生了很大的消极影响。2006—2010 年间，西班牙共失去了 80 万个就业岗位，特别是在世界经济衰退的背景下，这无疑大大削弱了西班牙应对危机的能力。去工业化严重的西班牙也制订了再工业化援助计划，对工业企业的援助申请实施资金支持。该计划旨在推动工业基础设施建设和工业技术的发展，实施支持高技术和高生产力的工业计划以创造就业。2011 年西班牙政府共收到了 2412 份援助申请，受理 908 份，拨付的援助金额达 4. 624 亿欧元，这些援助将带动 16. 8 亿欧元的投资并创造直接就业岗位 4676 个。

面对去工业化在产业结构和就业方面带来的威胁，欧盟委员会提出了欧盟工业政策的方向与目标，其重点是促进创新，并启动了以下方案：2007 年成立欧洲研究理事会；2008 年建立欧洲创新技术学院；实施联合技术倡议，研发如卫星监测环境与地球安全、微电子工艺燃料电池、药物创新等技术与工艺，以提升再工业化进程。2011 年，欧盟宣布将在未来两年内在市场投入 2000 亿欧元的资金——这相当于整个欧盟地区国民生产总值的 1.5%，以刺激经济发展；并敦促欧洲中央银行再次下调其主导利率，以促进欧盟成员国为制造业等企业提供低息贷款并进行国家担保；同时，计划还要求各成员国暂时减少增值税额度以刺激消费。欧盟委员会承诺在 2012 年 3 月出台政策减少高密集劳动力企业（以制造业为主）的增值税率；此外，该计划建议对欧洲汽车工业提供 50 亿欧元的财政支持，重点发展绿色环保汽车的研制。目前，欧盟为应对化石能源时期的终结，已经制定了走向绿色制造的路线图。

对于同属欧盟的制造强国德国来说，由于受危机影响较小，德国并未提出复兴制造业的战略和计划。但是，重视制造业是德国的传统，也是政府、企业和工会共同努力的结果。政府定期同"研究和创新专家委员会"举行会议，分析工业国家发展现状和德国技术生产趋势。尽管在国际金融危机期间，英美制造业部门大量裁员，而德国通过政府扶持和补贴等手段，尽量维持制造业的就业稳定，这是危机过后德国的研发密集型制造业迅速恢复的重要原因。拥有自主研发核心技术的高端制造为德国贡献了 29% 的 GDP。德国制造业一直以来以中小企业为中坚力量，德国总理施罗德认为，高度专业化的中小企业是德国制造业称霸全球的"隐形冠军"。

从表 3—3 中各国或地区政府现行举措来看，传统制造业强国振兴制造业绝不是简单地依靠政府力量增加制造业比重，而是着重于加强制造业的竞争力：一是继续巩固与强化传统产业的某些环节和优势产业在技术、产品质量、品牌、环保等多方面的既有优势；二是努力在新兴技术产业以及绿色制造等方面的角逐中抢占制高点。

表3—3　　　　　金融危机之后出台的"再工业化战略"相关文件

国家	制造业振兴举措
瑞典	瑞典及早意识到去工业化的危害，政府重新加大对工业投入，实行"再工业化战略"。2011年工业领域总投资达532亿瑞典克朗（1美元约合6.74瑞典克朗），比去年增加10%，预计2012年工业投资还将增加7%左右。并且，政府积极引导企业将高新技术应用于传统产业领域，大力发展电子、环保、能源、生物、制药等高端制造业
英国	英国政府早在2008年已经发布了制造业战略。2009年4月，英国公布了新产业新工作战略，基于以上战略，英国商务、创新和技能部发布了《英国先进制造领域—揽子新政策》。同年，英国工党政府还设立了一个7.5亿英镑（12亿美元）的战略投资基金，向一些行业和公司进行投资，其中主要包括制造业。2010年5月28日，英国首相卡梅伦宣布联盟政府将通过少干预、支持和鼓励竞争的方式来降低企业税，鼓励创业和制造业发展，以此重新重视制造业的发展，促进经济恢复平衡。2011年，英国政府发布了《英国发展先进制造业的主要策略和行动计划》，对制造业进行重新认识和定位，提出了提振英国制造业的五大策略，并配以了七大行动计划。并且，英国政府还于2011年8月发布了《绿色经济转型计划：政府和企业合作》，以促进包括制造业在内的绿色经济转型
法国	法国总统萨科齐在2008年宣布建立了国家主权基金——"战略投资基金"（FSI），旨在向深陷金融危机影响的制造企业注资。继建立战略投资基金后，萨科奇还计划通过国家持有企业股权对企业实施更严密的控制。法国政府在2010年3月宣布五年内要将制造业产出增加25%。萨科齐2012年1月29日宣布提高增值税、增加就业、促进实体经济发展和征收金融交易税等多项改革措施以重振经济。为支持实体经济，法国政府2月起将斥资10亿欧元建立"工业银行"，专门面向实体经济展开借贷业务
西班牙	西班牙制订了再工业化援助计划，对工业企业的援助申请实施资金支持。该计划旨在推动工业基础设施建设和工业技术的发展，实施支持高技术和高生产力的工业计划以创造就业
欧盟	欧洲委员会提出了欧盟工业政策的方向与目标，其重点是促进创新，并启动了2007年成立欧洲研究理事会、2008年建立欧洲创新技术学院、实施联合技术倡议等再工业化方案。2011年，欧盟宣布将在未来两年内在市场投入2000亿欧元的资金，以刺激经济发展，重点以贷款和税收方式支持制造业。同时，计划还建议对欧洲汽车工业提供50亿欧元的财政支持，重点发展绿色环保汽车的研制。目前，欧盟为应对化石能源时期的终结，已经制定了走向绿色制造的路线图
日本	日本国际贸易委员会和日本通产省分别于2009年、2010年发布了《日本制造业竞争策略》和《日本制造业》专题报告，包括全面推动以制造为主的五个战略性产业的战略蓝图。2011年，日本政府公布了以制造业等为主要对象，应对日元升值和产业空洞化的《应对日元升值综合经济对策》。2012年日本财务省的统计显示，2011年日本出现自1980年以来的首次贸易逆差，有分析认为其趋势性因素是产业转移造成的制造业空心化。因此，日本政府必将出台措施，着力扭转制造业流失局面
巴西	巴西政府于2011年8月发布了"工业强国计划（2011—2014）"，旨在扶持国内技术市场、服务市场和对外贸易的快速发展，创造新的就业机会等。该计划包含一系列刺激创新和优惠税收政策，同时从组织保障体系上制定了执行方案和行动准则

第三节　日本工业化进程

工业化是世界各国经济发展的助推器,是实现经济和社会现代化的基础和前提,是推动经济结构调整和优化的动力。工业化进程是动态的过程,其实质更加关注经济结构,尤其是农业与非农业份额的调整和转化。日本的经济历经了200多年的发展,由于国际发展环境、资源禀赋和产业规划的不同,工业化进程各具特点。日本工业化进程是产业地位变更和创新的过程,主要可以分为六个阶段,即19世纪80年代至20世纪初的工业化初期发展阶段、20世纪初至40年代末的工业化畸形发展阶段、20世纪50年代中期至70年代初的工业化复苏和高增长阶段、20世纪70年代中期至80年代末的经济低速增长阶段、20世纪90年代的经济停滞阶段以及21世纪的经济恢复和改善阶段。

一　日本工业化初期发展阶段（19世纪80年代至20世纪初）

日本工业化初期阶段起始于19世纪80年代,棉纺织业和丝织业是此阶段的主要主导产业。1883年私人纺织厂的首次建立,将英格兰的先进纺织经验引入国内不断推广,并取得极大成功,由此拉开自1887年开始的长达十年的私人纺织厂创建高潮。国内纺织业的大量生产,对其他贸易国家的进口棉纺织品和原料产生明显的挤出效应,如图3—1所示。日本棉纱生产率大幅度提升,棉纺织产品的大量生产与日本国内市场狭窄产生冲突,爆发1890年的日本经济危机,棉纺织原料价格大跌,众多棉纺织私人企业倒闭。为解决矛盾与冲突,日本政府贸易立国原则被确定,通过采用侵略战争手段开拓私人企业国际市场,以贸易立国原则极力鼓励棉纺织品的出口。1894年通过甲午战争开拓中国大陆和中国台湾市场,大幅度增加棉纺织品的出口量。

20世纪初的日本依然以棉纺织业为主,并已成为全世界最大的纺织品和丝织品生产国。1904年的中俄战争为日本经济出口继续拓展了中国东北市场,工业品出口量再度提升,出口棉纱数量为上世纪末的一倍甚至多倍。如图3—2所示,1901—1920年间日本棉纱出口总体呈现上升趋势，出口比例平均为 27.29％，中国、朝鲜等亚洲国家是日本棉纱主要贸易出口国。

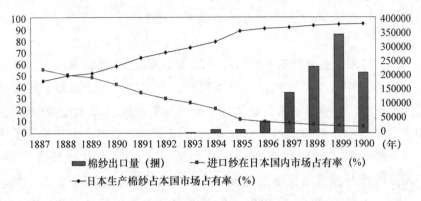

图 3—1　1887—1900 年日本棉纱生产及出口状况

数据来源：高村直助《日本纺织业史序说》，日本书房 1971 年版，上卷第 146—183 页。

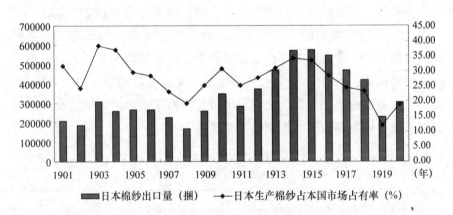

图 3—2　1901—1920 年日本棉纱出口状况

数据来源：根据高村直助《近代日本棉业と中国》，东京大学出版社 1982 年版，第 108—145 页以及村山高《世界棉业发展史》，清泉社 1961 年版，第 500—550 页，整理得到。

棉纱的大量出口为日本经济带来了可观的经济收入，为日本经济工业化进程的发展奠定了基础。相应的其他产业，如钢铁和造船业也有迅速发展。1904 年的日俄战争不仅为棉纱产业发展带来了机遇，也推动了钢铁和造船业的发展。1901 年日本建立由政府经营的制铁所，垄断生产大部分国内钢铁，并于 1906 年与 1910 年实现两次扩建，生产的钢铁占全国产量的 70% 以上。一些民营制铁所也在战争环境和政府政策的扶持下纷纷成立，由此带动造船业和其他相关产业的发展。各类产业的发展表明日本 20 世纪初已经基本实现工业化。

二　日本工业化畸形发展阶段（20 世纪初至 20 世纪 40 年代末）

20 世纪初日本工业化已经基本形成，但两次世界大战给日本造成了严重影响，导致日本的工业化处于畸形发展阶段。20 世纪 20 年代至 40 年代末，日本经济虽然呈现高速发展现象，但世界战争环境及其大规模扩张政策，导致其产业结构比例失调，经济发展畸形化严重。1920—1938 年经济增长率平均高达 5%，但其产业结构不合理，如表 3—4 所示。自 1920 年至 1938 年间，第二产业发展速度过快，在 GDP 结构中所占比例由 1920 年的 32% 上升至 1938 年的 52%，增幅达到 62.5%。三次产业就业结构统计中，第一产业就业人数明显减少，而第二产业和第三产业就业人数明显上升，增加幅度分别达到 20% 和 16%。三次产业对 GDP 增长的贡献率显示，第二产业对 GDP 增长起到举足轻重的作用，进一步表明第二产业发展的重要性。总体来看，此阶段第二产业发展迅速，对 GDP 增长贡献率明显，就业人数增加，但相对而言，就业增加幅度较小，拉动就业与经济增长贡献率不协调，第二产业的发展属于超常规发展，经济处于畸形阶段。

表 3—4　　　　　　　　　　1920—1938 年经济发展及产业结构

年份	经济增长率	三次产业 GDP 结构	三次产业就业结构	三次产业对 GDP 增长的贡献度
1920	2.41	24.7：32.1：43.2	53.4：23.9：22.7	7.1%、85.9%、7.0%
1930	4.86	19.5：45.2：35.3	49.2：26.3：24.5	6.8%、86.1%、7.1%
1938	5.65	16.1：52.2：31.7	44.8：28.8：26.4	6.6%、86.3%、7.1%

数据来源：根据日本统计局数据以及政府报告中的数据计算得到。

第二次世界大战期间，日本的经济结构也发生显著变化，重工业和化工业发展速度异于常态。如图 3—3 所示，自 1930 年至第二次世界大战结束，日本重化工业在工业中的比重增加，带动的就业人数逐年上升。由于战争的爆发，为适应战争需求，以重化学工业为核心的军需工业超常发展，日本政府在 1940 年颁布了《确立新经济体制纲要》，重点对轻工业企业发展进行整顿。由于对重化学工业企业数量调整幅度明显低于轻工业企业，从而进一步促进重化学工业的发展。尽管重化学工业的高速发展对日本工业化的发展具有较大的贡献，但在特定环境中的迅速发展会导致工业化进程的不平衡发展。战争需求引发的军需工业需求加大短期不稳定性，同时这种需求对于就业拉动的作用极其有限，甚至可能对整体经济发展释放误导性预期信号，进而导致整体经济发展的混乱。该时期日本的工业化处于畸形发展阶段。

第一次世界大战前，造船业和机车车辆制造业已经接近自给自足水平，造船业达到世界先进水平。在第一次世界大战和第二次世界大战期间，美国、英国等国家采取限制钢铁出口的政策，结果却给日本钢铁业和造船业的发展起到推动作用。从生产角度讲，有助于日本钢铁业的生产规模扩大，为造船业和机车车辆制造业提供更多上游原材料。从市场角度讲，有助于日本钢铁业和造船业占领国际销售市场，多方面刺激日本钢铁工业的发展。日本钢铁产量 1918 年为 101 万吨，1934 年为 314 万吨，不到 20 年的时间，产量翻了三倍，钢铁业与造船业等产业的自给自足已经完全实现。

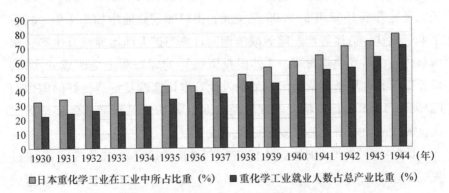

图 3—3　1930—1944 年日本重化学工业在工业中所占比重及

就业人数比重

数据来源：根据日本统计局及政府报告中数据统计得到。

三 日本工业化复苏和高增长阶段（20 世纪 50 年代中期至 70 年代初）

日本工业在经历了两次世界大战后，虽然大部分产业遭到巨大打击，但经过政府、企业的共同努力，在战后的十年进行了相应恢复和发展，重现了工业经济优势。日本自 20 世纪 50 年代中期开始进入复苏阶段，国民经济进入恢复环节。第二次世界大战末期，日本在战争中损失119 个城市，236 万栋房屋，50% 的工业设备和道路、桥梁等基础设施遭到破坏，超过 900 万居民无法安定生活，社会关系紧张。在资源和经济方面，物资匮乏，农业歉收，物价飞涨，通胀明显，工业生产指数仅为 20 世纪 30 年代的 30%。1946 年 8 月日本政府建立专门的经济管理机构——经济安定部，进行经济研究，并制定、颁布和实施刺激经济发展的政策，以摆脱日本经济混乱状态。由于煤炭等资源的极其匮乏，工业生产萎缩程度日益加大，经济安定部对此提出"倾斜生产方式"，集中国家力量全力发展煤炭产业，产出的煤炭重点服务钢铁产业，由此形成煤炭与钢铁产业的良性循环，带动恢复经济整体。"倾斜生产方式"为经济复苏起到助推作用，工矿业生产仅用 3 年时间就恢复到战前的60%，煤炭和钢铁生产恢复到战前的 90% 左右。

1950 年的朝鲜战争是促进日本经济复兴的关键。朝鲜战争爆发期间，美国大量采购日本的军火用品，维修舰艇、坦克等军事工具，强烈刺激了需求不足的日本经济发展。战争期间的收入由 1950 年的 1.49 亿美元迅速升至 1953 年的 8.09 亿美元，出口额较战前增加 2.7 倍。轻纺工业、钢铁、造船等产业随着战争期间订单的扩大而迅速恢复生产，国内整体经济得到快速发展。《外国投资法》的颁布和土地改革的实施，世界银行和世界基金货币组织的加入让日本快速恢复创造良好的国内国际环境。1955 年日本粮食实现自给自足，人均国民水平已经超过第二次世界大战前水平，经济复苏已经完成。

1956—1973 年，日本进入经济高速增长阶段。这 20 年间，日本以先进工业国家为目标，年均增长率为 9.24%，经济增长率最高达到13%，如图 3—4 所示。持续的高增长阶段加速了日本工业化进程。1956—1964 年为高速增长的第一阶段，国民生产总值实现翻番。此阶段以重工业和化工业为主，并大规模投资基础设施和设备，为日本经济实现全面现代化提供了物质技术基础。在设备投资方面，私人投资数量剧增，投资范围集中在钢铁、机械和化工等行业上，重工业和化工业体系首先形成。新型工业部门投资的加大不仅有利于日本工业发展，还有利于带动其他基础部门的投资，为经济增长提供资金保障。在能源结构方面，改变了原来以煤炭为主的能源结构，转而实行以石油为主的能源结构，至1964年，石油在能源结构方面所占比重达到56%，而煤炭仅为29%。10年间，能源结构的主体由煤炭转为石油，大大降低了工业部门的能源消耗费用，同时刺激了石油工业机器及其相关产业发展。在对外贸易方面，出口贸易在10年间年均增长率为13.5%。出口比例也发生较大变化，由传统的纺织品转为船舶和机械。1965年，船舶和机械的出口比例占据全国出口总额的30%。重、化工业等垄断业的出口比例增加促使贸易总额迅速增加。1964年，日本加入经济合作发展组织促进了日本迈进先进工业国家行列。

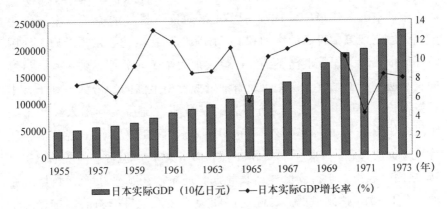

图3—4　1955—1973年日本实际GDP量与增长率

数据来源：日本统计局。

1965—1973年为日本经济高速增长的第二阶段。日本的实际国民生产总值在这近10年间纷纷超过英国、法国和德国，跃居为世界第三经济大国。在工业生产规模方面，私人设备投资增加显著，年均增长率超过20%。在科技引进方面，每年平均引进近2000项先进技术，为经济发展提供良好科技支撑。工业生产规模转向大型化发展，年产1000

万吨以上的大型钢厂、50 万千瓦的大容量火力发电站、50 万吨级的超级船坞等大型工业设施纷纷建立，为日本工业强国地位的建立创造了经济技术条件。在技术革新方面，国外先进科技的引进和国内科研投资的加大并行，推动日本新产品、新技术和新工艺数量增多。众多日本独创的电子产品开始问世，以其独特的技术和创新迅速占领其他国家市场，取得公认的技术领先地位。在国际贸易方面，重、化工业产品出口比重逐年增加，1973 年，其出口比重超过 70%，国际竞争力优势明显。在产业结构方面，改变了独有的"双重经济结构"，结合中小企业发展特点，实行以大企业为核心、中小企业为外围企业的局面。相对稳定的生产，有利于中小企业采用先进的技术，不仅提升自身发展实力，而且承担为大企业提供辅助配套功能，逐渐实现了自身的现代化，提升了企业竞争力。中小企业的协同发展，推动了日本国民经济现代化的实现。

四　日本工业化低速发展阶段（20 世纪 70 年代初至 80 年代末）

在日本国内环境中，1972—1973 年的价格景气加深了日本经济生产能力过剩现象，税赋的增加和通货膨胀的存在激化了供需矛盾。在国际环境中，对美元外汇储备的高依赖性加大了美元贬值损失风险，持续的贸易逆差和国民收支逆差以及石油资源价格上涨的冲击都不利于日本经济增长。1974 年，日本经济爆发经济危机，随后几年陷入经济萧条阶段，如图 3—5 所示。日本实际 GDP 增长率在 1974 年出现负值，经济呈现负增长态势。随后，经济虽然恢复正增长，但数据维持在 3%—5% 之间，经济处于持续低速增长时期。此阶段工矿业生产指数持续波动，在 1975 年达到最低点，随后内阁会议和反危机措施的实施，使工矿业生产出现好转，至 1978 年 4 月开始，日本才呈现稳步上升状态。

1979—1985 年，日本经济经历 36 个月的低速增长后，出现好转态势，如图 3—6 所示。1980—1982 年，经济陷入低速增长，一方面由于日本固定资本技术更新已达到世界领先水平，因此设备内在的驱动力被削弱，对经济增长的促进作用减弱；另一方面"减量经营"的普遍实行，改善了设备过剩状况，但也使得个人消费支出增长钝化，不利于经济高速增长。世界经济的衰退和滞涨现象的存在也困扰着日本经济的增长。此阶段工矿业增长指数维持低速运行，但波动不大，工业化表征稳定。以 1990 年为基数，工矿业指数维持在 68 左右。1983 年始，日本经济呈现好转态势，GDP 增长幅度增加，1985 年为 4.4%，较 1980 年上升了 1.5 个百分点。工矿业指数 1985 年达到 77.6，较 1980 年上升了近 10 个点。各项数据均显示工业化发展进程出现好转迹象。

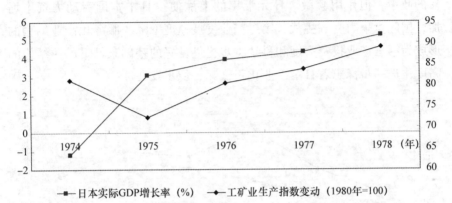

—■—日本实际GDP增长率（%）　—◆—工矿业生产指数变动（1980年=100）

图 3—5　1974—1978 年日本实际 GDP 增长率和工矿业生产指数变动

数据来源：日本统计局数据以及东洋经济新报社《昭和国势总览》上卷，第 100 页。

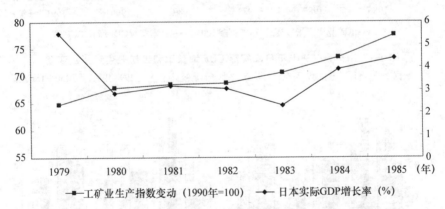

—■—工矿业生产指数变动（1990年=100）　—◆—日本实际GDP增长率（%）

图 3—6　1979—1985 年日本实际 GDP 增长率和工矿业生产指数变动

数据来源：日本统计局以及东洋经济新报社《经济统计年鉴》，1994 年版，第 150—151 页。

1986—1991 年，日本进入经济稳定增长阶段，工业化发展趋于稳定。实际 GDP 年增长率为 4.5%，经济增长速度较为稳定，如图 3—7 所示。在此阶段，日本的经济增长率是主要发达国家中最高的，被称为日本"平成景气"局面，如图 3—8 所示。"平成景气"持续了 57 个月，民间设备投资的增长率持续上升为经济稳定发展提供了物质基础，新的投资机会频生，促进了技术革新程度。产业结构呈现高度化发展，第三产业的投资和发展劲头强劲，第二产业发展规模缩小，发展速度放缓，第一产业所占比重继续降低。尽管日本政府推行了有助于农产品贸易的政策，但作用甚微。日元汇率的上涨使得日本本国劳动力资本增加，国际竞争力受到挑战，第二产业发展速度下降。服务化产业结构的形成为第三产业投资力度和科技进步提供良好的基础条件。产业结构的高度化进一步标志着日本工业化正低速、稳步发展。

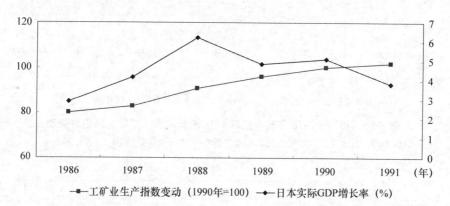

图3—7　1986—1991年日本实际GDP增长率和工矿业生产指数变动

数据来源：日本统计局以及东洋经济新报社《经济统计年鉴》，1994年版，第150—151页。

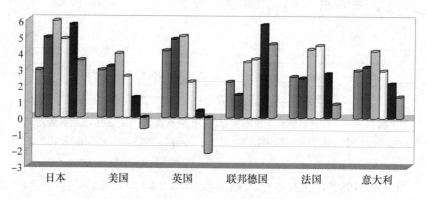

图3—8　1986—1991年主要发达国家经济实际增长率

数据来源：东洋经济新报社《经济统计年鉴》，1994年版，第464—471页。

五 日本工业化停滞发展阶段（20 世纪 90 年代至 21 世纪初）

1990 年 10 月 1 日，日本东京证券交易所的股价大幅度下跌，标志着泡沫经济崩溃的开始，工业化发展受到严重打击。1991 年，日本经济设备过剩、房地产过剩和人员过剩的现象日益凸显，经济发展受到严重阻碍，"平成萧条"阶段开始。1991 年和 1992 年日本制造业开工率①明显下降，1992 年的开工率为 1974 年以来的最低水平，如图 3—9 所示。工矿业生产指数持续下降，工业制品大量闲置，经济泡沫的破裂，企业破产数量、银行贷款和不良债权增加等问题严重阻碍日本工业化发展，经济发展开始处于停滞阶段。至 1994 年之前，经济状况直线下降，实际 GDP 增长率由 4% 下降到 0.3%，制造业开工率指数由 111.9 降为 97.3，工矿业生产指数也由 105.3 下降为 95.9，工业化发展基本处于停滞状态。

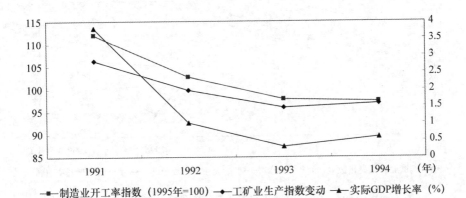

图 3—9 1991—1994 年日本制造业开工率指数、工矿业生产指数和
实际 GDP 增长率变动

数据来源：日本统计局、东洋经济新报社《经济统计年鉴》，2000 年版，第 123—156 页。

1995 年开始至经济危机爆发之前，日本经济与"平成萧条"阶段

---

① 制造业开工率又称为制造业作业率，是指一年时间减去年内所有停机时间（包括各类计划停机时间和非计划停机时间）再除以一年时间所得的结果。

相比，经济发展略有恢复，经济指数不再呈现下降态势，而出现小幅度上涨，制造业开工率指数上涨至 104.3，工矿业生产指数上涨至 106，经济增长率为 2.7%，如图 3—10 所示。虽然指数统计有所好转，但经济依然活力不足。一方面，由于企业利润下降加速劳动力雇佣环境恶化，减员、裁员、提前退休等政策致使失业人数增加，劳动力工资涨幅缓慢和经济危机带来的货币贬值使得个人消费和需求力量不强。另一方面，日元升值导致生产成本上升、产品价格竞争力下降、不良债权增多等现象使得日本经济复苏的步伐放缓。1997 年后，由于亚洲金融危机的爆发，日本经济又陷入低迷状态，经济增长率、制造业开工率指数和工矿业生产指数都迅速下降，1998 年经济增长率出现负值，经济再次出现停滞。日本政府针对经济危机，制定相应经济扶持政策，至 1999 年，金融危机影响趋缓，经济增长率仅为 -0.1%。

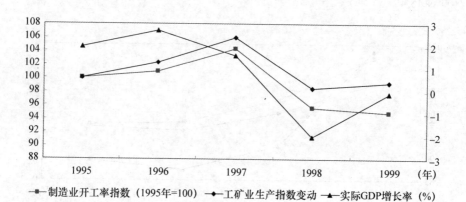

图 3—10　1995—1999 年日本制造业开工率指数、工矿业生产指数和
实际 GDP 增长率变动

数据来源：日本统计局、东洋经济新报社《经济统计年鉴》，2000 年版，第 123—156 页。

1992—1999 年阶段，日本经济发展起伏不断，经济平均年增长率仅为 0.7%。与此同时，美国和英国经济年平均增长速度为 3.5% 和 2.6%，远远超过日本。如图 3—11 所示，1992—1999 年间，日本经济增长率与主要发达国家相比都处于劣势，近十年间，其经济没有明显增长，国家生产能力和居民生活依然维持在 1990 年水平，基本没有改善，因此日本在 20 世纪的最后十年处于发展停滞阶段。在工业化发展结构方面，如图 3—12 所示，日本第一产业和第二产业比例持续下降，第三产业比例上升程度明显，标志着日本工业化发展去工业化特征明显，经济主体由有形经济转为无形经济，工业化特征由重工业转为轻工业，为工业化改善阶段发展奠定一定的基础。

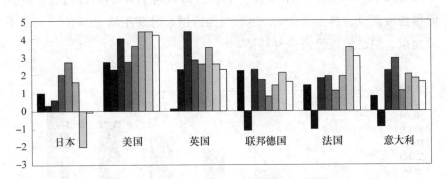

图 3—11　1992—1999 年主要发达国家经济实际增长率

数据来源：东洋经济新报社《经济统计年鉴》，2000 年版，第 484—501 页。

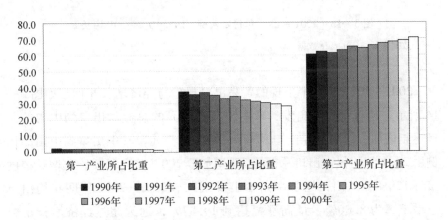

图 3—12　1990—2000 年日本产业结构变化图

资料来源：根据世界银行数据库和《国际统计年鉴 2002》测算得到。

六 日本工业化改善发展阶段（21世纪初期至今）

经济发展是工业化发展的前提。21世纪后的日本经济开始进入恢复和改善阶段。2001年日本经济发展受美国泡沫经济崩溃影响，经济增长率仅为0.2%。2002年经济正式开始复苏，经济景气时间长达约六年，直至遭遇新一轮经济危机。如图3—13所示，从总量上来看，日本实际GDP逐年增加，从增长速度上看，2004年日本的经济增长速度为阶段性最高点，高达2.7%，尽管与高速增长时期年均10%的增长率不可比拟，但已呈现经济恢复特征。

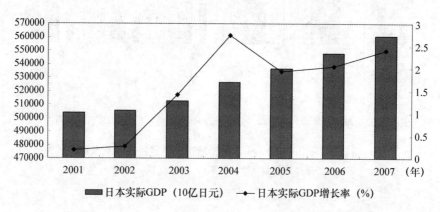

图3—13　2001—2007年日本实际GDP和实际GDP增长率

数据来源：Comtrade数据库。

2001—2007年日本呈现的贸易出口规律与经济增长相似。如图3—14所示，从总量角度出发，日本出口到世界的总额和出口到中国的总额逐年增加，年均世界出口总额为5448亿美元，其中出口到中国的比例由2001年的仅占出口总额的7%增加至2007年的15.3%，增长幅度接近120%。从出口增长率角度出发，日本2001—2007年间年均出口总增长率为8.86%，最高涨幅达到19.87%，远远超过经济增长率数值，进一步说明出口对于日本经济恢复和改善推动作用明显。出口到中国的增长率与总出口率变化基本相似，仅在2003年和2004年略有差别，2003年日本出口到中国的出口增长率高达44%，为此阶段最高值，随后 2004 年下降至 28%，但总体增长率高于出口世界总增长率。由此可以看出，中国经济的增长对日本出口的贡献力度逐年增加，并推动了日本经济复苏步伐。经济的复苏推动工业化进程发展，日本工业化进程在政府工业化战略变动的背景下得以推进。

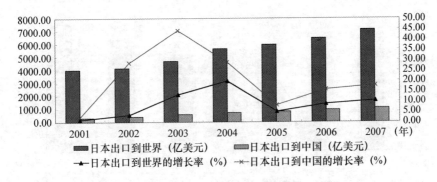

图 3—14　2001—2007 年日本出口到世界和日本出口到
中国的总额及增长率

数据来源：Comtrade 数据库。

2008 年亚洲金融危机爆发后，日本经济增长率连续两年出现负增长，实际 GDP 下降幅度明显，如图 3—15 所示。2008 年金融危机的影响波及时间较长，自 2009 年实际 GDP 下降开始，直至 2013 年实际 GDP 水平才与 2008 年相当，经济发展才恢复到正常水平。此阶段，由于政府大量财政政策和经济政策的实施，经济增长率由 2010 年转为正值，达到 4.7%，随后又略有下降，在零增长附近波动，直至 2013 年才基本恢复正增长。由实际 GDP 指标分析可见，此阶段经济发展处于不断调整和恢复阶段。

从出口角度分析可以看出，出口增长率在 2008—2013 年波动明显，如图 3—16 所示。2008—2009 年间，受经济危机影响，经济发展遭遇强烈冲击，出口受阻明显，出口增长率连续两年均为负值。2010 年随着《日本产业结构蓝图 2010》相应产业调整政策和法规的出台，对经济发展产生正面刺激作用，出口数量和增长率大幅度提升。产业结构受2008 年金融危机影响需要调整，各产业尤其是第二产业发展速度放缓，日本产业空心化现象日益明显，恢复以制造业为核心的第二产业发展尤为重要。《日本产业结构蓝图2010》针对日本产业现状与世界经济环境发展，为日本产业结构转变指明方向，目的旨在增加需求和创造就业，以协调日本经济、资源与环境发展和社会稳定。

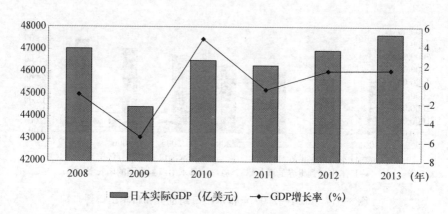

图3—15　2008—2013 年日本实际 GDP 以及 GDP 增长率

数据来源：世界银行数据库。

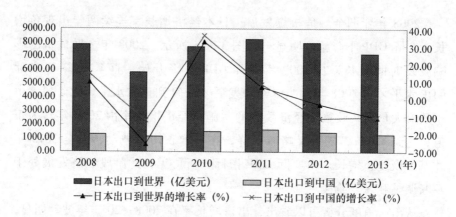

图3—16　2008—2013 年日本出口到世界和出口到
中国的总额以及增长率

数据来源：Comtrade 数据库。

第四节　日本"再工业化战略"的提出

进入 21 世纪，世界开放程度增加，经济加速发展，工业结构和工业化发展提升至新高度。从 18 世纪开始的工业化到 19 世纪中后期的后工业化和去工业化，日本经济主体由实体型经济转为服务型经济。随着新世纪、新环境的变化，劳动力成本逐渐上升以及国际分工新特点的展现，去工业化的弊端逐渐显露。首先，由于土地成本和劳动力成本的上升，发达国家大量的制造工厂开始迁移，将产区迁移至外围区域或周边国家，导致本国失业率上升。其次，有限的资源数量和生产成本的上升，不利于钢铁、造船、纺织等传统产业的发展，传统工业基地走向衰退。最后，技术的不断进步促进劳动密集型产业的国外转移，低劳动成本的日本等发达国家迅速成为制造大国，但制造业空心化现象频出。产业空心化现象是指以制造业为中心的生产和消费通过贸易手段或其他手段迅速转移至外国，造成本国物质生产与非物质生产之间关系失衡，出现经济增长速度放缓，失业人口数量大增等现象。因此，日本等发达国家提出"再工业化战略"，旨在实现经济实体的回归和经济社会的稳定。

一　日本"再工业化战略"进程

"再工业化战略"最初于 20 世纪 70 年代被首次提出，旨在针对德国、法国等地区产业进行结构调整和区域经济发展。20 世纪 80 年代初期，"再工业化战略"的内容发生调整，由结构调整转为基础设施建设和固定资产使用方面。进入 20 世纪 90 年代"再工业化战略"的重点调整为产业转型升级，以高附加值、知识密集型和服务创新为主要目的。从工业化到去工业化再到再工业化，是一个不断循环上升的过程，是经济升级发展的战略表现。

发达国家自 20 世纪 90 年代开始就出台了促进和鼓励制造业发展的相关法案，典型的法案如 20 世纪 90 年代颁布的"先进制造技术计划"和 21 世纪初期的《"鼓励制造业创新"总统行政令》和《2004 年制造技术竞争能力法》等，以期促进去工业化阶段制造业的发展。在去工业化阶段更多关注的是服务业，尤其是金融服务业。由于对金融服务业与金融秩序的失衡，再加上制造业比例过低而无法支撑庞大的虚拟经济，最终导致2008年金融危机的发生。金融危机的爆发使发达国家对经济发展进行深刻反思和重新审视，"再工业化战略"的内容被延伸和扩展，包括通过政府的政策和措施调整，重新塑造以制造业为核心的经济结构、加强制造部门的基础作用、加强发展工业、平衡经济发展与社会就业等问题。

纵观日本20世纪的经济发展，可以发现，日本产业结构在20世纪中后期处于后工业化阶段。后工业化时代经历了前两次工业革命，出现了以下特点：经济发展实现一定进步，更多依赖于知识和技术，物质资源基础需求趋于协调，经济发展方式发生转换。在后工业化时期，工业经济——包括棉纺织等轻工业、钢铁等重工业、电子和科技等高新技术知识密集型产业都较为发达，工业生产效率及工业总量较为可观。后工业时期经济发展的实现以社会保障体系的较为完善为前提，并且与经济体在国际经济中的表现和发展趋势密切相关。后工业化时代的主要特点是高科技产业发展突出，高新技术应用广泛。如图3—17所示，日本在19世纪中后期第一产业比重处于持续下降趋势，第三产业上升的趋势也比较明显，后工业化特征表现也较为显著，但第二产业先增加再减少，增加部分出现再工业化趋势，随后减少部分又显现去工业化趋势，说明此阶段第二产业的发展受国际因素影响较大，自身发展趋势不稳定。尤其是2000年左右，日本第三产业的比重达到近70%，产业出现严重空心化现象。

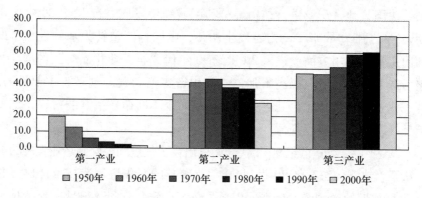

图3—17   1950—2000年日本产业结构变化图

资料来源：根据世界银行数据库和《国际统计年鉴2002》测算得到。

20 世纪末日本去工业化特征显现，制造业在工业化停滞发展阶段发生大量转移，尽管其生产率仍居世界首位，但产业空心化造成的经济和社会问题日益严重。日本政府于 1999 年 3 月颁布《制造基础技术振兴基本法》，重申制造业的战略地位，认为在信息化的 21 世纪，加强和促进制造业基础技术的发展尤为重要，应通过具体的税收政策和福利优惠待遇等，引进有实力、有经验的人才为制造业发展献策献力。对于自然资源稀缺的日本经济而言，制造业创造的增加值几乎占据国内生产总值的一半，日本制造的核心竞争力在于精密仪器的制造和产品质量控制，技术是其主要竞争力。制造业核心地位的回归，使得日本产业空心化问题得到解决，日本"再工业化战略"进入初步实施阶段。

日本"再工业化战略"强调要将实体经济主体制造业回归经济发展主体，强化产业技术竞争力。21 世纪之前，日本产业技术方面的政策一直倾向于以引进、学习和吸收国外先进技术为主，以自主研发为辅，通过不断使用和借鉴国外先进技术，将国内产业转为创造型知识密集化产业，这日本的产业技术得到很快提升，并进一步带动了经济发展。由于自主研发方面仍与欧美等发达国家存在差距，日本政府在 2000 年颁布了《2000—2010 年国家产业技术战略》，明确产业发展的方针和战略，为制造业等核心产业发展和技术研发指明方向。2005 年日本政府出台了"新产业创造战略 2005"计划，针对信息家电、船舶制造等七个核心发展领域制定各自研发目标，制定政策实现产业链之间的资源和信息共享，提升研发投入等。2006 年日本颁布《中小企业制造基础技术高度化法》，针对中小企业制造技术特点，重新调整下游产业发展规划，对于机械电子等特定制造技术提出可行的发展目标。

2008 年国际金融危机爆发，对日本实体经济造成严重打击。2008 年日本实际 GDP 波动明显，仅第四季度，实际 GDP 下降幅度高达 14.4%，2009 年第一季度持续又下降 14.2%。其他经济指标也出现严重萎缩，如出口在 2008 年下降 16.4%，2009 年又下降 26%。出口产品数量下降，工矿业生产指数骤降，投资和生产减少等不良问题频出，对日本经济和工业化发展造成巨大影响。在此经济环境下，日本政府在 2008 年 8 月、10 月和 12 月先后实施三次紧急政策，投入大量财政资金，加强金融系统稳定，力求恢复经济正常发展态势。日本经济在金融危机后，产业空心化现象不但未减弱反而加剧。如图 3—18 所示，2009 年日本直接投资净流入和净流出都大幅度下降，2010 年下降至第二次世界大战后最低点。2011 年直接投资净流出呈现上升状态，即国外投资增多，而直接投资净流入反而下降，2011 年日本国外投资总额同比增长 102%，进一步说明日本产业空心化程度加深。

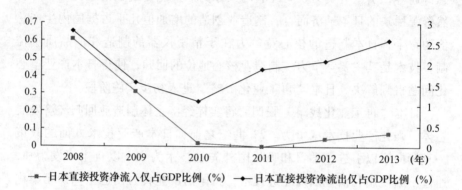

图 3—18　2008—2013 年日本直接投资净流入和净流出占 GDP 比例

资料来源：世界银行数据库。

2009 年，日本针对本国产业空心化，发布《日本制造业竞争策略》，为金融危机后的日本制造业提升国际竞争力提供相应发展策略指导。在发展策略中指出日本制造业的四大竞争力集中表现在"官产学研创"新机制、科技战略与资金支持、人才培养与国际合作和私营经济发达等方面，并指出日本制造业竞争策略应以巩固工业基础和开拓新兴市场为主。2010 年日本出台《日本制造业》，对基础设施、文化产业等五类战略性产业的发展绘制战略蓝图。战略蓝图指出日本制造业在解决产业空心化问题的同时，应加大对基础设施的投资和产业结构的调整，鼓励制造业加强自主研发力度，为制造业发展提供良好的发展规划。2011 年日本出台了《应对日元升值综合经济对策》，针对日本制造业发展中出现的日元升值和产业空洞化问题提出相应解决对策。《应对日元升值综合经济对策》的出台，一方面缓解了日元升值对工业化发展以及经济发展带来的不利影响，另一方面构建了强健的抗风险经济体系，培育了先进企业和技术，利用日元升值促进海外企业并购，以维护日本经济稳定，促进产业发展，加速海外市场和资源市场的布局。2012 年日本针对 2011 年出现的贸易逆差，制定解决制造业空心化的措施，改善经济环境和经济发展局面。2012 年日本政府提出加快装备制造业发展的政策和措施，从规划立法、技术政策、外资开放等方面为提升日本装备制造业发展指明方向。2013 年 6 月日本政府正式推出《日本复兴战略》，战略内容以实现产业发展和振兴、加大和刺激民间投资，扩大贸易规模和自由化程度等为核心，力争通过大胆的金融政策和机动性的财政政策，为工业，尤其是制造业的发展提供良好的发展环境与政策支持。2013 年 10 月，日本政府颁布《产业竞争力强化法案》，帮助促进企业在未来五年内，即到 2017 年，集中精力开展设备投资和产业重组。通过采用减免税收等手段刺激企业加大设备引入和投资，力争民间基础设施投资年平均增长率达到 10%，为制造业和经济发展提供良好的设施基础。

以美国为首的其他发达国家在 2008 年金融危机爆发后也纷纷提出"再工业化战略"。美国以"振兴制造业"为当前主要目标，2009 年出台《美国创新战略：促进可持续增长和提供优良工作机会》和《重振美国制造业框架》，2010 年签署《美国制造业促进法案》《鼓励制造业和就业回国策略》等，各项政策和规范都旨在鼓励制造业回归，重新培育制造业国际竞争力，并改善社会就业状况，减少贸易逆差。2011 年《美国创新战略：推动可持续增长和高质量就业》以及"高端制造合作伙伴计划"（AMP）为制造业的发展指明新的发展方向。2013 年美国"国家制造业创新网络战略"的提出，有利于利用网络科技对制造业技术进行研发和创新，提升制造业国际竞争力和发展潜力。美国的"清洁能源制造计划"的大力实施，加速了美国制造基地中清洁能源利用的比例，加速了绿色制造业实现步伐。

英国、法国和欧盟等发达国家同样是"再工业化战略"的具体实施者。英国发布《制造业：新挑战，新机遇》战略报告，将英国制造业的发展重新定义为重点发展产业。英国政府还针对经济发展趋势，提出加强制造业发展，争夺全球高端产业价值链等战略。法国建立"战略投资基金"，为遭遇金融危机的制造业发展提供资金支持。法国 2012 年制定的"新产业政策"，明确确定工业发展的核心地位，计划五年后法国工业产量较目前提升 1/4。欧盟地区针对欧盟国家工业发展的现状，出台《欧盟 2020 战略》，对工业尤其是制造业的经济发展地位进行重新界定，培育工业经济的支柱发展地位。欧盟地区在 2013 年针对欧盟工业发展的政策方向和目标，提出加大政府投资，刺激经济增长，下调银行利率为制造业企业提供低息贷款和担保，减少税收刺激消费等措施。

二　日本"再工业化战略"的战略实质

日本等发达国家"再工业化战略"的实施是循环上升的过程，从表面上看，是由去工业化再回到再工业化，但实际上与传统工业化相比，是体现服务经济转向新时期实体经济的发展规律，是不同于传统工业化中的实体经济的。再工业化中的实体经济是新时期的实体经济，重点发展技术含量高的高端制造业，提升产业结构，重构制造业产业链，提升高附加值环节的比例。日本实施"再工业化战略"的实质主要表现在战略的实施不仅有利于转变经济发展模式，有利于制造业转型升级，有利于产业结构调整，而且有利于国际持续创新。

第一，转变经济发展模式。在 2008 年金融危机爆发之前，日本等发达国家过分依赖利用金融创新手段和信贷消费来加速经济增长，造成实体经济与虚拟经济格局的不平衡。在对金融危机爆发原因进行深刻分析，重新审视实体经济的地位和作用之后，日本等发达国家纷纷实施"再工业化战略"，引发了再工业化浪潮。因此，"再工业化战略"的实施在本质上首先是发达国家经济发展模式的调整，由虚拟经济占主导地位调整转变为以实体经济占据主导地位。在实体经济回归过程中，通过采用振兴制造业为主要手段，解决社会就业和出口现状，恢复以制造业为主体的实体经济的国际竞争力，提升发达国家在世界经济中的地位。

第二，实现产业转型升级。产业发展符合产业生命周期理论，对于成熟产业而言，其发展需要借助外部动力，如新技术或新需求。产业发展需要不断实现转型和升级，但产业发展基本是不可逆的。"再工业化战略"是以制造业为核心推动经济发展，不仅是传统制造产业的重建，而且是制造产业的转型与升级。劳动密集型和资源密集型的制造业为传统形式的制造业，在"再工业化战略"实施过程中，转型升级为新能源与新技术密集的制造业。日本等发达国家实施"再工业化战略"旨在借助高新技术对传统制造业进行科技改造，发展高端制造业领域和绿色制造业领域，培育制造业新的国际竞争力，以此推动经济进一步发展。

第三，调整国家产业结构。以转变经济发展方式和实现制造业转型升级为目标的"再工业化战略"，需要日本等发达国家进行相应的结构调整，保障经济增长的实现。主导产业的发展是经济结构调整的重点，因此"再工业化战略"对高技术和高潜力产业的发展具有调控目的，即通过政府政策调整和支持，将有竞争实力的产业部门培育为主导部门。在经济发展新阶段，新兴产业的发展是"再工业化战略"实施的重点领域，新能源和新技术的应用，可以促进新兴产业发展，也可以带动经济整体发展。因此，以新兴产业为主体的产业结构调整，是"再工业化战略"的实质表现。

第四，实现持续创新。根据经济周期理论，经济周期波动的原因之一是创新，创新能带动经济技术的进步和社会的发展。2008 年的金融危机影响了全球经济，许多发达国家和新兴国家经济增长速度的放缓标志着全球经济进入萧条期。"再工业化战略"的实施是发达国家经济实体回归，转变经济发展方式，调整产业结构的重要战略，必然要求企业和社会加大科技创新投入，协助恢复经济增长。因此，无论是传统制造业还是新兴产业的发展都需要持续的创新。持续的科技创新和制度创新是"再工业化战略"实施的保障。

三 日本"再工业化战略"的实现路径

日本实现"再工业化战略"的路径主要包括政策路径、制度路径和技术路径。

（一）政策路径

日本"再工业化战略"的政策路径主要是出台推动发达国家经济发展的法案或计划。通过政府法案或国家计划的颁布，协调政府与市场之间的关系。政策实施的方式可以采取直接措施——如对制造业进行直接的补贴发放，也可以采取间接的方式对制造业进行扶持——如制定再工业化总体战略规划、新能源战略政策法规或战略新兴产业扶持政策等，通过规划和法规对制造业进行间接补贴。《2000—2010 年国家产业技术战略》《新产业创造战略 2005》《日本复兴战略》等政策的制定和实施为"再工业化战略"的实施提供了政策依据,为产业的发展指明了发展方向和发展重点。还可以采用税收优惠等政策,对日本制造业的回归给予扶持,重振传统制造业,大力发展高端制造业,以此增加就业岗位,缓解高失业率问题。

政策路径的选择要有一定的目的性和针对性。一方面,鉴于中国是造船大国,政策路径的选择要更加注重船舶制造业规模化的发展。规模化发展不仅要求政府在宏观管理上出台相关产业政策,也要求政府为大型企业提供兼并重组的政策支持。政府要从产业发展初始就对船舶制造业的发展进行深入分析和合理规划,在政策落实中推动造船业规模变动和发展政策调整,推动产业规模化发展,从而提高整体产业的国际竞争力。另一方面,政策路径的选择要更加注重中国造船能力的可持续发展。政府要通过政策指引,推动中国产业结构的转变和优化,实现对船舶资源更高效的利用以实现船舶制造业的转型和升级。

（二）制度路径

日本"再工业化战略"的制度路径主要指激励制度路径和约束机制路径。激励制度路径主要是针对有利于制造业发展的政策的实施,在实施过程中政府给予一定的奖励和补助。日本主要通过对制造企业和其他工业企业提供一定的优惠政策,以及促进新兴产业拓展出口市场、鼓励高新技术和新能源的开发和利用、适度放松高新技术产品贸易管制等措施,提升制造企业和其他工业企业的出口竞争力。约束机制路径主要指政府不仅需要不断完善与制造业发展相关的法律、法规,以法律形式规定各产业的标准规范,而且要不断强化对制造业等行业的管理,使各方的行为符合整体发展方向与目标。

在制度路径的选择中,要强调制度的可行性和监督性。在激励制度实施过程中,要为制度实施提供良好的实施条件和环境,保障所承诺的激励制度的实现。优惠政策和激励制度的顺利实施,从中观角度可以促进产业顺利发展和合理调整,从微观角度可以对产业企业的自主创新和效率提升起到促进作用。在约束制度实施过程中,要加强法律、法规的制定和监督实施力度,通过法律法规手段严惩不良行为,杜绝违法违规行为,为企业提供良好的同业竞争环境。通过法律法规的完善为企业参与市场活动提供良好的法律环境，通过监督体系和奖惩机制的构建促进市场有序运行。

（三）技术路径

日本"再工业化战略"的技术路径主要着重于创新。"再工业化战略"的实施需要以科技创新为保障，因此日本通过不断加大科技研发资金投入，制定技术创新政策并不断完善，努力促进高技术制造业和战略性新兴产业的发展。21世纪初期的《"鼓励制造业创新"总统行政令》和《2004年制造技术竞争能力法》等是鼓励创新的法律体现。《日本复兴战略》也将科技创新纳入国家战略内容进行重点强调。通过科技创新取得的制造业发展符合信息社会和网络社会需求，拥有可持续发展理念，国际竞争力得以提升，是日本经济发展的支撑点。通过持续创新加强对先进制造业和高技术制造业的培育，不仅能促进制造业产业自身产业升级，而且能推动经济整体的发展。

在技术路径选择中，要注重技术的实用性和有效性。高新技术含量和应用程度直接影响国家工业化结构。"再工业化战略"发展所需要的技术要与产业发展特点相结合，一方面发挥产业优势，另一方面提升技术创新水平，增强技术的实用性。在借鉴其他发达国家先进技术的过程中，不能直接照搬照用，要针对本国自身特点进行分析和调整，筛选和引进适用于本国产业发展的先进技术和经验。借鉴和引进的高新技术要与经济发展步伐和发展程度相一致，并要进行实时更新，保证技术有效性。高新技术的实用性和有效性是中国船舶制造业实现技术路径的保障。

第五节　本章小结

美国等发达国家自金融危机以来，纷纷提出"再工业化战略"，旨在改变目前发展现状，提升竞争力水平。美国政府推出了大力发展新兴产业、鼓励科技创新、支持中小企业发展等再工业化的政策和措施。欧盟各国、瑞典、英国等发达国家也积极制定重振本国制造业经济的政策。传统的制造业强国要重新振兴制造业，绝不是仅仅依靠政府力量增加制造业比重就可以实现的，而是要着重于加强制造业的竞争力。在提升制造业竞争力方面，一是要继续巩固与强化传统产业的某些环节和优势产业的既有优势，尤其是在技术、产品质量、品牌、环保等多方面；二是要努力在新兴技术产业以及绿色制造等方面的角逐中抢占制高点。

日本工业化进程自 19 世纪 80 年代至今经历了初期发展阶段、畸形发展阶段、复苏和高增长阶段、低速发展阶段、停滞发展阶段和改善发展阶段六个阶段，每个阶段持续时间十年至二三十年不等。初期发展阶段以棉纺织业和丝织业为主导产业，出口收入可观。畸形发展阶段重工业和化工业受战争影响，发展速度异常高速。复苏和高增长阶段主要对工业化发展进行调整，经济增长呈现可观趋势，出现两位数增长态势。低速发展阶段是由于持续的贸易逆差和国民收支逆差以及石油资源价格上涨的冲击，导致日本经济增速低于 5%。停滞发展阶段是日本大多产业都处于下降趋势，发展前景极度不乐观。改善发展阶段是从 GDP 增速和出口角度看都显现好转趋势，工业化发展态势较好。改善发展阶段是"再工业化战略"被重新提出并给予足够重视，改变传统"再工业化战略"内容和特点，重点转为解决产业空心化，实现产业转型升级，以高附加值、知识密集型和服务创新为主要目的。其战略实质为转变经济发展模式，实现产业转型升级，调整国家产业结构和实现持续创新。其实现路径以政策、制度和技术路径为主。

第四章　日本"再工业化战略"的提出及其进程测算

日本"再工业化战略"的提出是日本工业化进程发展的必然产物。21世纪初日本"再工业化战略"已成雏形，2008年金融危机的爆发加速了战略实施步伐，"再工业化战略"被列为重点发展战略之一。解决产业空心化现象、实现实体经济回归、增加就业是战略实施的重点。转变经济发展模式、实现制造业转型升级、调整国家产业结构、实现持续创新是战略实施的实质。本书采用HP滤波法对日本"再工业化战略"进程进行衡量，并采用因子分析法确定日本"再工业化战略"指标，认为日本"再工业化战略"的实施对日本船舶制造业造成一定影响，不仅影响出口和进口基本面，而且影响日本造船三大指标表现，即造船完工量、手持订单量和新接订单量。

第一节　日本"再工业化战略"进程衡量

日本的"再工业化战略"表现为工业相关指标数值的提升，根据前文所述，近年来日本的第二产业产值比重、日本工业化率、制造业出口额等指标并没有表现出强劲的反弹趋势。换言之，"再工业化战略"的实施尚未体现出显著的政策效应。由于政策实施效果的体现具备较大的时滞性，不可能一蹴而就，其必须经过的历程通常是从不良状况的逐渐缓解到良好状况的逐渐展现。对于日本"再工业化战略"来说，首先应表现为去工业化进程的遏制，然后才能表现出工业化水平的绝对提升。因此，应通过研究日本"再工业化战略"进程和指标测算，定量确定"再工业化战略"指标。

一 日本再工业化相关指标筛选

在去工业化阶段，日本的工业相关指标数值普遍下降。虽然近年来较少出现指标数值上升的迹象，但下降的幅度可能有所减少。若事实如此，则表明去工业化的进程正在得到遏制，再工业化进程则开始进入初级发展阶段。因此，本书对日本再工业化进程的衡量采用以下的思路和步骤：第一，挑选日本工业相关指标；第二，求出指标的变动值，比如 Y 指标第 t 年的变动值为 VY_t（$Y_t - Y_{t-1}$），第 $t+1$ 年则为 VY_{t+1}（$Y_{t+1} - Y_t$）；第三，求出变动值的增减额 $VY_{t+1} - VY_t$；第四，按照扩散指数的方法对第三步的结果进行相应赋值；第五，求出日本再工业化的扩散指数。

在对日本"再工业化战略"进行研究中，以经济的重要性、景气的对应性、时间的规则性、统计的充足性和数据的速报性为原则，筛选出日本第二产业产值比重、第二产业劳动力数量比重、制造业出口额、工矿业指数、制造业开工率、GDP 增长率、相对工业化率为衡量日本再工业化的指标，如表 4—1 所示。

表 4—1 日本工业化相关指标信息表

指标名称	指标简称	指标计算方法	数据来源
第二产业产值比重	SINDUS	SINDUS = 第二产业产值/全国产业总值	《日本统计年鉴 2014》
第二产业劳动力比重	SLABOR	SLABOR = 第二产业劳动力数量/全国劳动力总数	《日本统计年鉴 2014》
制造业出口额	MEX	MEX = 制造业贸易总额—制造业进口额	世界银行数据库
制造业开工率指数[1]	MOR	MOR = MOR_t/MOR_{2010}[2]	《日本统计局各年年鉴》
工矿业生产指数[3]	MMPINDEX	MMPINDEX = MMP_t/MMP_{2010}	《日本统计局各年年鉴》
相对工业化率	REIINDEX	REIINDEX = 日本工业化率/（日本 + 韩国 + 中国工业化率）	世界银行数据库
GDP 增长率	GDPG	GDPG = （$GDP_t - GDP_{t-1}$）/GDP_{t-1}	世界银行数据库

---

① 制造业开工率指数英文全称为 Manufacturing Operating Ratio。

② 制造业开工率指数和工矿业生产指数都是以 2010 年为基年进行计算。

③ 工矿业生产指数英文全称为 Mining and Manufacturing Production Index。

日本再工业化是工业化过程中的主要战略变动，选取二产产值比重指标——即第二产业产值在全国三大产业产值中的比重，从直观角度反映出第二产业在经济整体中的比重变动。第二产业劳动力比重指标——即第二产业中劳动力从业人员数量占全国劳动力从业人员的比重，可以从劳动力角度反映工业变动特点。由于制造业是工业发展中的重要组成部分，因此可以选取制造业出口额和制造业开工率指数分析评价日本再工业化程度。制造业出口额指标为制造业贸易及国际市场的重要评定标准，可以从贸易角度反映制造业运作特征。制造业开工率指数为已经开工的设备或企业开工的比例，也可以反映制造企业生产设备运营状况，开工率的高低直接影响投资和失业。工矿业生产指数为包括金属制成品、化工行业、船舶制造业、矿业、炼油和钢铁等行业的生产指数，以某一年为基年衡量其他年份特征，反映行业综合发展特点。相对工业化率指标主要用来衡量日本工业化程度的高低，可以避免单独选取日本工业化率为指标的片面性，以中国和韩国两个造船大国的工业化率为参照，测算出日本相对工业化率以反映日本工业化运作态势。GDP增长率为经济宏观发展的主要衡量指标，可以为日本工业化发展提供宏观发展环境。

针对在日本再工业化衡量过程中基于数据的可得性与再工业化表现的特点，因此选取的时间范围为1988—2013年。在数据可得性方面，目前世界银行数据库和《日本统计年鉴》统计数据更新至2013年，为保持数据的一致性与时效性，因此选取2013年为共同时间点。日本"再工业化战略"自1988年已开始实施，进入21世纪表现明显，经历2008年金融危机后表现异常，时间阶段的选取涵盖了日本"再工业化战略"提出和实施的关键时间，因此具有一定的研究性。选取的指标基本统计如表4—2所示，各指标均值都在0.5左右波动，表明可能存在先降后增的趋势，如果持续下降的话，均值会低于0.5。各指标标准差也在0.5左右，表明各指标波动特点各异。通过回归得到各指标的相关系数，如表4—3所示。从表中可以看出，指标之间相关系数不高，表明选取的指标较为合理，可以同时作为日本再工业化衡量指标。

表4—2　　　　　　　　　日本再工业化指标的基本统计

	SINDUS	SLABOR	MEX	MOR	MMPINDEX	REIINDEX	GDPG
Mean	0.54	0.46	0.57	0.52	0.48	0.52	0.52
Median	0.50	0.00	1.00	1.00	0.00	1.00	1.00
Max	1.00	1.00	1.00	1.00	1.00	1.00	1.00
Min	0.00	0.00	0.00	0.00	0.00	0.00	0.00
Std. Dev.	0.4747	0.4980	0.5069	0.5108	0.5108	0.5108	0.5108

数据来源：作者采用计量软件测算得到。

表4—3　　　　　　　　　日本再工业化指标的相关系数

	SINDUS	SLABOR	MEX	MOR	MMPINDEX	REIINDEX	GDPG
SINDUS	1.000						
SLABOR	0.056	1.000					
MEX	0.349	0.102	1.000				
MWORK	0.352	0.183	0.365	1.000			
IINDEX	0.285	0.264	0.389	0.045	1.000		
REIINDEX	0.277	0.361	0.214	0.303	0.045	1.000	
GDPG	0.358	0.093	0.365	0.352	0.045	0.303	1.000

数据来源：作者采用计量软件测算得到。

二　日本"再工业化战略"进程衡量

本书在进行日本"再工业化战略"指标赋值过程中，应用扩散指数法对筛选的指标进行指标赋值和结果计算。扩散指数可以表征具体阶段经济波动的扩散程度和范围，与其他方法结合使用可以反映出经济波动的方向和转折点位置，由此对"再工业化战略"进程进行衡量。

（一）指标赋值方法

扩散指数又被称作扩散率，用于评价所研究的经济指标的波动特点，在对指标的循环波动特点进行分析和测定的基础上，判定一定时点上经济指标扩张的程度。扩散指数在具体阶段停留的时间与扩散速度呈反比，停留时间越长，则表明扩散速度越慢。扩散指数在具体时间点的表征值直接反映所研究的经济波动扩散的程度和范围。扩散指数法是评价经济指标波动变化的主要方法，通过测算上升指标的扩散率来预测经济发展的方向与情况。通过采用对筛选出的一组经济评价指标的综合考察，较为全面和可观地对经济情况进行判断和预测，避免单个指标片面预测的弊端。为保证测算结果的正确性与可行性，筛选的指标必须能较为全面、及时和准确地反映出研究对象变化发展的特点，据此计算指标的综合扩散指数。

由于在经济景气上升阶段，多数经济活动表现为扩张趋势；而在经济萧条时期，多数经济活动表现为收缩趋势，因此在扩散指数方法运用时，多采用扩散指数 DI 来进行评价。DI 能较为准确地反映出经济景气活动的阶段性变动、经济景气活动的转折点以及指标与景气的对应关系。DI 的计算公式如下：

$$DI = 扩张系列数/采用系列数 \qquad (4—1)$$

扩散指数 DI 表示所筛选的景气指标中扩张系列指标占采用系列指标的比例，通常用百分比或 [0，1] 区间的数值来表示。DI 值以 50% 即 0.5 为界限分为两大部分，当比值高于 50% 时，表明大多数的指数呈现上升特点，经济活动也呈现上升景气态势；当 DI 值低于 50% 时，则表明大多数的指数呈现下降特点，经济活动呈现萧条态势。因此，50% 的 DI 值是判断经济整体景气或萧条的重要指标。

（二）指标赋值和进程衡量结果计算

在对"再工业化战略"进行衡量过程中对数据进行处理，采用相对值的方法对指标进行赋值。由于是对相对值的差值进行赋值，其赋值原则如表4—4所示。在指标共同增加的情况下，相对值差值大于 0，则表明增加的幅度呈上升趋势；相对值差值小于 0，则表明增加的幅度呈减少趋势。在指标共同减少的情况下，相对值差值大于 0，则表明减少的幅度下降；相对值小于 0，则减少的幅度在扩大。在指标出现一个增加一个减少的情况下，相对值差值不可能大于 0。

表4—4　　　　　　　　　　　相对值差值赋值原则

$Y_t - Y_{t-1}$	$Y_{t+1} - Y_t$	$(Y_{t+1} - Y_t) - (Y_t - Y_{t-1})$		
		>0	=0	<0
+	+	1	0.5	0
+	—	/	/	0
—	+	1	/	/
—	—	1	0.5	0

注："+""-"表示本期比上一期的 Y 值增加或减少，"/"表示不可能出现的情形。

　　从表4—4可以看出，选取相对值差值进行赋值，其原则没有较单独赋值更加复杂。在赋值过程中，若相对值差值大于0，则赋值1，等于0就赋值0.5，小于0就赋值0。较绝对值求差值方法而言，相对差值赋值法表明了绝对值的增减，同样可以反映绝对值变化。不仅如此，采用相对值求差值方法，其含义较绝对值求差值含义更多。当相对值差值赋值为1时的情况可以归纳为以下三种：增加且增幅变大、由减少转为增加、减少但减幅变小。从再工业化进程角度进行分析，无论哪种情况发生都可以表明日本再工业化进程的增进。因此，本书的思路和衡量方法是可行的。将权重设为相同后，按平均值计算综合扩散指数如表4—5所示。

　　以扩散指数0.5为界限，初步判定日本"再工业化战略"实施效果及经济发展态势。扩散指数大于0.5，则意味着大多数经济指标呈现上升特点，日本"再工业化战略"的实施带来经济景气，经济呈现上升发展态势。扩散指数小于0.5，则意味着大多数经济指标呈现下降特点，日本"再工业化战略"的实施并未给经济发展带来更多正面效应。将计算得到的扩散指数结果绘制到图4—1中可以直观地发现，2002年之后扩散指数大多在0.5以上，只有2008年、2009年和2011年扩散指数低于0.5。其中2008年、2009年由于国际金融危机的爆发，大多数国际的工业指标数据都在下降，因此日本下降的表征是与国际经济相一致的。2011年整体下降是由于日本大地震灾害和核泄漏事故、日本限电令以及日元屡创第二次世界大战后新高三大不利事件影响，日本经济整体受挫严重。其余年份均显现出再工业化的正面效应。2002年之前，大多数年份都在 0.5 以下，则意味着大多数经济指标呈现下降特点，"再工业化战略"实施效果不显著。

表 4—5　　　　　　　　　　各指标值与扩散指数

年份	第二产业产值比重	第二产业劳动力比重	制造业出口额	制造业开工率指数	工矿业生产指数	相对工业化率	GDP 增长率	扩散指数
1990	1	0	1	0	1	0	1	0.57
1991	0	1	1	0	1	0	0	0.43
1992	1	0	0	0	0	0	0	0.14
1993	0	0	0	1	0	0	1	0.29
1994	0.5	1	1	1	0	1	1	0.79
1995	1	0	1	1	1	1	0	0.86
1996	0	1	0	0	0	1	0	0.29
1997	1	0	1	1	1	0	0	0.57
1998	0	0	0	1	0	0	0	0.14
1999	1	1	0	1	0	1	1	0.86
2000	0.5	0	1	1	0	0	1	0.50
2001	0	0	0	0	0	0	0	0.00
2002	1	0	1	1	0	1	1	0.71
2003	1	1	1	1	1	0	1	0.86
2004	1	0.5	1	1	0	1	1	0.79
2005	0	1	0	0	1	1	1	0.57
2006	1	1	1	1	1	1	1	1.00
2007	0.5	0	1	0	1	1	1	0.64
2008	0	0	0	0	0	0	0	0.00
2009	0	0	0	0	0	0	0	0.00
2010	1	1	1	1	1	1	1	1.00
2011	0	1	0	0	1	0	0	0.29
2012	1	1	0	1	0	1	1	0.71
2013	1	0	1	0.5	0	1	0	0.50

数据来源：作者采用 HP 滤波法计算得到。

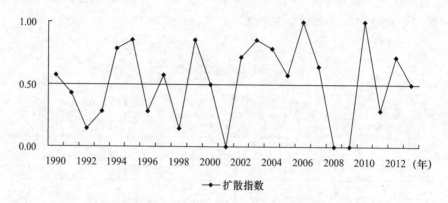

图 4—1 1990—2013 年扩散指数趋势图

数据来源：由表 4—5 数据绘制得来。

（三）衡量结果检验

依据上述扩散指数分析结果，可以认定，自 2002 年始，日本再工业化进程步入初步发展阶段。虽然各指标绝对值没有显著提升，但相对值的降幅在缩小，意味着日本在工业化进程对经济的正面作用开始显现。自 2002 年至今，除去 2008 年、2009 年和 2011 年三个特殊年份，其余年份再工业化各指标绝对值均对经济发展起到正面促进作用。通过采用绝对值数据进行画图检验，如图 4—2 所示，日本第二产业产值比重在 2002 年后降幅明显。2002 年前最高占比达到 37.2，2002 年后基本维持在 27 左右，变动幅度不大。图 4—3 为日本第二产业劳动力比重变动趋势，劳动力比重自 1988 年至今整体呈现下降趋势，2002 年前波动较大，2002 年后下降幅度较为平缓。

从制造业产业角度出发，图 4—4 和图 4—5 分别为历年制造业出口额和制造业开工率指数变动趋势图。由图 4—4 可以明显看出，2002 年前制造业出口总额较低，2002 年始呈现大幅增长特点，出口额 2011 年较 1988 年翻了近 3 倍之多，出口规模整体高于 2002 年之前。图 4—5 中以 2010 年为基年，取值 100，纵向衡量 1988—2013 年的制造业开工率指数。从此图中可以看出 2002 年前制造业开工率指数基本呈现下降趋势，表明产业发展受阻。2002 年后至金融危机爆发之前呈现上升趋势,表明"再工业化战略"对制造业的推动作用,金融危机之后基本维持平稳状态,表明制造业开工率在调整阶段不断调整上升。

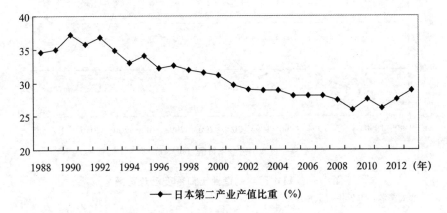

日本第二产业产值比重(%)

图4—2 日本历年第二产业产值比重变动趋势图

数据来源:《日本统计年鉴2014》。

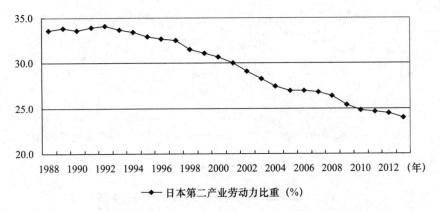

日本第二产业劳动力比重(%)

图4—3 日本历年第二产业劳动力比重变动趋势图

数据来源:《日本统计年鉴2014》。

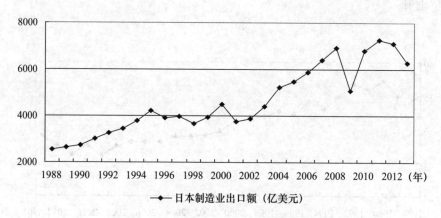

图4—4　日本历年制造业出口额变动趋势图

数据来源：世界银行数据库。

图4—5　日本历年制造业开工率指数变动趋势图

数据来源：《日本统计年鉴1990—2014》。

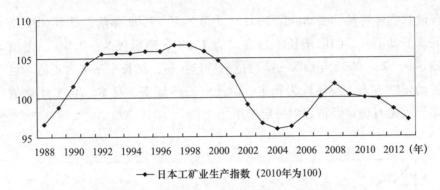

图4—6 日本历年工矿业生产指数变动趋势图

数据来源:《日本统计年鉴1990—2014》。

从工矿业生产指数变动来看,仍然以2010年为基年,2002年之前工矿业指数基本高于基年,呈现下降趋势;2002年后波动较大,大部分低于基年水平,但呈现上升趋势,如图4—6所示。工矿业指数的波动表明产业结构发生调整,生产能力在不断提升。图4—7为日本相对工业化率变动情况。相对工业化率以日本占中国、韩国和日本工业化率的比重为计算结果,衡量日本工业化率相对水平。2002年前日本相对工业化率下降幅度较大,1998—2001年间下降5.7%,年均下降0.4%。2002年后下降幅度明显减小,2002—2013年下降比例为2.4%,年均下降0.2%。图4—8为日本GDP增长率变动趋势图,总体

图4—7 日本历年相对工业化率变动趋势图

数据来源:世界银行数据库。

反映日本经济整体变动。以 2002 年为分界点，2002 年前，日本 GDP 增长率波动明显，GDP 增长率最高时为 7.1%，最低仅为 -2.0%，差值高达 9.1%。2002 年后除去金融危机特殊年份，增长率基本为正值，且波动幅度不大，整体较为稳定。由此进一步证实，日本"再工业化战略"实施对稳定经济起到一定作用。

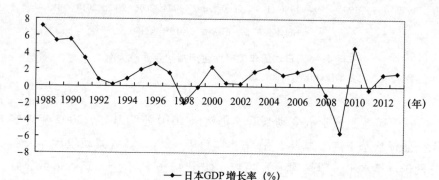

→ 日本GDP增长率（%）

图 4—8　日本历年 GDP 增长率变动趋势图

数据来源：世界银行数据库。

第二节　日本"再工业化战略"指标测算

对日本"再工业化战略"进行分析，本书选取相应指标作为因子分析的"因子"，采用因子分析法进行测算，并将分析结果作为日本"再工业化战略"的总指标。

一　日本"再工业化战略"指标测算原理

在采用客观赋权法计算"再工业化战略"指数时，在客观性、科学性、针对性等原则的指导下，本书选取因子分析法进行计算。采用因子分析法进行分析，主要是将相关关系较为密切的指标归为同一类别，不同类别指标成为不同因子，[①] 通过研究因子来探究原始信息特征。具体

---

① 这些因子因其不可测量性而无法成为具体的指标变量。

而言，因子分析通过研究众多变量之间的内部依赖关系，提取少数几个"因子"来表示数据的主要信息。在理论上，有几个指标即可构成几个公共因子，一般而言，这种"因子"的提取标准有两种：一是特征值大于1，二是累计方差贡献率接近80%。原始指标是可以被观测的显性变量，而因子一般是不可以被观测的潜在变量。因子分析与主成分分析类似，但也存在某些不同之处。对二者的详细解读参见林海明、林敏子、丁洁花（2004）的研究。

首先，采用因子分析法的最大优势是减少研究变量的数量，通过指标分类对变量进行归类，因此因子变量的个数远小于原始研究变量的数量。其次，因子分析法同样具有较高的科学性，一方面，因子分析法减少变量个数方式并非简单的取舍，而是通过对原始变量进行新的综合分析而得到；另一方面，因子变量之间不存在任何线性关系，改变原始变量多线性关系的状态。最后，因子分析法也具备一定的可行性，对研究问题具有明确的解释性，能综合分析变量表现特征，发挥专业分析作用。

假设指标体系包含 p 个原始指标，根据因子的提取标准，提取了 m 个公共因子。则对于指标 X_j 而言，它可以表示为公共因子的线性函数与特殊因子 ε_j 之和。

$$X_j = b_{j1}Z_1 + b_{j2}Z_2 + \ldots + b_{jm}Z_m + \varepsilon_j, j = 1,2,\ldots,p \quad (4\text{—}2)$$

$$B = (b_{ij})_{p \times m} = \hat{B}C, \hat{B} = (\sqrt{\lambda_1}\alpha_1, \sqrt{\lambda_2}\alpha_2, \ldots \sqrt{\lambda_m}\alpha_m) \quad (4\text{—}3)$$

诸如 b_{j1}，b_{j2} 等指的是因子载荷矩阵 B 中的元素。因子载荷矩阵由初等因子载荷矩阵 $\hat{B}$ 以及方差最大正交旋转矩阵 C 相乘求出。λ，α 是相应的特征值和特征向量。

因子分析计算得到的核心结果是 m 个因子各自的得分，以及总得分 Z。

$$(Z_1, Z_2, \ldots, Z_m)' = BR^{-1}X \quad (4\text{—}4)$$

$$Z = \sum_{i=1}^{m} (v_i/p)Z_i \quad (4\text{—}5)$$

二　因子分析法计算结果及分析

在"再工业化战略"衡量过程中，选取的各指标之间存在一定的相关关系，采用因子分析方法，通过降维的方式将相互独立的单个指标信息整合为少数几个综合指标。综合指标之间相互独立，信息不重叠。

　　采用计量软件 SPSS12.0 对经过标准化处理的数据进行因子分析。通过对原始数据进行标准化处理，来消除变量间在数量级和量纲两方面的差异。标准化处理结果记为矩阵 R。

$$R = \begin{pmatrix} 1 & 0.731 & 0.596 & 0.577 & 0.577 & 0.423 & 0.423 & 0.423 & 0.288 & 0 & & 0.308 & 0.058 & 0.308 & 0.577 \\ 1 & 0.896 & 0.761 & 0.642 & 0.522 & 0.448 & 0.448 & 0.418 & 0.358 & 0.209 & 0.119 & 0.090 & 0.075 & 0 \\ 0.217 & 0 & & 0.040 & 0.185 & 0.427 & 0.493 & 0.607 & 0.761 & 0.909 & 0.382 & 0.872 & 1 & & 0.957 & 0.718 \\ 1 & 0.759 & 0.356 & 0.080 & & 0.034 & 0.207 & 0.471 & 0.655 & 0.494 & 0.460 & 0.437 & 0.287 & 0.138 \\ 0.768 & 0.518 & 0.551 & 0.687 & 0.834 & 0.877 & 0.970 & 1 & & 0.840 & 0 & & 0.494 & 0.364 & 0.428 & 0.413 \\ 1 & 0.811 & 0.722 & 0.605 & 0.491 & 0.385 & 0.389 & 0.437 & 0.336 & 0.889 & 0.264 & 0.007 & 0 & & 0.207 \\ 0.765 & 0.578 & 0.571 & 0.709 & 0.775 & 0.671 & 0.709 & 0.758 & 0.441 & 0.6041 & 1 & & 0.499 & 0.685 & 0.694 \end{pmatrix}$$

该标准化矩阵的相关矩阵为 R'。

$$R' = \begin{pmatrix} 1 & -0.321 & 0.818 & 0.343 & -0.132 & -0.338 & -0.456 & -0.612 & -0.744 & 0.034 & -0.723 & -0.910 & -0.894 & -0.672 \\ & 1 & -0.364 & -0.526 & -0.532 & -0.512 & -0.535 & -0.491 & 0.024 & 0.196 & -0.178 & 0.230 & 0.038 & -0.172 \\ & & 1 & 0.787 & 0.375 & 0.149 & -0.047 & -0.368 & -0.786 & 0.025 & -0.628 & -0.919 & -0.803 & -0.515 \\ & & & 1 & 0.864 & 0.698 & 0.514 & 0.155 & -0.503 & -0.146 & -0.183 & -0.570 & -0.308 & 0.023 \\ & & & & 1 & 0.947 & 0.838 & 0.564 & -0.081 & 0.297 & 0.202 & -0.124 & 0.171 & 0.431 \\ & & & & & 1 & 0.965 & 0.780 & 0.236 & -0.354 & 0.320 & 0.113 & 0.336 & 0.458 \\ & & & & & & 1 & 0.913 & 0.463 & -0.369 & 0.441 & 0.300 & 0.469 & 0.491 \\ & & & & & & & 1 & 0.740 & -0.255 & 0.634 & 0.579 & 0.650 & 0.535 \\ & & & & & & & & 1 & -0.198 & 0.501 & 0.813 & 0.658 & 0.300 \\ & & & & & & & & & 1 & 0.203 & 0.030 & -0.110 & -0.119 \\ & & & & & & & & & & 1 & 0.815 & 0.904 & 0.797 \\ & & & & & & & & & & & 1 & 0.919 & 0.585 \\ & & & & & & & & & & & & 1 & 0.839 \\ & & & & & & & & & & & & & 1 \end{pmatrix}$$

相关矩阵的特征值和特征向量集合为 λ 和 A。

$$\lambda = (\ -0.0011 \ -0.0005 \ -0.0004 \ -0.0003 \ 0 \ 0.0004 \ 0.0008 \ 0.0014 \ 0.1275 \ 0.6894 \ 0.8586 \ 1.2307 \ 4.4628 \ 6.6308\ )$$

　　其中 λ 为所有 λ_i 的集合，将 λ_i 对应的特征向量（列向量）进行集合，得到 A。

$$A = \begin{pmatrix} 0.071 & -0.530 & -0.245 & 0.312 & 0.348 & 0.118 & 0.003 & 0.341 & 0.112 & 0.279 & 0.276 & -0.023 & 0.129 & -0.348 \\ -0.008 & -0.206 & -0.219 & -0.123 & 0.246 & 0.242 & -0.034 & 0.233 & 0.078 & -0.454 & -0.626 & -0.013 & -0.337 & -0.046 \\ -0.264 & 0.387 & 0.192 & 0.004 & -0.211 & 0.399 & -0.250 & 0.450 & 0.273 & -0.106 & 0.020 & 0.101 & 0.316 & -0.281 \\ -0.566 & -0.082 & -0.279 & 0.025 & 0.206 & -0.293 & -0.139 & -0.377 & 0.159 & -0.133 & -0.162 & 0.174 & 0.448 & -0.065 \\ 0.136 & -0.470 & 0.418 & -0.198 & -0.220 & -0.327 & 0.010 & 0.322 & -0.533 & -0.101 & -0.228 & 0.111 & 0.429 & 0.131 \\ 0.158 & 0.246 & 0.049 & 0.444 & 0.268 & 0.200 & 0.590 & -0.019 & -0.342 & -0.219 & -0.110 & -0.046 & 0.383 & 0.213 \\ 0.438 & -0.149 & -0.830 & 0.077 & -0.019 & 0.322 & -0.596 & -0.279 & -0.008 & -0.195 & 0.052 & -0.134 & 0.324 & 0.269 \\ -0.036 & 0.086 & -0.614 & -0.403 & -0.115 & -0.046 & 0.157 & 0.355 & -0.069 & -0.145 & 0.304 & -0.161 & 0.182 & 0.331 \\ -0.469 & -0.122 & 0.391 & 0.073 & 0.328 & 0.022 & -0.163 & 0.140 & -0.215 & -0.231 & 0.289 & -0.402 & -0.131 & 0.304 \\ 0.082 & -0.007 & -0.015 & 0.165 & 0.016 & -0.106 & -0.066 & 0.063 & -0.262 & -0.504 & 0.374 & 0.675 & -0.154 & 0.067 \\ -0.030 & -0.131 & 0.193 & -0.415 & 0.299 & 0.345 & 0.163 & -0.141 & 0.435 & 0.163 & 0.175 & 0.399 & -0.047 & 0.331 \\ -0.225 & -0.280 & -0.109 & 0.459 & -0.555 & 0.066 & 0.092 & -0.131 & 0.399 & -0.070 & 0.033 & 0.011 & -0.217 & 0.340 \\ 0.176 & 0.312 & -0.029 & 0.231 & 0.300 & -0.454 & -0.320 & 0.343 & 0.301 & 0.187 & -0.131 & 0.128 & -0.092 & 0.367 \\ -0.245 & -0.032 & -0.116 & 0.117 & -0.056 & 0.298 & -0.107 & 0.124 & -0.566 & 0.443 & -0.272 & 0.328 & 0.050 & 0.305 \end{pmatrix}$$

经由主成分法提取初始的因子载荷矩阵，相应的特征根及方差贡献率如表4—6左边所示。同时，对初始因子载荷矩阵进行方差最大化正交旋转，旋转后的因子特征根及方差贡献率等如表4—6右边所示，旋转因子载荷矩阵如表4—7所示。按照特征根大于1的标准，提取了Z_1、Z_2、Z_3三个因子。将旋转因子载荷矩阵中每列数值除以相应的特征根的开方，如Z_1除以2.524的开方值，随后得到单位特征向量。各因子得分函数如下：

$Z_1 = 0.057 * SINDUS + 0.110 * SLABOR + 0.526 * MEX +$
$\qquad 0.028 * MOR + 0.607 * MMPINDEX + 0.070 * REIINDEX +$
$\qquad 0.578 * GDPG$

$Z_2 = 0.683 * SINDUS - 0.045 * SLABOR + 0.224 * MEX +$
$\qquad 0.106 * MOR - 0.001 * MMPINDEX + 0.685 * REIINDEX +$
$\qquad 0.025 * GDPG$

$Z_3 = 0.018 * SINDUS + 0.681 * SLABOR + 0.191 * MEX +$
$\qquad 0.692 * MOR + 0.132 * MMPINDEX + 0.050 * REIINDEX -$
$\qquad 0.038 * GDPG$

表4—6   因子载荷矩阵的特征根及方差贡献率

成分	初始的载荷矩阵			旋转的载荷矩阵		
	特征根	方差贡献率%	累积贡献率 %	特征根	方差贡献率%	累积贡献率 %
1	3.093	44.184	44.184	2.524	36.059	36.059
2	1.776	25.365	69.549	2.077	29.677	65.736
3	1.453	20.756	90.305	1.720	24.569	90.305
4	0.359	5.133	95.438			
5	0.271	3.877	99.316			
6	0.043	0.615	99.930			
7	0.005	0.070	100.000			

代入各指标的标准化数据，即可得出各个因子的得分。每一指标对应着 2000 年到 2013 年的 14 个样本，因此，每一时间点都分别对应着三个因子的得分，具体的得分情况如表4—8 所示。

表4—7   旋转因子载荷矩阵

变量	因子		
	Z_1	Z_2	Z_3
SINDUS	0.090	0.985	0.024
SLABOR	0.175	−0.065	0.893
MEX	0.836	0.323	0.250
MOR	0.044	0.153	0.907
MMPINDEX	0.964	−0.002	0.173
REIINDEX	0.111	0.987	0.065
GDPG	0.918	0.036	−0.050

表4—8   基于因子分析的"再工业化战略"指数

年份	Z_1	Z_2	Z_3	Z
2000	1.267	1.454	0.834	1.210
2001	0.699	1.336	0.481	0.849

续表

年份	Z_1	Z_2	Z_3	Z
2002	1.007	1.404	0.297	0.944
2003	1.179	1.456	0.495	1.084
2004	1.216	1.507	0.700	1.171
2005	1.037	1.453	0.925	1.143
2006	1.192	1.498	1.329	1.330
2007	1.175	1.532	1.312	1.329
2008	0.922	1.490	1.120	1.162
2009	0.148	1.278	0.288	0.557
2010	1.885	1.641	0.908	1.539
2011	0.860	1.416	1.032	1.090
2012	1.135	1.452	0.938	1.185
2013	0.775	0.090	0.632	0.511

综合因子的得分权重是旋转因子载荷矩阵的方差贡献率，并除以累积贡献率。相应的函数如下所示：

$$Z = (0.3605 * Z1 + 0.2967 * Z2 + 0.2456 * Z3) / 0.9030$$

数值 Z 的计算结果同样见表 4—8。将表 4—8 中的结果绘制成折线图，其特征表现如图 4—9 所示。图 4—9 表现出基于客观赋权的"再工业化战略"指数趋势，即综合得分 Z 以及因子 Z_1、Z_2、Z_3 的趋势。综合来看，综合因子 Z 得分是三个因子得分的加权平均值，其中，Z_2 得分均高于 Z，Z_3 得分大多低于 Z。具体来看，"再工业化战略"指数波动变化2010 年上升幅度较大。Z_1 的趋势与 Z 最为接近，体现了 Z_1 对综合因子的贡献最大，但 Z_1 波动幅度比综合因子 Z 波动幅度明显。Z_2 在各年份的得分大多高于 Z，对拉高综合因子得分贡献较大，但 2013 年出现显著下降，对综合因子得分影响显著。Z_3 在各年份的得分全部都低于 Z，其中 2006—2008 年与综合因子趋势基本吻合，其余年份均拉低综合因子得分。

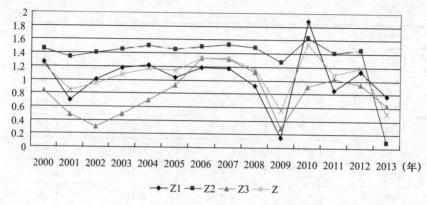

图4—9 "再工业化战略"指数趋势图

第三节 日本"再工业化战略"实施对 日本船舶制造业影响研究

船舶制造业是日本的竞争优势产业。日本"再工业化战略"实施后对日本本国船舶贸易竞争力产生了一定影响,下面从贸易基本面和船舶三大指标两个方面对其分别进行分析。

一 日本再工业化对日本船舶贸易基本面影响

日本船舶贸易发展在21世纪前成绩骄人。1956年日本船舶产量首次超过英国,成为世界上最大的造船国家,在随后的45年间,世界第一造船大国的地位一直没有动摇。进入21世纪后,由于韩国造船业技术的突飞猛进以及中国造船业规模的大力扩大,世界第一造船大国发生移位,韩国和中国相继占据世界第一的交椅。在船舶进出口方面,船舶贸易一直是日本重要产业之一,其进出口在国际市场上占据重要地位。

在出口规模和占比上,如图4—10所示,日本出口规模在21世纪前呈现持续上升趋势,1992年日本出口总额为79.5亿美元,至2000年上升至102.7亿美元,上升幅度为29.2%。此阶段由于日本船舶制造业一直为世界领头羊,其发展基本稳定,规模扩张不明显。在世界占比方面,1993年日本船舶出口占世界船舶总出口的比例高达38.3%,标志着日本世界第一造船大国的绝对实力。随后世界造船业加速发展,其他国家，尤其是韩国和中国等亚洲国家的迅猛发展，抢占了日本的部分世界出口份额，至 2000 年日本船舶的世界出口份额为 25.9%，尽管世界市场比重减少，但依然为船舶世界第一出口大国。

　　进入 21 世纪后，日本船舶出口受国际市场及本国市场影响，出口规模发生波动，2001—2003 年出口规模均低于 2000 年。经过适当政策调整，2004 年又恢复增长态势，出口增长态势维持到 2010 年。从世界市场占比来看，尽管出口规模减小，但 2000—2004 年日本占世界出口比例基本稳定。2005 年日本占世界出口比例为 17.24%，被造船技术高速发展的韩国赶超，日本自此失去世界第一造船大国地位。2005 年至 2008 年，由于日本造船业不景气，产业空洞化现象日益严重，尽管造船规模有所增加，但从世界市场角度来看，日本造船业一直处于下滑趋势。2008 年发生金融危机，同年日本政府大力推行"再工业化战略"，旨在解决日本产业空洞，恢复实体经济发展，减少失业率，保持社会安定。2009—2012 年日本船舶世界比重有所增加且较为稳定，保持在 14%—15% 区间。2013 年由于国际航运市场的低迷，日本船舶出口陷入调整阶段。

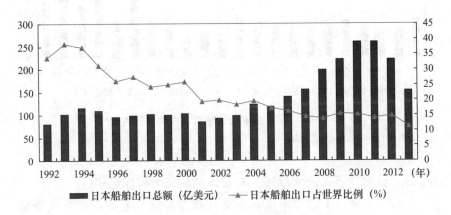

图 4—10　历年日本船舶出口规模和世界占比

资料来源：Comtrade 数据库。

　　与出口表征不同，日本船舶制造业在进口规模和占比方面波动显著，如图 4—11 所示。在 2002 年之前，进口规模相对稳定。1993 年进口规模为 1.9 亿美元，至 2002 年规模扩张为 2.6 亿美元，增幅为 36.8%，年均增长率为 3.3%。从增长幅度来看，年均增长率较温和，进口规模扩张趋势较为稳定。2003—2006 年船舶进口波动明显，2003 年船舶进口规模仅为 1.2 亿美元，较 2002 年下降 56%。2004 年又上升至 1.9 亿美元，增幅达到 58%。2005 年出口规模下降 21%。2006 年和 2007 年为稳定上升阶段。2008 年进口规模大幅度上涨，同比增长 115%。2009 年受金融危机影响，船舶需求量减少，进口规模下降 55%。2010 年至今，日本"再工业化战略"实施略见成效，进口规模较为稳定，但仍处于不断调整阶段。在日本船舶进口占国际船舶市场比例方面，2003 年前比例基本维持在 1.5% 左右，国际占比较为稳定。2003 年至今，国际占比维持在 0.5%—1% 区间，基本保持较为稳定态势。2012 年和 2013 年国际占比较 2009 年上升 4 个百分点，进一步表明"再工业化战略"实施效果正在逐步显现。

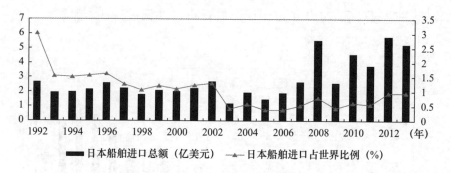

图 4—11　历年日本船舶进口规模和世界占比

资料来源：Comtrade 数据库。

二　日本"再工业化战略"对日本造船三大指标影响

造船完工量、手持订单量和新接订单量是造船业评价的三大指标。日本历年造船完工量和世界占比如图 4—12 所示。在 2000 年至 2006 年阶段日本造船完工量一直处于上升状态，由 2000 年的 1886 万载重吨增加至 2006 年的 2961 万载重吨，增长率为 57%，年均增长率为 8.1%。日本造船完工量占世界造船完工量的比例，在此阶段表现也较为稳定，基本维持在 40% 左右，2001 年比例最高，完工量占世界的 42.9%。

2007 年和 2008 年造船完工量处于下降阶段，同比下降 8% 和 7.4%。2009—2011 年又恢复上升态势，但增长幅度不大，年均增长率仅为 2.1%。2007—2011 年日本船舶完工量占世界的比例直线下降，2007 年比例下降为 33.7%，2011 年仅为 18.7%。此阶段，日本造船完工量明显低于韩国和中国，排名世界第三。2012 年和 2013 年造船完工量从规模上看处于下降趋势，2012 年为 2930 万载重吨，2013 年为 2468 万载重吨。从世界占比方面看，2012 年日本造船完工量占世界造船完工量的比例为 19.3%，2013 年为 22.9%。由于国际航运业的低迷，导致船舶市场发展迟缓。日本造船完工量在绝对数值上显示下降趋势，但在国际市场份额方面反而处于上升趋势，表明日本"再工业化战略"实施的效果正在逐渐显现，船舶制造业的发展处于上升阶段。

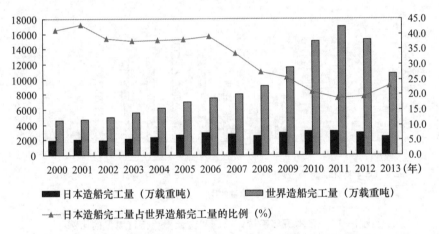

图 4—12　日本历年造船完工量和占世界造船完工量的比例

资料来源：根据克拉克松和中国船舶工业协会数据整理得来。

日本历年手持订单量和占据国际市场比例，可参见图 4—13 所示。2000—2007 年日本手持订单量处于稳步上升态势，仅在 2001 年有所下降。2000 年日本手持订单量仅为 4745 万载重吨，2007 年为 13043 万载重吨，增长幅度达到 175%，年均增长率超过 20%。此阶段手持订单规模增长可观，但在世界市场占比方面，2000 年为 43.2%，2001 年由于规模下降，世界占比下降 10 个百分点。2002 年世界市场份额又增加至

41.2%，2003 年继续增加 1.1 个百分点。2004—2007 年尽管在规模上是不断增加的，但世界市场份额方面直线下降，表明日本手持订单规模增加远远小于世界手持订单规模的增加，日本船舶制造业的发展速度远低于世界船舶制造业。2008 年后，金融危机爆发，船舶制造业受到严重冲击，此时日本"再工业化战略"开始实施，旨在减少对船舶制造业的负面影响。2008—2011 年间，日本船舶手持订单量连年下降，国际占比也持续下降。2008 年日本手持订单量为 11050 万载重吨，世界占比为 18.5%。2011 年日本手持订单量下降为 5315 万载重吨，世界占比降为 15.4%。2012 年呈现上升趋势，规模上增加至 5822 万载重吨，世界占比也超过 1/5，达到 22.3%。2013 年处于调整阶段，规模和占比都有所下降，但总体优于 2011 年。

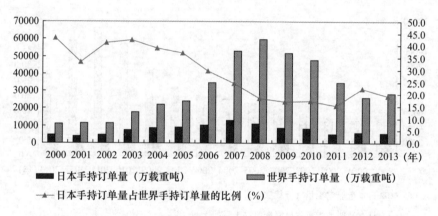

图 4—13　日本历年手持订单量和占世界手持订单量的比例

资料来源：根据克拉克松和中国船舶工业协会数据整理得来。

　　日本历年新接订单量和占国际市场比例如图 4—14 所示。在 2008 年前，日本新接订单量上下波动明显，2000—2002 年阶段，2001 年表现最优，新接订单量为 2586 万载重吨，世界占比为 49.5%。2003—2005 年新接订单量规模缩小，世界占比也呈现下降趋势。2003 年新接订单量为 4556 万载重吨，2005 年降为 2404 万载重吨，下降幅度接近 50%。2003 年日本新接订单量占世界的比重为 39.2%，2005 年为 29.3%，下降 10 个百分点，下降幅度为 25.3%。2006 年和 2007 年新接订单量规模上呈现上升趋势，同比增加72.5%和9%，但在世界市场占比方面，仍然表现为下降特点，同比下降9.5%和27.1%。2008年和2009年新接订单量明显下降，2008年新接订单量为1989万载重吨，同比下降58%。受金融危机影响，国际和国内船舶行业低迷，2009年新接订单量仅为90万载重吨，同比下降95.5%。在国际占比方面，2008年和2009年持续下降，2009年世界占比仅为2.2%。2010年至今，国际航运市场仍处于低迷状态调整中，国际需求提升不明显，日本提出"再工业化战略"以及相应政策促进国内市场需求，新接订单量较2009年有较大提升，2013年新接订单量为2260万载重吨。此阶段在国际市场份额方面，2012年国际市场份额最高，为20.3%，2013年尽管新接订单量增加，但国际市场新接订单增加幅度远大于日本本国，因此在国际份额方面依然表现为下降态势。

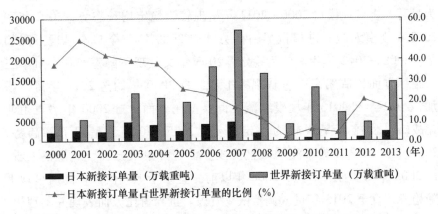

图4—14 日本历年新接订单量和占世界新接订单量的比例

资料来源：根据克拉克松和中国船舶工业协会数据整理得来。

第四节 本章小结

在对日本"再工业化战略"进行衡量过程中，选取日本第二产业产值比重、第二产业劳动力数量比重、制造业出口额、工矿业指数、制造业开工率、GDP增长率、相对工业化率为衡量指标。基于扩散指数法原理，采用相对值的方法对指标进行赋值，取相同权重按平均值计算综合扩散指数。扩散指数分析结果显示，自 2002 年始，日本再工业化进程步入初步发展阶段，虽然各指标绝对值没有显著提升，但相对值的降幅在缩小，意味着日本再工业化进程对经济的正面作用开始显现。采用因子分析法对日本"再工业化战略"指标进行降维处理，将单个指标的信息综合为少数几个综合指标的信息，得到 3 个因子，将其得分进行加权平均得到能较为全面反映日本"再工业化战略"的综合因子。日本"再工业化战略"指标的确定为后面的计量分析奠定基础。

日本再工业化实施后，日本船舶制造业出口和进口基本面受到一定影响，但影响程度不大。出口方面，自 2000 年始出口规模基本呈现增长态势，2010 年后由于金融危机滞后影响和国际航运市场不景气等因素导致日本船舶出口呈现下降趋势。出口世界占比中，2000—2004 年间持续稳定。2005 年被韩国赶超后，日本出口世界占比下降，自 2008 年开始又呈现上升趋势，直至 2013 年又出现波动。进口方面，波动较为显著，进口规模自 2000—2011 年呈现较为稳定增长态势，2012 年和 2013 年规模缩减。进口世界占比方面自 2000 年至今基本呈现下降趋势，2008—2012 年相对较为稳定，2013 年又呈现下降态势。在日本三大指标方面，造船完工量从规模上看，自 2000 年始至 2011 年持续增加，2012 年和 2013 年规模缩减。世界占比方面，自 2000 年"再工业化战略"实施后呈现较为稳定态势，2005—2011 年呈现下降趋势，2012 年和 2013 年处于波动调整阶段。手持订单量方面，从规模上看，以 2008 年为明显分界点，2008 年以前一直处于上升阶段，随后呈现下降趋势，直至 2013 年进入调整恢复阶段。世界占比方面表现并不理想，2005—2011 年持续下降，2012 年和 2013 年呈现调整特点。新接订单量与国内外经济发展特点联系密切，波动显著。从规模角度来看，2009 年为此阶段最低点，2007 年为最高点。从世界占比角度来看，2009 年为此阶段最低点，2012 年世界占比最高。

第五章　中国船舶制造业贸易
竞争力基本面分析

中国船舶制造业经历长时期的发展，在出口和进口两方面呈现不同的特点。中国是船舶制造业大国，船舶出口在国际中占据重要地位，进口则弱于出口。制造业大国并不等同于制造业强国，中国船舶制造业在技术方面仍与日本、韩国等造船强国存在差距。

第一节　中国船舶制造业出口基本面分析

自改革开放至今，中国船舶制造业坚持"中国船舶要出口，要打进国际市场"等战略方针与决策的指导，从行业自身出发，主动参与国际竞争，积极参与国际市场业务，目前已经基本呈现外向型产业特点，在出口方面基本呈现持续增长态势。

从船舶出口总量角度出发，中国船舶产品（包括浮动结构体）出口额增长速度较为迅速，如图5—1所示。自1992年初的4.80亿美元增加到2000年的16.35亿美元，进入21世纪继续增加，2013年出口总额高达286.81亿美元。中国船舶制造业出口总额在2010年首次突破400亿美元，占据世界出口份额第一位。2011年达到最高值436.25亿美元，但由于金融危机和"再工业化战略"的影响，在2012年和2013年又出现下降趋势，下降幅度为11.1%和26.3%。

在世界占比方面，中国船舶产品出口额在国际市场中的占有率排名1999年为世界第七位，2005年跃升至世界第二位，直至2013年依然保持世界排名第二位。2012年中国船舶出口占世界市场的比例达到25.66%，同比增加2.1%，跃居世界第一位，比位居第二位的韩国高出

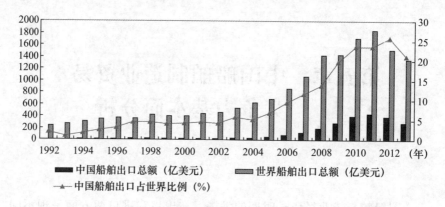

图5—1　中国船舶历年出口规模及占比

数据来源：据 Comtrade 数据库计算得来。

0.66 个百分点，较位居第三位的日本高出 11 个百分点。2013 年出口市场份额为 21.12%，低于韩国 5.3 个百分点，再次位居第二位。由于中国出口船舶的技术含量不高，价格一直在低位徘徊，因此与韩国相比，依然存在较大的技术差距。2013 年中国造船完工量为世界第一位，但出口金额为世界第二位，表明中国船舶制造业产量虽然高但价值不高，出口总值较低。

从船舶出口国家和地区规模角度出发，中国在 1992 年时船舶出口国家和地区数量仅为 39 个，至 2000 年时增长至 75 个；进入 21 世纪后，进一步扩大国际市场，至 2006 年，中国出口的国家和地区数量达到 125 个，比 2000 年增长 66.7%，2013 年中国船舶出口国家和地区数量 182 个，较 2006 年增加 57 个，增长比例高达 45.6%。从船舶具体出口国家和地区角度出发，自 1992 年至今，中国香港和新加坡一直是中国船舶出口的主要国家和地区，如表 5—1 所示。尤其是在 2004—2009 年期间，德国、中国香港和新加坡一直位于中国船舶产品出口市场的前三位，其占据中国船舶产品总出口额的比重达到 30%—40%。近几年来，由于金融危机和"再工业化战略"的全面实施，中国船舶产品对于美国、日本等发达国家的出口大大萎缩，而对利比里亚、巴拿马等地的出口增加幅度较大。2010—2013 年四年间，中国香港以绝对优势占据出口市场第一位，新加坡紧随其后，利比里亚和巴拿马交替成为中国船舶出口第三、第四市场，德国和韩国交替占据出口市场第五位。2013年中国船舶出口中国香港的船舶占比高达24.79%，接近1/4。新加坡以17.68%的高占比位居第二，随后利比里亚、巴拿马和韩国以4.9%、4.3%和3.98%的占比分别位居第三位至第五位。五大出口市场所占比重高达55.66%，超过中国船舶出口总额的一半，表明中国船舶出口市场集中度高。

表5—1　　　　　　　　　中国船舶出口五大国家数据表　　出口金额单位：亿美元

年份	排名	1	2	3	4	5	合计
1992	国别	利比里亚	中国香港	挪威	泰国	新加坡	3.59
	出口额	1.13	0.99	0.65	0.50	0.32	
	占比（%）	23.52	20.60	13.53	10.41	6.66	74.71
1993	国别	中国香港	新加坡	中国澳门	德国	印度	2.10
	出口额	1.35	0.39	0.17	0.13	0.06	
	占比（%）	55.89	16.15	7.04	5.38	2.48	86.94
1994	国别	中国香港	伊朗	古巴	泰国	新加坡	3.90
	出口额	2.07	0.69	0.44	0.36	0.35	
	占比（%）	37.49	12.31	7.97	6.52	6.34	70.63
1995	国别	中国香港	泰国	新加坡	缅甸	日本	6.94
	出口额	3.47	1.71	0.84	0.52	0.40	
	占比（%）	39.48	19.46	9.56	5.92	4.55	78.96
1996	国别	中国香港	挪威	伊朗	利比里亚	德国	6.61
	出口额	2.29	1.42	1.21	0.95	0.74	
	占比（%）	19.84	12.31	10.49	8.23	6.41	57.28
1997	国别	挪威	德国	中国香港	新加坡	马来西亚	10.42
	出口额	3.43	2.30	1.83	1.80	1.06	
	占比（%）	21.04	14.11	11.23	11.04	6.50	63.93
1998	国别	德国	新加坡	中国香港	马来西亚	美国	10.04
	出口额	3.75	2.27	1.53	1.52	0.97	
	占比（%）	20.16	12.20	8.22	8.17	5.21	53.96

续表

年份	排名	1	2	3	4	5	合计
1999	国别	德国	新加坡	丹麦	伊朗	挪威	9.88
	出口额	3.15	2.86	1.72	1.09	1.06	
	占比（%）	19.46	17.67	10.63	6.73	6.55	61.04
2000	国别	德国	丹麦	挪威	新加坡	希腊	8.09
	出口额	2.38	1.51	1.50	1.43	1.27	
	占比（%）	14.56	9.24	9.18	8.75	7.77	49.50
2001	国别	德国	中国香港	丹麦	希腊	日本	9.87
	出口额	3.50	2.49	1.43	1.30	1.15	
	占比（%）	18.15	12.91	7.42	6.74	5.96	51.19
2002	国别	德国	中国香港	日本	塞浦路斯	英国	9.98
	出口额	3.57	2.28	1.88	1.17	1.08	
	占比（%）	18.55	11.85	9.77	6.08	5.61	51.86
2003	国别	德国	新加坡	瑞典	挪威	希腊	15.38
	出口额	6.34	2.93	2.16	2.05	1.90	
	占比（%）	20.98	9.70	7.15	6.78	6.29	50.89
2004	国别	德国	中国香港	新加坡	马耳他	伊朗	14.76
	出口额	6.28	2.97	2.09	1.91	1.51	
	占比（%）	19.87	9.40	6.61	6.04	4.78	46.71
2005	国别	新加坡	德国	中国香港	毛绍尔群岛	马耳他	22.13
	出口额	6.00	5.97	5.48	2.49	2.19	
	占比（%）	12.87	12.80	11.75	5.34	4.70	47.45
2006	国别	德国	新加坡	中国香港	毛绍尔群岛	利比里亚	39.56
	出口额	12.43	12.25	6.79	4.18	3.91	
	占比（%）	15.33	15.11	8.37	5.15	4.82	48.78
2007	国别	新加坡	德国	中国香港	利比里亚	日本	67.37
	出口额	24.57	19.19	11.24	6.22	6.15	
	占比（%）	20.11	15.70	9.20	5.09	5.03	55.13
2008	国别	新加坡	中国香港	德国	马耳他	韩国	110.43
	出口额	39.40	29.29	28.01	7.03	6.70	
	占比（%）	20.13	14.97	14.31	3.59	3.42	56.43

续表

年份	排名	1	2	3	4	5	合计
2009	国别	新加坡	中国香港	德国	巴拿马	利比里亚	146.18
	出口额	50.41	46.43	22.92	13.27	13.15	
	占比（%）	17.77	16.37	8.08	4.68	4.64	51.54
2010	国别	中国香港	新加坡	利比里亚	巴拿马	德国	237.30
	出口额	82.38	50.51	37.57	34.81	32.03	
	占比（%）	20.44	12.53	9.32	8.64	7.95	58.89
2011	国别	中国香港	新加坡	利比里亚	巴拿马	德国	254.15
	出口额	103.97	57.22	37.90	30.59	24.47	
	占比（%）	23.83	13.12	8.69	7.01	5.61	58.26
2012	国别	中国香港	新加坡	巴拿马	利比里亚	韩国	234.08
	出口额	97.53	64.11	25.91	23.52	23.01	
	占比（%）	25.12	16.51	6.67	6.06	5.93	60.30
2013	国别	中国香港	新加坡	利比里亚	巴拿马	韩国	159.63
	出口额	71.11	50.72	14.06	12.33	11.41	
	占比（%）	24.79	17.68	4.90	4.30	3.98	55.66

数据来源：据 Comtrade 数据库计算得来。

表5—2为中国船舶出口到日本的综合统计数据。自1992年至2008年金融危机和"再工业化战略"全面实施前，日本在出口市场中的排位波动较大，最高为2002年出口市场的第3位，占比达到9.77%。排名最低为2004年的第18位，占比为2.03%，其中1998年排名为第16位，但占比仅为1.45%，是2008年前最低占比。2008—2013年，中国船舶出口日本金额在2009年和2012年呈现波动态势。2008年国际环境发生巨大变化，鉴于船舶产业周期长、完工慢等特点，2009年中国船舶出口日本总额仍呈现增加特点，出口占比同比增加0.8%。2010年和2011年影响较为明显，出口日本总额大幅度下降，出口占比跌至0.47%，创历史新低。2012年中国出口日本总额有所好转，出口占比回升至3.3%，但由于国际航运市场持续低迷以及人民币升值等因素影响，2013年出口额又表现为下降特点，出口占比下降至1.69%。

表5—2　　　　　　中国船舶出口至日本历年数据统计表　　出口金额单位：亿美元

年份	排名	出口金额	占比（%）	年份	排名	出口金额	占比（%）
1992	10	0.10	2.08	2003	10	1.11	3.67
1993	6	0.05	2.07	2004	18	0.64	2.03
1994	9	0.18	3.26	2005	13	1.28	2.74
1995	4	0.40	4.55	2006	8	3.18	3.92
1996	11	0.41	3.55	2007	5	6.15	5.03
1997	8	0.64	3.93	2008	13	3.73	1.91
1998	16	0.27	1.45	2009	13	7.81	2.75
1999	14	0.32	1.98	2010	20	4.39	1.09
2000	14	0.45	2.75	2011	28	2.06	0.47
2001	5	1.15	5.96	2012	33	12.83	3.30
2002	3	1.88	9.77	2013	14	4.86	1.69

数据来源：据 Comtrade 数据库计算得来。

第二节　中国船舶制造业进口基本面分析

中国船舶制造业进口自 1992 年至今，增长态势不规律，如图 5—2 所示。1992—1994 年期间，进口比例增加显著，1994 年中国船舶制造业进口占世界的比例超过 10%，为历年最高比例。随后至 1998 年，进口额呈现下降趋势，占世界市场的比重也直线下降。自 1999 年至 2013 年，中国船舶制造业进口基本呈现波浪式增长特征。1999 年中国船舶制造业进口总额为 2.53 亿美元，经过 6 年连续增长，至 2004 年总进口额增长至 10.33 亿美元，较 1999 年增长了 4 倍。2005 年进口出现下滑，总额仅为 4.82 亿美元，下降幅度高达 53.4%。2006 年开始出现好转，2007 年由于二手船舶市场和拆船市场表现积极，进口重新恢复增长态势，直至 2009 年由于金融危机和"再工业化战略"影响，再次出现下滑。2009 年至今，受国际航运市场和国内经济环境的影响，船舶进口增长较不稳定，呈现上升下降交替趋势。2013 年船舶进口总额为 20.35 亿美元，同比增长 14.1%，世界市场占比为 3.7%，较 2012 年提升 0.8 个百分点，增幅达到 27.6%。

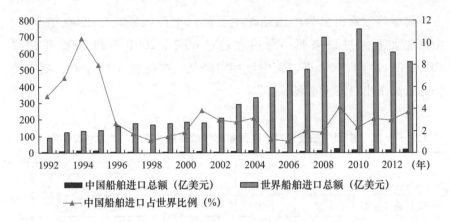

图 5—2　中国船舶历年进口规模及占比

数据来源：据 Comtrade 数据库计算得来。

　　与出口状况相比，中国船舶进口市场相对集中。从船舶出口国家和地区规模角度出发，中国在 1992 年船舶进口来源国家和地区数量为 33 个，1993—2000 年进口规模起伏较大。1993 年进口来源国家和地区数量增加至 42 个，随后几年出现连年下降，最低为 1996 年，仅为 29 个。

　　进入 21 世纪后，2000 年中国船舶进口来源国家和地区恢复至 34 个，2004 年进口来源国家和地区数量达到 40 个，比 2000 年增长 17.4%。2007 年又增加至 45 个，2008—2010 年进口规模相对稳定，基本维持在 45 个左右。2012 年和 2013 年进口规模稍有扩张，船舶进口来源国家和地区数量增加至 50 个左右。从船舶具体进口来源国家和地区角度出发，自 1992 年至今，日本是中国最主要船舶进口来源国家，连续多年占据中国船舶进口量最大国家地位，如表 5—3 所示。21 世纪前，中国五大进口来源国家主要在日本、德国、荷兰、韩国、罗马尼亚、新加坡、瑞典、澳大利亚等国家中出现。五大市场占据进口市场的比例最高为 87.08%，平均为 72.88%，几乎占据进口比例的 3/4。21 世纪后，日本除 2001 年为进口来源第二大国外，其余各年均位居进口第一大国位置，2007 年进口比例占全国的 57.7%，是中国最主要的船舶进口来源国家。韩国在 2007 年前虽为进口来源五大国家之一，但排位一直并不突出，2008 年、2009 年和 2011 年排位上升至第三位，2010 年之后进一步上升，已成为中国船舶进口来源第二大国。克罗地亚、丹麦、挪威等国家也成为中国船舶主要进口来源国家。自 2000 年至今，中国船舶五大进口来源国总占比超过 60%，2001 年和 2006 年超过 80%，2011 年以来，进口集中度相对降低，维持在 65% 左右，集中度仍远远高于出口五大市场。

表 5—3　　　中国船舶进口前五名国家历年数据统计表　　进口金额单位：亿美元

年份	排名	1	2	3	4	5	合计
1992	国别	日本	德国	罗马尼亚	澳大利亚	中国香港	2.76
	进口金额	1.38	0.40	0.39	0.34	0.25	
	占比（%）	30.53	8.85	8.63	7.52	5.53	61.06
1993	国别	日本	美国	德国	新加坡	瑞典	5.28
	进口金额	2.78	0.88	0.64	0.54	0.44	
	占比（%）	32.98	10.44	7.59	6.41	5.22	62.63
1994	国别	日本	德国	韩国	荷兰	澳大利亚	10.85
	进口金额	5.14	4.06	0.60	0.58	0.47	
	占比（%）	38.19	30.16	4.46	4.31	3.49	80.61
1995	国别	新加坡	德国	荷兰	日本	挪威	9.50
	进口金额	3.86	3.27	1.36	0.70	0.31	
	占比（%）	35.38	29.97	12.47	6.42	2.84	87.08
1996	国别	荷兰	日本	新加坡	马耳他	中国香港	3.20
	进口金额	1.14	0.98	0.64	0.23	0.21	
	占比（%）	26.76	23.00	15.02	5.40	4.93	75.12
1997	国别	韩国	日本	澳大利亚	新加坡	荷兰	2.31
	进口金额	1.25	0.56	0.20	0.19	0.11	
	占比（%）	41.12	18.42	6.58	6.25	3.62	75.99
1998	国别	日本	德国	荷兰	韩国	挪威	1.20
	进口金额	0.53	0.36	0.11	0.10	0.10	
	占比（%）	28.19	19.15	5.85	5.32	5.32	63.83
1999	国别	日本	德国	荷兰	英国	西班牙	1.94
	进口金额	1.08	0.40	0.30	0.09	0.07	
	占比（%）	42.69	15.81	11.86	3.56	2.77	76.68

续表

年份	排名	1	2	3	4	5	合计
2000	国别	日本	德国	意大利	挪威	英国	2.39
	进口金额	1.56	0.33	0.24	0.15	0.11	
	占比（%）	46.43	9.82	7.14	4.46	3.27	71.13
2001	国别	俄罗斯	日本	保加利亚	挪威	德国	6.03
	进口金额	3.61	1.98	0.16	0.15	0.13	
	占比（%）	51.57	28.29	2.29	2.14	1.86	86.14
2002	国别	日本	荷兰	德国	美国	韩国	4.49
	进口金额	2.64	0.82	0.44	0.39	0.20	
	占比（%）	43.49	13.51	7.25	6.43	3.29	73.97
2003	国别	日本	瑞典	荷兰	新加坡	挪威	4.89
	进口金额	2.99	0.58	0.54	0.41	0.37	
	占比（%）	36.82	7.14	6.65	5.05	4.56	60.22
2004	国别	日本	荷兰	韩国	西班牙	巴西	7.20
	进口金额	4.63	0.84	0.73	0.52	0.48	
	占比（%）	44.82	8.13	7.07	5.03	4.65	69.70
2005	国别	日本	罗马尼亚	韩国	德国	俄罗斯	3.36
	进口金额	2.06	0.40	0.35	0.30	0.25	
	占比（%）	42.74	8.30	7.26	6.22	5.19	69.71
2006	国别	日本	韩国	德国	西班牙	克罗地亚	4.27
	进口金额	3.32	0.33	0.30	0.16	0.16	
	占比（%）	62.52	6.21	5.65	3.01	3.01	80.41
2007	国别	日本	荷兰	克罗地亚	韩国	法国	7.74
	进口金额	5.73	1.03	0.38	0.32	0.28	
	占比（%）	57.70	10.37	3.83	3.22	2.82	77.95
2008	国别	日本	意大利	韩国	克罗地亚	美国	9.77
	进口金额	7.03	1.45	0.61	0.35	0.33	
	占比（%）	54.58	11.26	4.74	2.72	2.56	75.85
2009	国别	日本	新加坡	韩国	德国	丹麦	21.21
	进口金额	10.61	7.01	2.62	0.50	0.47	
	占比（%）	42.80	28.28	10.57	2.02	1.90	85.56

年份	排名	1	2	3	4	5	合计
2010	国别	日本	韩国	德国	荷兰	泰国	12.61
	进口金额	7.89	2.04	1.31	0.98	0.39	
	占比（%）	47.02	12.16	7.81	5.84	2.32	75.15
2011	国别	日本	新加坡	韩国	挪威	荷兰	13.91
	进口金额	7.65	3.26	1.54	0.76	0.70	
	占比（%）	37.50	15.98	7.55	3.73	3.43	68.19
2012	国别	日本	韩国	荷兰	意大利	英国	11.92
	进口金额	6.76	1.90	1.37	1.05	0.84	
	占比（%）	37.89	10.65	7.68	5.89	4.71	66.82
2013	国别	日本	韩国	荷兰	德国	美国	13.27
	进口金额	5.85	5.24	0.91	0.64	0.63	
	占比（%）	28.75	25.75	4.47	3.14	3.10	65.21

数据来源：据 Comtrade 数据库计算得来。

第三节　中国船舶制造业贸易竞争力指数评价

为对中国船舶进出口状况进行更精确分析，本书选用贸易竞争力指数、显示性比较优势指数、Michaely 指数，从不同角度对中国船舶贸易进出口数据进行核算，以评估中国船舶制造业贸易竞争力大小。

一　贸易竞争力指数

贸易竞争力指数，即 TC（Trade Competitiveness）指数，由外国学者于 1975 年提出，是国际竞争力分析常用的测度指标之一，它表示一国进出口贸易的差额占进出口贸易总额的比重，用公式表示为：

$$TC_i = (EX_i - IM_i)/(EX_i + IM_i) \qquad (5—1)$$

其中 TC_i 表示一国行业 i 的贸易竞争力指数，EX_i 表示行业 i 的出口额，IM_i 表示行业 i 的进口额。TC_i 值在（-1，1）之间，越接近 0 表示竞争力越接近于国际平均水平；TC_i 为 -1 时表示该产业仅进口，越接近于 -1 表示竞争力越薄弱；TC_i 为 1 时表示该产业仅出口，越接近于 1

则表示竞争力越大。

中国自 1992 年以来船舶制造业贸易竞争力指数波动如图 5—3 所示。从图中可以看出，1996 年前中国船舶制造业贸易竞争力指数为负值，表明贸易竞争力处于薄弱阶段。自 1996 年以来贸易竞争力指数均为正值，表明贸易竞争力一直高于国际平均水平。自 1996 年至 1998 年 3 年中，贸易竞争力指数呈上升趋势，1998 年指数为 0.82，表明 1998 年贸易竞争力较突出。1998—2004 年间，贸易竞争力指数呈现先下降后平稳上升的趋势，表明在此阶段中国船舶制造业发展不稳定。2006 年至今，中国船舶制造业竞争力指数表现较好，数值上均超过 0.8。2008 年和 2009 年受金融危机和"再工业化战略"影响，指数略低于同期，但随后在 2010 年、2011 年、2012 年三年，贸易竞争力指数上升到 0.9，表明中国船舶制造业出口比例大，贸易竞争力大。2013 年指数稍有下降，降为 0.87。整体来看，中国船舶制造业贸易竞争力指数表现较好，证明中国船舶制造业的贸易竞争力较强。

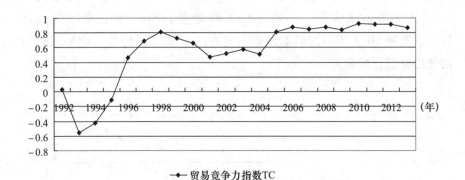

图 5—3 中国船舶制造业贸易竞争力指数波动

数据来源：据 Comtrade 数据库计算得来。

二 显示性比较优势指数

显示性比较优势指数，即 RCA（Revealed Comparative Advantage）指数，由美国经济学家巴拉萨于 19 世纪 60 年代中期提出，定量地描述国内各个产业相对出口的表现，以判定哪些产业出口竞争力更强，从而揭示一国在国际贸易中的比较优势。用公式表示：

$$RCA_i = (EX_{mi}/EX_{wi})/(EX_m/EX_w) \tag{5—2}$$

其中，RCA_i 表示一国行业 i 的显示性比较优势指数，EX_{mi} 表示国家 m 出口产品 i 的出口值，EX_m 表示国家 m 的总出口值；EX_{wi} 表示世界出口产品 i 的出口值，EX_w 表示世界总出口值。RCA_i 值大于 1，表示该商品在国家中的出口比重大于在世界的出口比重，该国的此产品在国际市场上更具有比较优势，国际竞争力较强；RCA_i 值小于 1，则国际竞争力相对较弱。

显示性比较优势指数波动幅度较大，如图 5—4 所示。1992—1995 年期间，RCA 指数均小于 1，表明此阶段中国船舶制造业竞争力较弱。1996—2001 年期间，RCA 指数均大于 1，表明中国船舶制造业在国内比重大于在世界的比重，即竞争力较强，但整体趋势为先增加后减少。2002—2005 年期间，RCA 指数又再次降到 1 以下，表明中国船舶制造业的竞争力下降，在国际市场中的比较优势减弱。2006 年至今，从数值上看，RCA 指数均大于 1，表明此阶段竞争力较强。但从发展特点上看，2006—2010 年发展趋势表现为上升特点，2010 年 RCA 指数达到 2.2，为此阶段最大值。随后呈现下降趋势，2013 年下降幅度高达 26%，表明 2013 年中国船舶制造业竞争力出现减弱趋势，应采取相应措施提升其比较优势。

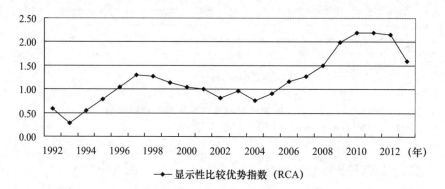

图 5—4　中国船舶制造业显示性比较优势指数波动

数据来源：据 Comtrade 数据库计算得来。

三　Michaely 竞争优势指数

Michaely 竞争优势指数，即 MI（Michaely Index）指数，考虑一种产品的出口和进口分别占出口总额和进口总额的份额。衡量经济变数年均变动程度，其衡量结果代表波动幅度，亦即经济变数稳定程度。其计算公式为：

$$MI = X_i / \sum X_i - M_i / \sum M_i \qquad (5\text{—}3)$$

其中 X_i 和 M_i 分别表示第 i 种商品的出口额和进口额，$\sum X_i$ 和 $\sum M_i$ 分别表示某类商品的出口总额和进口总额。MI 取值范围为 $[-1, 1]$，正数越大表示越具有国际竞争力，负值越大表示国际竞争力越弱。

中国船舶制造业 MI 指数在近二十年间波动较大，如图 5—5 所示。总体来看，MI 指数一直为正数，表明中国船舶制造业一直具有国际竞争力，但国际竞争力大小波动幅度较大。1992—1995 年间，MI 指数由 0.15 下降到 0.02，出口所占份额与进口所占份额基本持平。1996—1999 年间 MI 指数最高上升至 0.26，出口份额与进口份额之间的比例拉大。2000—2005 年间，MI 指数一直在 0.13 上下浮动，浮动范围不大，出口与进口份额之间的差额较稳定。2006—2010 年间，MI 指数一直呈现上升特点，2010 年达到最高值 0.43，说明此阶段中国船舶制造业出

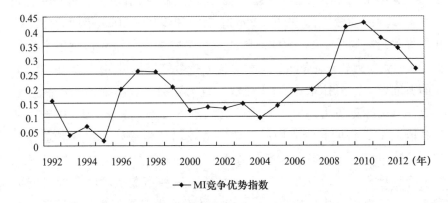

图 5—5　中国船舶制造业 MI 竞争优势指数波动

数据来源：据 Comtrade 数据库计算得来。

口份额较大，发展态势良好，国际市场占有率提高，竞争力增强。2011年至今，MI 指数呈现持续下降趋势，年平均下降幅度达到 18%。MI 指数的下降表明金融危机和"再工业化战略"对中国船舶制造业贸易竞争力的影响依然存在。

第四节　本章小结

本章通过对中国船舶制造业出口和进口数据测算来评估中国船舶制造业贸易竞争力。在出口方面，自 1992 年至今，出口规模持续增长，2010 年首次突破 400 亿美元，2008 年受金融危机影响有所下降，2012 年和 2013 年恢复增长态势。在中国出口世界占比方面，受金融危机特殊事件影响，2012 年和 2013 年有所下降，但整体依然为世界首位。在进口方面，自 1992 年至今进口规模波动较大，增长与下降交替出现。在中国进口世界占比方面，历年波动也较出口明显，2000 年至今比例大多低于 4%，表明中国船舶进口竞争力不大。在中国船舶进口国家中，五大国家集中度远高于出口方面，五大市场占据进口市场的比例平均超过 70%。采用贸易竞争力指数、显示性比较优势指数和 Michaely 指数针对贸易进出口数据进行核算。贸易竞争力指数核算结果显示以 1996 年为分界点，之前为负值，之后为正值，表明自 1996 年后贸易竞争力一直高于国际平均水平。显示性比较优势指数结果显示船舶制造业贸易竞争力波动较大，1992—1995 年期间和 2002—2005 年期间显示性比较优势指数均小于 1，表明此阶段竞争力薄弱，其余年份竞争力指数大于 1，竞争力较强。Michaely 竞争优势指数结果显示 MI 指数在近二十年间波动较大，总体来看，MI 指数一直为正数，表明中国船舶制造业一直具有国际竞争力，但国际竞争力大小波动幅度较大。2010 年达到最高值 0.43，说明此阶段中国船舶制造业出口份额较大，发展态势良好，国际市场占有率提高，竞争力增强。2011 年至今，MI 指数呈现持续下降趋势，年平均下降幅度达到 18%。三种指数从不同角度对贸易竞争力进行测算，结果各有特点，但整体看中国船舶制造业贸易竞争力较强，受 2008 年国际金融危机影响出现波动，2012 年后基本处于调整与恢复阶段。

第六章 日本"再工业化战略"下中国船舶制造业贸易竞争力评价指标体系构建

船舶制造业整体产业链相对复杂，涉及上下游产业和配套产业众多，仅仅从进出口数据测算三大指数来评估其贸易竞争力略嫌粗糙，因此，本章将依据波特的钻石模型，以生产要素，需求条件，相关及辅助产业，经营战略、市场结构与竞争四个基本要素为分类依据，构建贸易竞争力评价指标体系。

第一节 理论依据

学者对产业竞争力指标体系相关研究，多采用的理论模型主要有波特六因素钻石模型、邓宁的国际化钻石模型、鲁格曼和克鲁兹的双钻石模型、Cho 九因素模型和金碚的产业国际竞争力分析模型等。

1990 年波特六因素钻石模型被提出，从此基于绝对优势理论的竞争优势理论也用于解释国际竞争力和产业竞争力。波特六因素钻石模型内涵主要包括生产要素，需求条件，相关及辅助产业，经营战略、市场结构与竞争四个基本要素，政府与社会两个辅助要素，如图6—1 所示。六个要素相互影响，相互作用，辅助要素与基本要素之间彼此互动，相互加强，全面系统多角度地阐述解释竞争力来源的影响因素。

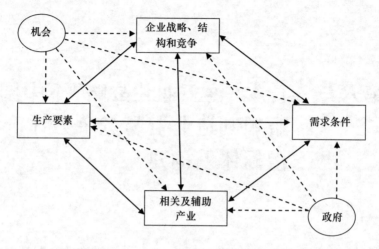

图6—1 波特六因素钻石模型

模型来源:"百度百科"波特菱形理论图片。

1993年邓宁对钻石模型进行首次改进。他将"跨国公司商务活动"因素作为辅助要素加入钻石模型中,主要以美国在英国的投资对第二次世界大战后英国经济恢复带动作用为主要研究对象,指出外商投资对竞争力的影响也不容忽视。东道国政府通过对外商投资进行鼓励和吸引,并制定相应优惠经济政策,就可以实现竞争力提升的目标。同年,鲁格曼和克鲁兹又提出双钻石模型,主要研究对象为加拿大。研究发现,仅仅依靠单一的母国钻石模型会忽视小规模开放型贸易经济国家的竞争优势来源,因此在波特六因素钻石模型的基础上,将六因素钻石模型分为国内钻石和全球钻石两部分,从国内和全球两个角度共同对竞争力进行评价。1994年韩国学者针对韩国经济发展现状,将六因素钻石模型进行新的扩展,将分类改为三大类九要素内容,即物质要素、人力要素和外部机遇。九要素钻石模型将人力资源作为竞争力评价重要因素,高度强调人力资源的作用。1997年金碚提出产业竞争力分析范式,以经济学理论和钻石模型为基础,将产业竞争力影响因素分为直接影响因素、间接影响因素和核心能力与技术创新水平三大类。其中直接影响因素包含价格、成本等七个要素,间接影响因素包含生产要素、企业战略等九个要素,更适用于研究经济分析数据较容易获得的产业。

综上所述,波特六因素钻石模型是评价产业竞争力的最基本模型,其余模型均是对六因素钻石模型的延伸和丰富。在研究过程中可以看出，邓宁的钻石模型适用于外商投资比例较大的国家，鲁格曼和克鲁兹的双钻石模型适用于贸易经济国家，韩国学者的九要素模型更加适用于韩国本国，金碚的产业竞争力分析范式更适用于工业产品的竞争力评价。钻石模型相对其他模型而言，理论系统性和实际适用性都占更大优势，在评价产业竞争力方面更为权威和全面。波特六因素钻石模型的提出将微观的企业竞争力、中观的产业竞争力和宏观的国家竞争力融为一体，系统全面地提出了产业竞争力研究的评价体系和分析框架。它从六个方面既研究了生产要素、技术等因素对国际贸易竞争力的影响，又分析了国际贸易与国际竞争力之间的关系。波特六因素钻石模型的六个要素从多层次评价贸易竞争力，并体现竞争力实力表现、实力构成和可持续性。钻石模型第一从基本的生产要素入手，提出要分析研究影响产业竞争力的初级生产要素和高级生产要素，指出生产要素对竞争力评价的基础作用。第二从需求条件，主要是区域需求条件分析角度，通过对需求规模和需求结构等方面的研究，指出产业市场发展需求。第三从相关和支持产业入手，考虑辅助产业的横向影响以及产业链上下游的纵向影响，更加系统地分析竞争力来源。第四从企业战略、结构和竞争角度对产业内企业的发展做出评述，并指出企业竞争力与产业竞争力的关系密不可分。第五从政府和机遇两个角度对外部影响因素进行竞争力分析，并与基本因素相互影响，相互依赖，从内外部系统的分析竞争力影响因素。因此本书采用波特六因素钻石模型为基础理论，创建"再工业化战略"背景下中国船舶制造业贸易竞争力指标体系。

第二节　指标体系建立的原则

评价指标体系是指由表征评价对象各方面特性及其相互联系的多个指标所构成的具有内在结构的有机整体。关于建立指标体系的原则，应以科学性、合理性和适用性为主要原则。首先，一套科学的指标体系应根据评价目的反映有关评价对象的各方面状况，如果指标体系不全面，就无法对评价对象做出整体判断；其次，指标间不能重叠过多，过多的重叠会导致评价结果失真，即使对重叠进行适当的修正，也会增加计算的难度和工作量；最后，计算指标所需要的数据应是容易采集的，指标容易计算或估计，否则指标体系就无法应用。中国船舶制造业贸易竞争力指标体系创建应首先遵循科学性等原则，充分考虑船舶制造业贸易竞争力评价的复杂性，将影响因素按照阶梯层次顺序进行整理和排序，以波特六因素钻石模型为理论基础综合评价贸易竞争力表现。在具体筛选指标和建立评价指标体系时，应遵循客观针对性、科学可行性、全面系统性、逻辑系统性和动态持续性原则。

客观针对性原则。客观性是在筛选指标过程中应遵循的首要原则。客观性要求在筛选船舶制造业贸易竞争力指标过程中减少主观因素的影响，对经济现象和绩效表现进行客观分析，根据其实际具体情况和经济具体含义进行筛选。客观性原则既包含真实性又包含可靠性两方面。首先用指标真实地反映具体经济活动，说服性较强；其次遵循客观性选取的指标和建立的指标体系，其研究结果可靠性高，为进一步分析提供良好的基础。针对性原则是在客观性原则基础上提出的更高要求，即在指标筛选过程中要准确客观地考虑中国船舶制造业产业发展特点、产业发展战略以及产业发展环境，筛选出具有较高重要程度和准确性的针对性指标，提升指标体系评价的准确度。

科学可行性原则。科学性是评价贸易竞争力指标的基本原则，指标筛选和指标体系建立的科学性与否直接关系到评价结果。从船舶制造业自身特点出发，对众多影响因素进行分析、概括，从中筛选出最重要、最能体现竞争力特点的指标。指标概括程度越高，概念越精确，客观实际描述越清晰，则科学性越强。可行性是评价指标体系具体实施的关键。指标筛选的高科学性还必须有相应的可行性作保障。在指标选取过程中指标所需要的数据要易于收集和处理，在指标体系建立过程中计算方法和评价方法要简单明确，在指标计算过程中要能进行标准化和规范化处理以确保指标的可行性。科学性与可行性要同时考虑，在保障科学性的基础上确保可行性原则，才能正确进行指标评价体系的建立。

全面系统性原则。全面性是贸易竞争力指标建立的基础。在指标筛选及指标体系建立时层次结构要合理和清晰，筛选指标之间要具备一定的逻辑关系，二级指标与钻石模型分类相吻合，三级指标要与二级指标关联性强。在指标筛选过程中强调指标匹配的协调和统一，遵循全面性原则，较为全面地对二级指标进行具体衡量和评价。在全面性原则指导下，不仅要考虑到影响贸易竞争力的产业内部因素，同时还要考虑到产业外部影响因素，内外部兼顾才能更好地体现全面性。系统性是全面性原则的补充，应从系统的角度建立贸易竞争力评价指标体系的二级和三级指标，兼顾系统内外影响因素，不仅重视船舶制造业系统内部影响因素的表现，而且还注重系统外部如国际市场环境等影响因素的存在。从系统内部和外部综合考虑，更加精确和合理地对船舶制造业贸易竞争力进行评价。

逻辑层次性原则。逻辑层次性是指指标体系自身的多重性。由于制造业内容涵盖的多层次性，指标体系也是由多层次结构组成，反映出各层次的特征。同时各个要素相互联系构成一个有机整体，船舶制造业贸易竞争力是多层次、多因素综合影响和作用的结果，评价体系也应具有层次性，应能从不同方面、不同层次反映船舶制造业贸易竞争力的实际情况。一是指标体系应选择一些指标从整体层次上把握评价目标的协调程序，以保证评价的全面性和可信度。二是在指标设置上按照指标间的层次递进关系，尽可能体现层次分明，通过一定的梯度，努力准确反映指标间的支配关系，充分落实分层次评价原则。这样既能消除指标间的相容性，又能保证指标体系的全面性、科学性。

动态持续性原则。船舶制造业贸易竞争力指标评价体系不是静态指标体系，要突出动态特征。贸易竞争力培育自身就是动态的发展过程，因此在指标选取过程中，既要考虑产业呈现出的外在表现竞争力，又要考虑其未呈现的潜在竞争力。贸易竞争力的培育是动态不断变化的过程，在指标选取的时候要更多关注动态指标，才能科学准确地对贸易竞争力进行衡量。动态性原则的遵循要和持续性原则相结合。持续性原则要求指标的建立要具有一定的时间持续性，即在一段时间之内都能对船舶制造业贸易竞争力进程合理评价，而不仅仅局限于某一个时间点，这就要求在指标建立过程中对指标的筛选必须遵循客观针对性、科学可行性和全面系统性原则。因此，动态性和持续性相结合是衡量和评价船舶制造业的长期竞争优势的主要原则之一。

第三节　指标体系的指标选取

基于迈克尔·波特的六因素钻石理论，在构建中国船舶制造业贸易竞争力评价指标体系时，应对要素分析采用定量和定性相结合的方法。对生产要素，需求条件，相关及辅助产业，经营战略、市场结构与竞争四个关键要素方面进行指标量化，对辅助要素政府和机遇进行定性分析。

一　生产要素

六因素钻石理论将生产要素分为初级生产要素和高级生产要素两大类。初级生产要素主要包括地理环境、资源条件和基础设施等。高级生产要素主要包括人力资本、科技投入和资金资本投入等。

（一）初级生产要素

第一，地理位置。中国领土广阔，地形复杂，在地理资源方面有着不可比拟的优势。中国拥有 300 多万平方公里可以管辖的海洋国土领域，海陆总面积达到 1260 万平方公里。中国海岸线长度为 3.2 万千米，其中大陆海岸线为 1.8 万千米，岛屿岸线为 1.4 万千米，海岸线总长度位居世界第四位。中国东部与渤海、黄海、东海和南海相毗邻，拥有 6536 个岛屿，大陆架宽阔，东海大陆架为四个海中最大的，最大宽度可达 325 海里。大陆架总面积位居世界第五位，数值上达到 130 万平方公里。海深面积超过 14 万平方公里，海深鱼类资源、海底石油和海滨矿砂矿床自然丰富，200 海里专属经济区面积居于世界第十位，沿海滩涂面积超过 2 万平方公里。优良的地理位置为中国船舶制造业的发展提供了良好的资源支持和发展空间。

第二，基础设施。船坞和船台是造船业主要基础设施，为船舶制造业的发展提供发展平台。自 1998 年至今，中国对固定资产的投资始终保持两位数的增长速度，建成了大批具有国际先进水平的船坞船台以及大型港口和码头等基础设施，为中国船舶制造业的发展奠定基础。上海外高桥总装造船基地、大连造船重工和渤海船舶重工等大型船厂船坞改造工程的实现，增加了中国吨级以上船坞数量，提升了船坞总能力。大型船坞数量的增多，改善了中国中小型船坞比重过高的现状，为建造大型船舶提供良好的发展基础。选用船台/船坞量之比作为评价基础设施的重要指标，有利于衡量基础设施的配置结构以及合理性。

第三，原料资源。在资源生产要素方面，应选取电力资源消耗和船用钢材消耗为评价指标。电力资源消耗的主要部分是船舶电力系统。船舶在海上行驶时，是独立且孤立的主体，其电力系统要求与陆地电力系统设置方面有较大不同。因此在船舶制造时要充分考虑船舶电力系统的特点，在使用、保护、维护和保养方面突出船舶自身运行要求。在船舶制造过程中，电源设备、配电设备、灯具、报警设备、航行设备等方面也与电力资源密不可分。钢材是船舶制造业主要原材料中最具影响力的原材料，船用钢材消耗量能反映出船舶制造业原材料耗用状况。从广义上讲，船用钢材一般包括钢板、型材、管件等，习惯上专指船舶壳体所用钢板材料。船用钢材消耗量从生产要素角度出发，鉴于船舶的特殊性，在选用钢板时更加注重钢材强度、韧度、塑性和耐腐蚀性等特点。自然要素两个指标的选择，有利于衡量资源使用和消耗情况，进一步反映出中国船舶制造业在初级生产要素方面的表现。

第四，资本资源。资本资源是船舶制造业发展的资金保障，资本投资力度和产业发展呈正比。作为高级生产要素的资本资源主要用于构建固定资产等系列经济活动，对固定资产进行购置、改建、更新和升级等，是社会固定资产实现再生产采用的手段之一。中国船舶制造业固定资产投资额自21世纪以来波动较大，自2008年金融危机之前，一直处于增长趋势，增长幅度不定。自金融危机爆发后，投资出现负增长，随后正负交替，波动明显，直至2012年投资又恢复正增长，增长率达到11.7%。选取固定资产投资额为评价资本资源的指标，对固定资产投资规模、速度等进行衡量，以货币形式综合反映固定资产投资运作情况。

（二）高级生产要素

第一，劳动力。中国劳动力资源丰富，劳动力成本低廉且比较优势显著。船舶制造业是劳动密集型产业，对于劳动力需求较多，中国的低成本劳动力成为船舶制造业贸易竞争力的最初来源。中国船舶制造业就业人数自2000年至今逐年增加，尽管受到2008年金融危机以及发达国家"再工业化战略"的影响，就业人数增长幅度有波动，但总体趋势依然保持上升状态。随着劳动力要求提高和成本的提升，中国劳动力成本优势弱化趋势日益明显。2008 年前劳动力年均增长率在 6% 左右，2008 年后年均增长率仅为 2% 左右，而且船舶高级人力资本的不足也成为制约中国船舶制造业发展和推进的瓶颈。因此可选用就业人员数量作为评价指标，从整体角度评价船舶制造业贸易竞争力的劳动力生产要素。

第二，科技投入。船舶制造业是技术密集型产业，其发展需要大量科技经费投入。中国目前船舶制造业的特点是低价值船舶比重较高，而高技术、高价值船舶比例较低，整体船舶结构仍需要改进。在船型开发和船舶设计方面，中国自主研发设计的船型大都是吨位较小的散货船或中小型集装箱船，液化天然气船等高价值船型主要依靠外国设计和开发，在技术开发等方面仍未占优势。科研经费投入强度为指标测算结果，即为科研经费投入与国内生产总值之比，表明中国船舶科研经费投入在经济发展中所占比例。自 2000 年至今，船舶科研经费投入强度逐年增加，选取科研经费投入强度作为科技投入评价指标，一方面可以反映出中国船舶制造业科技研发体系运行特点，另一方面对中国船舶制造业科技投入进行衡量。

二　需求条件

（一）需求规模

船舶制造业的三大指标中新船订单量和手持订单量都是国内船舶制造业需求规模的直接表现。自 2000 年以来，中国船舶制造业新船订单量波动剧烈，2004 年新船订单量在 2003 年"井喷"后大幅度下降，2005 年后恢复正增长。2008 年金融危机爆发连续下降两年，2010 年有所好转，随后又连续下降两年，2013 年恢复正增长。手持订单量一直呈现增加趋势，手持订单数量自 2000 年的 1230 万载重吨增加至 2013 年的 13100 万载重吨，在十几年间订单量增加了 10.6 倍，尤其是在 2009 年中国手持订单量首次超过韩国，成为世界第一大手持订单量国家，随后一直保持领先地位。新船订单量和手持订单量两个指标的波动直接影响中国船舶制造业的需求，订单量增加会带来需求的扩大，订单量的减少会直接降低需求。

（二）需求结构

国内市场的需求结构是体现产业结构合理性的重要指标，需求结构失衡不利于产业结构调整，无法形成合理的经济结构。船舶制造业市场的需求结构主要体现在市场需求多样化和细分化方面。在船舶制造中，各种船型承接订单的数量和比例各不相同。散装船、集装箱船和油船为中国造船业的三大主要船型，承接订单总量可达订单总量的85%以上。在三大船型中，散装船和集装箱船为常规船，是中国船舶制造业低价值船舶的主要船型，其中散装船订单比例为70%左右，是中国最主要船型。油船大多为中高价值船型，近年来比例波动较大，高价值大型油船需求一直增加，总体趋势较好。三大船型承接订单比例显示不同类型船舶的需求量，整体反映中国船舶制造业的需求结构状况。

三 相关及辅助产业

（一）上游产业

与造船相关的各种原材料中，钢铁用量的影响最为显著，因此钢铁产业为船舶制造业最主要的上游产业。中国钢材和生铁资源产量都较丰富，为造船业提供了良好的产业基础。中国造船业所需要的钢铁国产化率约为90%，船用钢材费用直接影响造船成本。从资源总量角度出发，中国钢材产量和生铁产量每年都呈现增加趋势，资源产量较为理想。在资源利用率方面，中国船用钢板的利用率仅为80%，远远低于日韩造船厂的93%和91%，低利用率抵消了中国部分资源优势带来的成本优势。选用钢材和生产产量为指标对钢铁产业发展进行分析，可以发现其对中国船舶制造业发展的影响。

（二）下游产业

航运业是中国船舶制造业最直接的下游产业，船舶为水上交通工具，对航运业的发展具有强烈的带动作用。航运业利用各类船舶进行水上货物运输，其运能为各类运输货物总和。自2000年以来，航运业运能一直呈上升趋势，2013年运能较2000年翻了近4倍之多，表明航运业运能实力的增强。2008年金融危机的爆发对航运业造成一定影响，年增长率为此阶段最低，但随后进行相应调整，已恢复至危机爆发之前水平。航运业涉及全球各个国家和港口，航运业港口货物吞吐量为具体衡量货物进出口的指标。中国港口吞吐量发展趋势较为稳定，即使在2008年金融危机时期，增长率仅仅回落1.4个百分点，仍保持增长趋势。2013年中国航运业规模以上港口吞吐量接近120亿吨，同比增长9.18%。

（三）辅助产业

船舶配套产业即船舶配套设备制造业，是船舶制造业的重要辅助支撑产业。船舶制造中的船用设备为船舶最重要部分，是船舶高附加值主体。船舶配套业负责生产的船舶电子设备仪器和动力装置等，占据船舶制造价值的50%—60%。中国船舶配套业相对船舶制造业而言，其发展并不理想，船舶配套业的总产值虽然自2000年至今一直处于上升趋势，2007年总产值同比增加超过60%，实现了产业在一定程度上的大发展。但2008年金融危机爆发后，总产值增长率出现明显下滑。2008年和2009年总产值受经济危机的影响明显，指标虽为正值但数值大幅度下降，总产值增长率仅为2007年的1/3。2010年有所缓解，但随后又处于下降趋势，2012年的总产值基本维持2011年水平，2013年总产值未增反降，数据显示船舶配套业在金融危机后遭受的冲击较大。

船舶修理及拆解业包含船舶修理业和船舶拆解业两部分。船舶修理业是对船舶进行修理工作，船体结构、设备、系统等出现问题均在修理船坞或修理船厂进行修理，修复成功则可以继续使用。船舶拆解业主要是进行资源回收工作，通过对废旧钢材的回收，实现节能减排目的，同时增加社会就业机会和财政税收。船舶修理及拆解业总产值在2005年至2007年发展迅速，3年年均增长率超过60%，增长速度相当可观。2008年后，总产值增长速度受到影响，2008—2010年三年年均增长率仅为15%。2011年和2012年发展速度出现负增长，2011年同比减少近20%，发展前景不容乐观。2013年较2012年稍有好转，总产值增长率呈现正增长趋势。

总体来看，船舶配套业和船舶修理及拆解业发展较晚，尽管发展步伐一度较快，但受环境影响较大，与船舶制造业发展协调性不高，因此需进一步调整，为船舶制造业发展提供更加良好的支撑和保障。

四 经营战略、市场结构与竞争

（一）经营战略

中国《船舶工业中长期发展规划（2006—2015 年）》已经明确指出，在发展规划中要执行"引进来"与"走出去"战略，为船舶工业发展开拓更大的空间，培育和提升船舶制造业的国际竞争力。与国际化接轨的发展战略要求在产业发展过程中更加关注与国际市场的贸易往来，进一步开拓国际市场，占据国际市场份额。

中国船舶制造业出口市场占有率是衡量中国船舶制造业在国际出口市场中的份额，主要通过测量中国船舶出口额与世界船舶出口总额之比而得到。出口市场占有率越高，说明中国船舶制造业出口的数量越多，在世界船舶市场中所占比例越大，能进一步拉动中国船舶制造生产和设计需求。自 2000 年至今，中国船舶制造业出口市场占有率呈现逐年上升趋势，2013 年较 2000 年的市场占有率已经增加了 3 倍多。贸易伙伴国家数量也是衡量"走出去"战略的指标，贸易伙伴国家数量增多，证明中国船舶出口规模和范围的扩大。船舶工业国际市场贸易沟通的加强可以进一步拉动国内需求。从数量角度来看，中国贸易伙伴数量随着中国经济发展规模的扩大逐年增加，21 世纪初中国船舶贸易伙伴国家数量还不足 100 个，2013 年已经增加至 186 个国家，2008 年之后的金融危机虽然对船舶制造业影响较大，但贸易伙伴国数量仍有所增加，进一步为中国船舶制造业"走出去"战略的良好实施创造条件。

（二）发展结构与竞争

第一，船舶企业数量。船舶制造业虽然起步较早，但直到 20 世纪 90 年代后期才开始全面发展。政府扶持、技术投入和行业政策等措施的实施，使中国造船业发展突飞猛进。船舶制造业进入门槛不高，企业数量在 2010 年之前逐年增长，平均增长率为 19.5%，平均每年增加 144 家船舶企业。大量船舶企业的进入，使得中小型船舶企业比例增多，船舶制造业产业结构出现失衡。船舶企业数量的多少对同业竞争也产生影响，通常状况下船舶企业数量越多则同业竞争越激烈。因此，自 2010 年开始，国家推行政策扶持大型船舶企业发展，鼓励大型船舶企业兼并中小型船舶企业，帮助中小型船舶企业合伙重组，减少能力不足的中小型企业数量。政策实施后，船舶企业数量减少明显，2011 年船舶企业数量仅为 1536 家，2012 年和 2013 年涨幅分别为 7% 和 1%。

第二，市场集中度。船舶制造业是具有显著规模效益的产业，大型船舶企业一方面可以增加船舶产业技术研发、市场营销等方面投入，提升产业综合竞争力，另一方面可以发挥规模经济效应，对中小型船舶企业的发展起到带动和拉动作用。市场集中度是衡量行业市场结构集中程度的重要量化指标，通常选用行业集中率为测量指标。行业集中率是指选取行业内排名前 m 家最大船舶企业所占的市场份额的加总，记为 CRm。其中 m 通常选 10 以内的数值，最常用的是 4 和 8，通过测算领头企业的市场占有率之和，来评价行业占有率。中国船舶制造业行业集中率测算选取排名前四的企业进行计算。结果显示，在 2008 年金融危机爆发之前，行业集中度为 50% 左右，2008 年之后仅为 30% 左右，较低的行业集中度说明中小企业数量较多，而大型船舶企业能力不足，小型船舶企业能力过剩现象会削弱中国船舶制造业竞争力。

第三，造船效率。船舶企业结构评价的一个重要指标就是造船效率。船舶效率是指造船完工量与劳动力人数之比，是用来衡量船舶企业运营绩效的重要因素。中国船舶效率虽与日韩等国家相比仍有一定差距，但在发展过程中，通过新技术新科技的引进和应用，不断地加以改进和提升。现有骨干造船企业——如中船集团公司和中船重工集团公司，生产效率不断提高，船舶建设周期持续缩短。船舶效率不仅可以评价船舶企业结构，还可以反映船舶同业竞争的激烈程度。造船效率越低，则同业竞争越激烈。中国船舶制造业不断调整生产投入，加强引进国外先进经验和自主研发，提升造船生产效率。自 2000 年以来，中国船舶企业的造船效率一直处于上升趋势，提升幅度明显。至 2011 年已经由 2000 年的 0.07 载重吨/人·天提升至 0.91 载重吨/人·天，2013 年受全球航运萧条的影响，造船完工量递减，造船效率也随之略有调整。

第四，平均利润率。平均利润率又被称作一般利润率，是衡量企业运作的重要指标，是产业利润率平均化趋势的反映。船舶制造业在 20 世纪发展初期平均利润率较高，进入 21 世纪后，发展较为稳定，但是行业整体利润率不高。受人民币升值的影响，2006 年船舶制造业平均利润率较 2000 年上升明显，但也仅为 6.1%，大部分船舶企业纷纷寻求新的利润增长点。2007 年和 2008 年船舶企业的平均利润率有所上升，接近 10%，但受金融危机影响，2009 年开始，平均利润率进一步下降，大量船舶企业进行重组和兼并，中小规模船舶企业承接订单数量递减，利润率进一步下降，2013 年仅为 4.2%。

五　政府

政府在波特六因素钻石模型中是辅助影响因素，不受四个基本要素的影响，但会影响模型整体评价体系。在信息化、全球化的 21 世纪，政府的主要作用是通过宏观调控、制定制度和政策来影响模型体系内的四个基本因素，为企业和产业发展创造出良好的发展环境与平台，积极支持和有效管理产业发展，鼓励创造新竞争优势，提升竞争力水平。

（一）政策制度方面

中国政府对于船舶制造业发展较为关注，2006 年出台《船舶工业中长期发展规划（2006—2015 年)》，对船舶工业近十年发展提出相应产业规划要求，在技术发展、产品发展、生产组织、对外合作、重大项目规划、投资管理等方面提出发展指导方针，为船舶制造业十年发展指明方向。2009 年出台的《船舶工业调整和振兴规划》，针对金融危机爆发后的船舶工业发展提出新的发展指导思想和方针，力求实现船舶生产稳步增长、市场份额增大、配套能力增强和研发水平提高等目标。2012 年《海洋工程装备制造业中长期规划》正式印发，为促进中国海洋工程装备制造业健康可持续发展制定发展规划，提出要通过近十年的努力，完善产业体系，提升产业规模和创新能力，培育产业集群，推动中国海洋工程装备制造业全面发展。2012 年颁布《船舶工业"十二五"发展规划》，明确指出 2011—2015 年的发展目标和主要任务，推动船舶工业由依靠生产要素转为依靠科技进步，利用国内外先进科技技术开发培育创新能力，提高船舶工业生产效率并推进信息化和工业化发展。2012 年 9 月《高技术船舶科研计划 2012 年度项目指南》重点规划船舶工业在节能、环保和高效等方面的科技投入，为满足世界市场对于高技术船舶需求的增加而提出相应指导方针和目标。从总体关键技术、配套关键技术、基础共性技术和技术标准四个方面提出 22 项技术标准和 39

个研究重点，详细规划高技术船舶的发展方向，完善和健全中国船舶工业发展体系，为中国高技术船舶的建造提供政策依据和理论指导。国家船舶工业相应政策的出台和实施，为船舶工业的发展提供了良好的法律法规保障，有利于中国船舶工业竞争力培育和发展。

（二）金融财政方面

中国造船业的融资渠道主要包括政策性贷款、优惠贷款和出口退税等。中国进出口银行等政策性银行和大型国有银行为中国船舶工业的重大船舶项目和出口船舶项目提供政策性贷款，2013 年已经为国内近 90家船舶企业提供融资贷款。自 1994 年开始，中国进出口银行将支持船舶出口作为业务重点，为 90% 以上的船舶出口提供政策性贷款。金融危机爆发后，中国进出口银行对船舶工业的支持加大，2009 年支持1039 艘船舶出口贷款，2012 年为国内高技术船舶出口融资近 70 亿元，提供近 30 亿元的船舶金融项目支持。

国家开发银行主要为国内高新技术船舶项目提供贷款支持，为"国货国运""海工装备战略性新兴产业发展"等国家战略提供金融服务，大力支持中国航运业与船舶制造业的发展。2008 年金融危机以来，国际航运市场持续低迷，航运企业利润下滑，新承接订单数量锐减，国家开发银行于 2010 年承办 50 亿美元中国与希腊船舶专项资金资助，2011年资助 50 亿欧元中国与德国船舶项目，为中国船舶制造业出口提供资金支持。至 2013 年，国家开发银行累计承诺向船舶制造业和航运业融资贷款 274 亿美元，目前已经发放 131 亿美元，业务品种延伸到航运、船舶修理制造、港口基础设施配置等九大类，涉及船舶工业产业链多个领域，形成较为完备的船舶融资体系。

中国政府对船舶工业提供退税和财政补贴等支持。对于中国船舶企业，政府征收 25% 的企业所得税，税收用于船舶工业研发支持。出口退税税率自 20 世纪 90 年代至今发生了几次大的调整。1994 年出口退税税率为 17%，1995 年下降为 14%，1996 年进一步降为 9%。1999 年恢复至 17%，2007 年取消船舶分段出口退税，目前大部分船舶仍维持17% 的出口退税率。在财政补贴方面，中国政府对船舶本土制造给予船价 17% 的财政补贴。中国政府对于不同功能的船舶给予不同补贴标准，在基本补贴标准的基础上，根据船舶作业能力分别赋予 1、0.7 和 0.4

的补贴系数。2013 年政府颁布《老旧运输船舶和单壳油轮提前报废更新实施方案》，按照船舶 1500 元/总吨的基准，对提前报废更新的旧船舶进行补助，加速废旧船舶的更新换代，加速船舶结构优化。

六　机遇

引发机遇的事件一般源于政府和国家所不能调控的事件——如自然灾害、经济危机、技术改革等。引发机遇的事件会打破原来的竞争格局，创造新的竞争环境；能抓住机遇适应新竞争环境的产业和国家可获得新的竞争优势。因此机遇同政府一样，也是波特六因素钻石模型的外部因素，它不受基本要素的影响，但可以影响模型内部的基本要素，可以打破原有的竞争环境结构，对于产业和国家发展而言，是可遇不可求的。

（一）航运业发展

世界船舶航运业为世界经济发展提供基础货运服务，是实现国际贸易的重要支撑行业。金融危机对世界航运业发展造成的巨大冲击还未完全消失，2012 年的欧洲债务危机的恶化，美国经济复苏步伐缓慢，新兴经济体发展速度"先扬后抑"，又成为世界航运业发展中的众多不利发展因素。全球大宗商品需求量的减少，进一步加大了世界航运业的低迷程度。2013 年在全球经济发展速度放缓、造船新规定频出、高技术船舶比重加大、新船价格低位企稳等因素导致世界航运业发展出现好转，为船舶制造业发展创造良好世界环境。中国航运业 2012 年出台《公路水路交通运输"十二五"科技发展规划》《公路水路交通运输节能减排"十二五"规划》等法规，关注内河运输、水路科技发展、节能减排等方面，为中国航运业发展指明发展方向。法规政策的出台为中国船舶制造业产业链发展创造良好的国内环境发展平台，是船舶制造业发展的机遇。

从世界造船三大指标来看，自 2000 年以来，世界新船订单量和世界造船完工量受世界经济环境影响较大，2003 年、2006 年和 2007 年增长幅度明显，2008 年金融危机爆发后，新船订单量大量萎缩，直至 2010 年才有所缓和，随后两年又处于负增长阶段，2013 年基本恢复增长状态。世界手持订单量一直呈现持续上涨趋势，拉动世界船舶发展。

2000—2002 年间，世界手持订单量增长幅度不大，数值维持在 11000 载重吨左右。2003 年开始，增长一直为正增长，增长幅度 2003 年与 2007 年高达 50%。2008 年经济危机爆发后，由于造船产业订单的持续性，2008 年和 2009 年增长仍为正增长，但比例较低。2010—2012 年经济危机影响明显，增长率处于负增长。2013 年基本恢复正增长。2013 年世界造船三大指标均恢复正增长，表明世界航运业和船舶制造业走出低迷状态，为船舶制造业的发展提供良好的发展机遇。

（二）海洋产业兴起

中国海洋强国战略的提出会加速海洋产业的发展，海洋产业的发展又会为船舶工业提供广阔发展空间。海洋经济的大力发展会加强对海洋开发装备、海洋油气资源的开发和利用，船舶工业发展会面临一次新的发展机遇。船舶制造业可以为海洋经济发展提供相应的交通运输装备，保障海洋经济的快速发展。近年来，世界船舶工业在海洋石油工程制造方面取得的进展为海上石油运输提供了高新技术支持，绿色造船及绿色运输理念为海洋经济的发展注入了新的活力。海洋石油开采和运输的不断拓展，给传统船舶企业也带来了良好的发展机遇。随着油气资源的深入开采和勘探，海洋石油调查船、地质工程船等用途的船舶需求将加大，有利于船舶工业产品领域的开发与拓展，为船舶工业的发展开辟新市场。

目前海洋工程已成为海洋经济发展的拓展对象，是集科研、工程技术和生产为一体的综合工业。海洋工程涵盖面较广，包括海洋资源开发、海洋空间利用等，目前与之相配套的船舶工业将成为最有发展潜力和优势的海洋装备产业。中国成功建造拥有 15 万吨储量的浮式生产储油轮"渤海世纪 0 号"，它是中国海洋工程建造历史上的重要标志，是不可忽视的里程碑，它向世界证明中国造船业已掌握了目前先进的 FPSO 技术，为船舶工业建造海洋工程船舶积累了经验，也为开发建造新型海洋工程船舶奠定了基础。船舶工业设计开发产品范围的扩展，为船舶制造业的发展提供了良好的发展机遇。

（三）汇率波动

中国船舶制造业国际性特征明显，订单完成后出口比例较重，因此受汇率影响较大。中国汇率自 2006 年以来持续升值，如图 6—2 所示。

对于船舶制造企业而言，一方面，生产成本加大，增加的成本压力无法直接以提升价格的方式转嫁给下游企业，造成自身利润率下降，对企业承接新船订单带来不利影响；另一方面，汇率波动对船舶企业原有手持订单量也造成影响，人民币升值使得原有手持订单价值大幅度缩水，企业利润率再度下降，严重影响企业正常经营效益。2010 年之后，人民币汇率弹性加大，中长期趋势明显，船舶制造企业可以从中寻求机遇。人民币汇率中间价的确定影响着汇率形成机制，央行对人民币的管制不能放松，但须逐渐减少央行对外汇市场的干预，推动利率市场化改革来实现汇率的市场化，为船舶制造业出口创造良好发展环境。

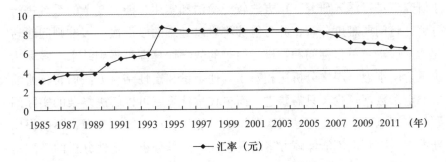

——— 汇率（元）

图 6—2　中国历年汇率波动

数据来源：国家统计局。

第四节　指标体系框架

本书在构建日本"再工业化战略"下中国船舶制造业贸易竞争力指标体系过程中，主要应用层次分析法建立层次结构模型，分析研究方案整体和系统中各要素及因素的关系和层次。第一，针对德尔菲法多轮修改与评价的专家意见结果建立目标层、指标层等多层指标体系，并对于层次的结构和考虑因素的关系进行阐述。第二，构造判断矩阵，比较判断矩阵中本层次与上一层次因素的相对重要性。第三，针对每个判断矩阵，列出对应的特征方程，对特征方程进行求解，并对结果进行排序。第四，进行一致性检验。对第三步结果进行一致性检验，检验结果通过采用一致性比例来体现，若一致性比例小于 0.1，则通过检验。第五，进行层次总排序，即用下一层次因素的权重与上一层次因素权重进行比值计算，得到相对重要性结果并进行排序。第六，得出权重结论，汇总专家层次排序结果，并进行相应计算，得到评价指标体系各指标最终权重 $\omega = （\omega_1, \omega_2, \cdots, \omega n)^T$。其中 ωj 为第 j 个指标的综合权重。

$$\omega_j = \sum_{i=1}^{s} \lambda_i \omega_{ij} \Big/ \sum_{i=1}^{s} \lambda_i \left(P_l = \frac{V_a}{N_e} \right) \tag{6—1}$$

式（6—1）中 s 为专家数量；λ_i 为第 i 位专家所占权重；ω_{ij} 为第 i 位专家对第 j 个指标的测算权重。

层次分析法是一种较为系统的定性与定量相结合的分析方法，在层次中每一因素对于结果的影响程度都须进行非常明确和清晰的量化，便于研究者进行深入研究。该方法较为简洁和实用，能将复杂的系统进行分解，将问题难度分解，并且能够将难以处理的多层次、多准则问题转化为多层次、单目标问题，进行简单的数学运算即可得到结果，容易为决策者所掌握。层次分析法相对于其他定量和定性结合方法而言，所需要的定量数据较少，只需要进行简单权重计算就可以解决复杂的实际问题，应用范围广泛。但是层次分析法只能从备选方案中选择，不能提供新方案，因此也不能保障方案的科学性。定量分析与定性分析的搭配是一种优势，但是定量数据较少也导致结果信服度较低。特征值和特征向量的计算较为复杂以及指标权重确定较难等问题也成为层次分析法的瓶颈。

以钻石模型为基础理论，综合考虑船舶制造业产业特征，创建中国船舶制造业贸易竞争力评价指标体系，如表6—1所示。指标体系包含生产要素，需求条件，相关及辅助产业，经营战略、市场结构与竞争四个二级指标。生产要素二级指标中包含造船船台/船坞数量、电力和船用钢材消耗量、固定资产投资增长率四个初级生产要素指标；就业人员增长率和科技经费投入强度两个高级生产要素指标。需求条件二级指标包含新船订单增长率和手持订单增长率两个需求规模指标；散货船、集装船和油船承接订单比例三个需求结构指标。相关及辅助产业二级指标包含钢材和生铁产量两个上游产业指标；航运业规模以上港口吞吐量下游产业指标；船舶配套业增长率和船舶修理及拆解业产值增长率两个辅助产业指标。经营战略、市场结构与竞争包含贸易伙伴国家数量、出口市场占有率两个经营战略指标；船舶企业数量、市场集中度、造船效率和平均利润率四个市场结构与竞争指标。

表6—1　　　　　　中国船舶制造业贸易竞争力评价指标体系

中国船舶制造业贸易竞争力评价指标体系	生产要素	初级生产要素	造船船台/船坞量
			电力消耗量
			船用钢材消耗量
			固定资产投资增长率
		高级生产要素	就业人员增长率
			科技经费投入强度
	需求条件	需求规模	新船订单增长率
			手持订单量增长率
		需求结构	散货船承接订单比例
			集装箱船承接订单比例
			油船承接订单比例
	相关及辅助产业	上游产业	钢材产量
			生铁产量
		下游产业	航运业运能增长率
			航运业规模以上港口吞吐量
		辅助产业	船舶配套业产值增长率
			船舶修理及拆解业产值增长率
	经营战略、市场结构与竞争	经营战略	贸易伙伴国家数量
			出口市场占有率
		市场结构与竞争	船舶企业数量
			市场集中度
			造船效率
			平均利润率

第五节　本章小结

波特六因素"钻石模型"明确指出，影响一国或行业竞争优势的影响因素主要包括生产要素，需求条件，相关及辅助产业，经营战略、市场结构与竞争四个基本要素和政府与社会两个辅助要素。该钻石模型相对其他模型而言，理论系统性和实际适用性都占更大优势，在评价产业竞争力方面更为权威和全面。它从六个方面既研究了生产要素、技术等因素对国际贸易竞争力的影响，又分析了国际贸易与国际竞争力之间的关系。中国船舶制造业贸易竞争力指标体系的创建应遵循客观针对性、科学可行性、全面系统性、逻辑层次性和动态持续性原则，充分考虑船舶制造业贸易竞争力评价的复杂性，将影响因素按照阶梯层次顺序进行整理和排序，以钻石模型为理论基础综合评价贸易竞争力表现。创建中国船舶制造业贸易竞争力评价指标体系时应从生产要素，需求条件，相关及辅助产业，经营战略、市场结构与竞争四个关键要素方面进行指标量化。指标体系包括四个二级指标、二十三个三级指标。生产要素二级指标中包含造船船台/船坞数量、电力和船用钢材消耗量、固定资产投资四个初级生产要素指标，以及就业人员数量和科技经费投入强度两个高级生产要素指标。需求条件二级指标包含新船订单量和手持订单量两个需求规模指标，散货船、集装船和油船承接订单比例三个需求结构指标。相关及辅助产业二级指标包含钢材和生铁产量两个上游产业指标，航运业运能和规模以上港口吞吐量两个下游产业指标，船舶配套业和船舶修理及拆解业总产值两个辅助产业指标。经营战略、市场结构与竞争包含贸易伙伴国家数量、出口市场占有率两个经营战略指标，船舶企业数量、市场集中度、造船效率和平均利润率四个市场结构与竞争指标。

第七章　日本"再工业化战略"下中国船舶制造业贸易竞争力评价

本书在已创建的中国船舶制造业贸易竞争力评价指标体系的基础上，采用层次分析法计算中国船舶制造业贸易竞争力评价指标的各级指标权重；针对权重结果对评价指标综合指数进行测算；依据测算结果进行一级指标和二级指标的重点分析。

第一节　中国船舶制造业贸易竞争力评价指标测算

通过应用层次分析法和模糊综合评价法两种方法来确定中国船舶制造业贸易竞争力指标体系中的指标权重和指标评价结果，针对测算结果进行各级指标的分析，较为全面地阐述中国船舶制造业贸易竞争力发展态势。

一　基于层次分析法确定中国船舶制造业贸易竞争力评价指标权重

层次分析法是将定性与定量方法相结合来确定权重的方法，目前利用广泛。本书将层次分析法结合德尔菲法的问卷调查结果，在评价过程中选择1—9标度法，如表7—1所示各标度的意义。同时将通过一致性检验的矩阵利用加权几何平均判断矩阵法来构造判断矩阵，以此作为依据，计算每个指标的权重。

表7—1   标度的意义

标度 a_{pq}	定义
1	因素 p 与因素 q 相同重要
3	因素 p 比因素 q 稍重要
5	因素 p 比因素 q 较重要
7	因素 p 比因素 q 非常重要
9	因素 p 比因素 q 绝对重要
2, 4, 6, 8	因素 p 与因素 q 的重要性的比较值处于上述两个相邻等级之间
倒数 $1, \frac{1}{2}, \frac{1}{3}, \frac{1}{4}, \frac{1}{5}, \frac{1}{6}, \frac{1}{7}$	因素 q 与因素 p 比较得到判断值为 a_{pq} 的互反数，$a_{qp} = \frac{1}{a_{pq}}$

资料来源：作者根据网页 http://wenku.baidu.com/view/87a033e7daef5ef7ba0d3cc2.html 之资料整理得到。

设定的准则层对要评价的目标层的判断矩阵结果，如表7—2 所示。对判断矩阵进行一致性检验：

$$\lambda_{\max} = \sum_{i=1}^{n} \frac{(BW)_i}{nW_i} \tag{7—1}$$

$$CI = \frac{\lambda_{\max} - n}{n - 1} \tag{7—2}$$

$$CR = \frac{CI}{RI} \tag{7—3}$$

表7—2   准则层判断矩阵表

中国船舶制造业贸易竞争力 M	生产要素 Y_1	需求条件 Y_2	相关及辅助产业 Y_3	经营战略、市场结构与竞争 Y_4
生产要素 Y_1	1	1/3	1/3	1/2
需求条件 Y_2	3	1	2	2
相关及辅助产业 Y_3	3	1/2	1	2
经营战略、市场结构与竞争 Y_4	2	1/2	1/2	1

数据来源：作者根据专家意见，按照本书表6—1 标度意义确定。

公式（7—2）中 CI 表示判断矩阵的一致性指标，公式（7—3）中 RI 表示判断矩阵的平均随机一致性指标，其取值见表7—3。

表7—3 　　　　　　　　　　　平均随机一致性指标 RI

阶数	1	2	3	4	5	6
RI	0	0	0.58	0.9	1.12	1.24

资料来源：作者根据网页 http://wenku.baidu.com/view/87a033e7daef5ef7ba0d3cc2.html 之资料整理得到。

$$A = \begin{pmatrix} 1 & \frac{1}{3} & \frac{1}{3} & \frac{1}{2} \\ 3 & 1 & 2 & 2 \\ 3 & \frac{1}{2} & 1 & 2 \\ 2 & \frac{1}{2} & \frac{1}{2} & 1 \end{pmatrix} = \begin{pmatrix} 1 & 0.33 & 0.33 & 0.5 \\ 3 & 1 & 2 & 2 \\ 3 & 0.5 & 1 & 2 \\ 2 & 0.5 & 0.5 & 1 \end{pmatrix}$$

将 $A = (W_{ij})_{nxn}$ 的元素按列进行归一化处理，得到

$$A(\tilde{W}_{ij})_{nxn} = \begin{pmatrix} 0.111 & 0.141 & 0.086 & 0.091 \\ 0.334 & 0.429 & 0.522 & 0.364 \\ 0.333 & 0.215 & 0.261 & 0.364 \\ 0.222 & 0.215 & 0.131 & 0.181 \end{pmatrix}$$

将 $A(\tilde{W}_{ij})_{nxn}$ 中元素按照行进行求和运算，得到如下结果：

$$A(\tilde{W}_i) = \begin{pmatrix} 0.429 \\ 1.649 \\ 1.173 \\ 0.749 \end{pmatrix} = \tilde{W}$$

再将上述矩阵向量经过归一化处理，得到特征向量近似值：

$$\tilde{W} = \frac{\tilde{W}_i}{n\sum_{i=1}^{n} W_i} = \frac{1}{4}\begin{pmatrix} 0.429 \\ 1.649 \\ 1.173 \\ 0.749 \end{pmatrix} = \begin{pmatrix} 0.107 \\ 0.412 \\ 0.293 \\ 0.187 \end{pmatrix}$$

计算最大特征根：

$$\lambda_{max} = \frac{1}{n} \sum_{i=1}^{n} \frac{(A\bar{W})_i}{W_i}$$

$$= \frac{1}{4} \left(\frac{\sum_{i=j=1}^{n} a_{1j}W_i}{W_1} + \frac{\sum_{i=j=1}^{n} a_{2j}W_i}{W_2} + \frac{\sum_{i=j=1}^{n} a_{3j}W_i}{W_3} + \frac{\sum_{i=j=1}^{n} a_{4j}W_i}{W_4} \right)$$

$$= \frac{1}{4} \left(\frac{(1 \quad 0.33 \quad 0.33 \quad 0.5) \begin{pmatrix} 0.107 \\ 0.412 \\ 0.293 \\ 0.187 \end{pmatrix}}{0.107} + \frac{(3 \quad 1 \quad 2 \quad 2) \begin{pmatrix} 0.107 \\ 0.412 \\ 0.293 \\ 0.187 \end{pmatrix}}{0.412} + \frac{(3 \quad 0.5 \quad 1 \quad 2) \begin{pmatrix} 0.107 \\ 0.412 \\ 0.293 \\ 0.187 \end{pmatrix}}{0.293} \right.$$

$$\left. + \frac{(2 \quad 0.5 \quad 0.5 \quad 1) \begin{pmatrix} 0.107 \\ 0.412 \\ 0.293 \\ 0.187 \end{pmatrix}}{0.187} \right)$$

$$= \frac{1}{4} \left(\frac{0.433}{0.107} + \frac{1.693}{0.412} + \frac{1.194}{0.293} + \frac{0.754}{0.187} \right)$$

$$= 4.065$$

$$CI = \frac{\lambda max - n}{n - 1} = \frac{4.065 - 4}{4 - 1} = 0.0217$$

$$CR = \frac{CI}{RI} = \frac{0.0217}{0.9} = 0.024 < 0.1，判断矩阵具有令人满意的一致性$$

$$W = (0.107 \quad 0.412 \quad 0.293 \quad 0.187)$$

最后，计算得到的结果显示一致性检验系数 CR 值小于 0.1，表明目标层、准则层组成的矩阵通过了一致性检验。

类似的，求方案层中的 X_1，X_2，X_3，…，X_{23} 在 Y_1，Y_2，Y_3，Y_4 中的权值，对方案进行相应的评估，对应的 CI 值和 CR 值如下表 7—4 所示。

表 7—4　　　　　　　准则层 CR 值和 W 向量表

准则层指标	CR 值	一致性检验	W 向量					
生产要素 Y_1	0.021	通过	$W_1 = ($ 0.014	0.009	0.017	0.012	0.027	0.035$)$
需求规模 Y_2	0.022	通过	$W_2 = ($ 0.106	0.134	0.059	0.044	0.038$)$	

续表

准则层指标	CR 值	一致性检验	W 向量
相关及辅助产业 Y_3	0.036	通过	$W_3 = (\ 0.072\quad 0.036\quad 0.072\quad 0.045\quad 0.057\quad 0.036\ )$
经营战略、市场结构与竞争 Y_4	0.076	通过	$W_4 = (\ 0.031\quad 0.044\quad 0.015\quad 0.049\quad 0.026\quad 0.023\ )$

数据来源：经作者测算得到。

通过一致性检验后，各指标权重均已确定，根据每层指标总和为1的原则，具体指标权重如表7—5所示。

表7—5 中国船舶制造业贸易竞争力评价指标体系权重

中国船舶制造业贸易竞争力评价指标体系			
生产要素 (0.114)	初级生产要素 (0.456)	造船船台/船坞量 (0.269)
		电力消耗量 (0.173)
		船用钢材消耗量 (0.327)
		固定资产投资增长率 (0.231)
	高级生产要素 (0.544)	就业人员增长率 (0.435)
		科技经费投入强度 (0.565)
需求条件① (0.381)	需求规模 (0.630)	新船订单增长率 (0.442)
		手持订单增长率 (0.558)
	需求结构 (0.370)	散货船承接订单比例 (0.418)
		集装箱船承接订单比例 (0.312)
		油船承接订单比例 (0.270)
相关及辅助产业② (0.317)	上游产业 (0.341)	钢材产量 (0.667)
		生铁产量 (0.333)
	下游产业 (0.369)	航运业运能增长率 (0.615)
		航运业规模以上港口吞吐量 (0.385)
	辅助产业 (0.290)	船舶配套业产值增长率 (0.620)
		船舶修理及拆解业产值增长率 (0.380)

① 需求条件直接影响市场供给，从而对产业发展产生促进或抑制作用，因此其权重值最大。

② 上游产业的发展会带动船舶制造业的发展，下游产业的发展会拉动船舶制造业的发展，辅助产业对船舶制造业的发展又有促进作用，因此其权重较大。

续表

	经营战略 (0.399)	贸易伙伴国家数量 (0.413)
经营战略、市场 结构与竞争 (0.188)		出口市场占有率 (0.587)
	市场结构与竞争 (0.601)	船舶企业数量 (0.133)
		市场集中度 (0.434)
		造船效率 (0.230)
		平均利润率 (0.203)

数据来源：经作者测算得到。

二 中国船舶制造业贸易竞争力评价指标测算

中国船舶制造业贸易竞争力评价指标综合指数在测算过程中主要采用模糊综合评价法。该方法的主要特点是将模糊数学的隶属度原理应用于经济和管理等各个方面，采用定量评价方法来表达研究对象的不确定性，较定性方法而言，其评价结果更加清晰和明确。

（一）测算评价步骤

在具体评价过程中，需要以下几个步骤：

第一，确定评价因素的集合。如对于具有两级评价指标的集合，设定评价因素 X 的集合为 $X = \{X_1, X_2, \cdots, X_n\}$，其中 i = 1, 2…, n, n 为所评价的一级指标 X_i 的个数；$X_i = \{X_{i1}, X_{i2}, \cdots, X_{ij}, X_{im}\}$，j = 1, 2, …, m, m 为所评价的二级指标 X_{ij} 的个数。

第二，确定评价因素的权重。由于各个评价因素的重要程度各异，在实际综合评价中要根据各自特点通过计算来确定，确定方法以层次分析法为主。一般用 W 来表示权重。一级评价指标的权重设定为 $W = [W_1, W_2, \cdots, W_n]$，$W_i$ 为对应的一级指标的权重，$W_i \in [0, 1]$，i = 1, 2, …, n, 并且 $\sum_{i=1}^{n} W_i = 1$。二级评价指标的权重设定为 $W_i = [W_{i1}, W_{i2}, \cdots, W_{im}]$，$W_{ij}$ 为对应的一级指标的权重，$W_{ij} \in [0, 1]$，j = 1, 2, …, m, 并且 $\sum_{j=1}^{m} W_{ij} = 1$。

第三，确定因素评价集。一般常用的评价等级为三级、五级、七级等，即按照贸易竞争力由小至大的趋势进行划分。通过专家打分和其他定性方法，确定因素等级得分，得分越高则贸易竞争力越大，反之，则越小。

第四，确定隶属度函数和评价矩阵。隶属度函数一般采用梯形分布。

$$r_{i1} = \begin{cases} 1 & C_i \leqslant X_{i1} \\ \dfrac{X_{i2} - C_i}{X_{i2} - X_{i1}} & X_{i1} < C_i < X_{i2} \\ 0 & C_i \geqslant X_{i2} \end{cases} \quad (7-4)$$

$$r_{ij} = \begin{cases} 0 & C_i \leqslant X_{ij-1}, C_i \geqslant X_{ij+1} \\ \dfrac{C_i - X_{ij-1}}{X_{ij} - X_{ij-1}} & X_{ij-1} < C_i < X_{ij}(1 < j < m) \\ \dfrac{X_{ij+1} - C_i}{X_{ij+1} - X_{ij}} & X_{ij} \leqslant C_i < X_{ij+1} \\ 1 & C_i = X_i \end{cases} \quad (7-5)$$

$$r_{in} = \begin{cases} 0 & C_i \leqslant X_{im-1} \\ \dfrac{C_i - X_{im-1}}{X_{im} - X_{im-1}} & X_{im-1} < C_i < X_{im} \\ 1 & C_i \geqslant X_{im} \end{cases} \quad (7-6)$$

其中 r_{ij} 为因子 X_i 对 j 级评估的隶属度；C_i 为因子 X_i 的实测值；X_{ij} 为因子 X_i 第 j 级评估标准；m 为 m 级评价标准。

第五，进行综合评价。利用公式 $B = W * R$ 计算得出评价结果。公式中的 B 是模糊综合评价的计算结果，是 n 维行向量；W 是模糊评价因素权重的集合，是 m 维行向量；R 是所有评价因素的模糊关系，是 m * n 的矩阵；运用矩阵的乘法运算规则，计算求得评价结果，如有需要可以再进行归一化处理，得到最终评价结果。

（二）数据标准化处理

中国船舶制造业贸易竞争力指标评价体系的数据，来源于中国统计局官方网站、世界银行数据库、中国船舶工业协会、历年《中国船舶工业统计年鉴》、Comtrade 数据库、历年《中国海洋年鉴》、中商情报网、历年公路水路交通运输行业发展统计报告、国家知识产权网、历年中国进出口银行年度报告等相关资料、文献和网站。由于指标考察涉及的数据数量较多，鉴于指标数据的可得性，因此选取的时间为 2000—2013年，研究此阶段中国船舶制造业贸易竞争力变化。

对所收集的数据进行标准差标准化法，采用公式进行标准化处理。

$$x_{ij} = \frac{X_{ij} - \overline{X}_j}{S_j} \tag{7—7}$$

公式（7—7）中：x_{ij} 为标准化后的数据；X_{ij} 表示第 i 个年份第 j 项指标的原始数据；$\overline{X}_j$ 为第 j 项指标的平均数；S_j 为第 j 项指标的标准差。

对指标进行坐标平移后，得到公式：

$$x_{ij}' = x_{ij} + A \quad (i = 1,2,\cdots,m;j = 1,2,\cdots,n) \tag{7—8}$$

公式（7—8）中：x_{ij}' 为标准数据平移后的值，$x_{ij}' > 0$；A 为平移幅度，$A > \min(x_{ij})$，A 取值越接近 $\min(x_{ij})$，其评价结果越显著。从而得到一个标准化的原始数据矩阵 x_{ij}'。经过计算可得 $A = 3$，得到标准化后的矩阵 X'。

$$X' = \begin{pmatrix}
1.607 & 1.680 & 1.832 & 1.971 & 2.175 & 2.449 & 2.770 & 3.448 & 3.882 & 4.233 & 4.351 & 4.294 & 3.595 & 3.712 \\
1.751 & 1.927 & 2.088 & 2.182 & 2.553 & 2.244 & 2.470 & 2.836 & 3.110 & 3.583 & 4.721 & 5.081 & 3.691 & 3.764 \\
1.761 & 1.832 & 1.882 & 2.054 & 2.169 & 2.311 & 2.510 & 3.196 & 3.673 & 3.911 & 4.590 & 4.590 & 3.673 & 3.849 \\
3.252 & 3.720 & 3.849 & 4.493 & 4.432 & 4.508 & 2.704 & 2.035 & 2.330 & 2.153 & 2.894 & 1.704 & 1.728 & 2.198 \\
3.425 & 4.246 & 5.052 & 4.511 & 1.086 & 2.803 & 3.077 & 3.251 & 2.431 & 2.373 & 2.523 & 2.463 & 2.357 & 2.402 \\
1.942 & 1.879 & 2.197 & 2.388 & 2.516 & 2.834 & 2.707 & 2.802 & 2.898 & 2.102 & 3.853 & 4.203 & 4.362 & 5.317 \\
2.587 & 2.591 & 2.598 & 4.239 & 2.340 & 2.555 & 3.932 & 3.752 & 2.086 & 1.947 & 4.310 & 1.980 & 2.023 & 5.060 \\
2.788 & 2.447 & 2.514 & 4.718 & 3 & 2.810 & 4.068 & 5.380 & 3.055 & 2.220 & 2.495 & 1.869 & 1.797 & 2.838 \\
2.747 & 2.876 & 2.657 & 1.972 & 1.494 & 1.972 & 1.178 & 4.194 & 3.664 & 3.335 & 3.987 & 3.664 & 4.413 & 3.845 \\
2.417 & 2.360 & 2.504 & 3.309 & 5.770 & 4.461 & 3.425 & 2.705 & 2.532 & 1.770 & 2.158 & 3.266 & 2.446 & 2.878 \\
3.451 & 3.554 & 3.768 & 3.891 & 3.580 & 3.040 & 5.363 & 1.917 & 2.611 & 3.083 & 2.406 & 1.823 & 1.754 & 1.754 \\
1.665 & 1.762 & 1.867 & 2.029 & 2.290 & 2.483 & 2.786 & 3.107 & 3.236 & 3.533 & 3.894 & 4.172 & 4.403 & 4.774 \\
1.549 & 1.675 & 1.753 & 1.973 & 2.253 & 2.640 & 2.993 & 3.219 & 3.331 & 3.713 & 3.942 & 4.163 & 4.281 & 4.514 \\
1.770 & 1.707 & 2.146 & 3.088 & 4.574 & 4.365 & 3.507 & 3.465 & 1.707 & 2.460 & 4.658 & 3.318 & 2.335 & 2.900 \\
1.667 & 1.748 & 1.877 & 2.039 & 2.320 & 2.541 & 2.772 & 3.043 & 3.241 & 3.447 & 3.858 & 4.216 & 4.455 & 4.775 \\
2.148 & 2.039 & 2.147 & 2.316 & 3.596 & 4.429 & 3.209 & 5.329 & 3.043 & 2.985 & 3.990 & 2.885 & 2.115 & 1.769 \\
2.446 & 2.540 & 2.598 & 2.969 & 2.416 & 3.513 & 4.743 & 5.597 & 3.011 & 2.543 & 3.113 & 2.233 & 1.573 & 2.707 \\
2.039 & 2.420 & 2.899 & 3.304 & 3.621 & 3.647 & 5.306 & 4.593 & 1.491 & 2.863 & 2.536 & 2.744 & 1.863 & 2.675 \\
1.919 & 1.956 & 1.924 & 2.121 & 2.035 & 2.257 & 2.588 & 2.842 & 3.124 & 3.872 & 4.351 & 4.357 & 4.619 & 4.035 \\
2.606 & 2.735 & 3.132 & 3.221 & 2.856 & 3.828 & 3.075 & 3.250 & 3.333 & 5.317 & 3.278 & 0.398 & 2.685 & 2.286 \\
3.927 & 4.659 & 3.353 & 3.672 & 3.538 & 4.067 & 3.856 & 3.548 & 1.802 & 2.025 & 1.867 & 1.819 & 1.858 & 2.010 \\
2.029 & 2.030 & 2.030 & 2.081 & 2.216 & 2.352 & 2.426 & 2.565 & 3.010 & 3.465 & 4.315 & 4.679 & 4.189 & 4.613 \\
1.706 & 1.736 & 1.863 & 1.942 & 2.109 & 2.687 & 3.421 & 4.459 & 4.525 & 3.958 & 3.953 & 3.950 & 2.925 & 2.765
\end{pmatrix}$$

（三）确定综合指标隶属度矩阵

将矩阵中的特征指标值转化为相应的指标相对隶属度，本书选取的指标都是越大越优型指标，故其隶属度构造为 γ_{10}，求得隶属度矩阵 γ_{12}。

$$
R=\begin{pmatrix}
0 & 0.027 & 0.082 & 0.133 & 0.207 & 0.307 & 0.424 & 0.671 & 0.829 & 0.957 & 1 & 0.979 & 0.725 & 0.767 \\
0 & 0.053 & 0.101 & 0.129 & 0.241 & 0.148 & 0.216 & 0.326 & 0.408 & 0.550 & 0.892 & 1 & 0.582 & 0.605 \\
0 & 0.025 & 0.043 & 0.104 & 0.145 & 0.194 & 0.265 & 0.507 & 0.676 & 0.760 & 1 & 1 & 0.676 & 0.738 \\
0.605 & 0.752 & 0.793 & 0.995 & 0.976 & 1 & 0.433 & 0.223 & 0.053 & 0.558 & 0.493 & & 0.255 & 0.274 \\
0.590 & 0.797 & 1 & 0.864 & 0 & 0.433 & 0.502 & 0.546 & 0.339 & 0.325 & 0.362 & 0.347 & 0.321 & 0.332 \\
0.019 & 0 & 0.093 & 0.148 & 0.185 & 0.278 & 0.241 & 0.269 & 0.296 & 0.065 & 0.574 & 0.676 & 0.981 & 1 \\
0.206 & 0.207 & 0.209 & 0.736 & 0.126 & 0.195 & 0.638 & 0.580 & 0.045 & 0.759 & 0.011 & 0.024 & 1 \\
0.277 & 0.181 & 0.200 & 0.815 & 0.336 & 0.283 & 0.634 & 1 & 0.351 & 0.118 & 0.195 & 0.020 & 0 & 0.291 \\
0.520 & 0.563 & 0.490 & 0.263 & 0.105 & 0.263 & 0 & 0.824 & 0.715 & 0.931 & 0.824 & 0.715 & 0.653 \\
0.162 & 0.147 & 0.183 & 0.385 & 1 & 0.673 & 0.414 & 0.234 & 0.191 & 0 & 0.097 & 0.374 & 0.299 & 0.349 \\
0.46 & 0.489 & 0.550 & 0.586 & 0.496 & 0.344 & 1 & 0.027 & 0.223 & 0.356 & 0.165 & & 0.039 & 0.121 \\
0 & 0.031 & 0.065 & 0.117 & 0.201 & 0.263 & 0.360 & 0.464 & 0.505 & 0.601 & 0.717 & 0.806 & 0.881 \\
0 & 0.042 & 0.069 & 0.143 & 0.238 & 0.368 & 0.487 & 0.563 & 0.601 & 0.730 & 0.807 & 0.882 & 0.921 & 1 \\
0.02 & 0 & 0.145 & 0.466 & 0.970 & 0.904 & 0.607 & 0.594 & 0 & 0.256 & & 0.548 & 0.210 & 0.404 \\
0.138 & 0.223 & 0.488 & 0.550 & 1 & 0.471 & 0.387 & 0.405 & 0.114 & 0.090 & 0.483 & 0.266 & & 0.095 \\
0.106 & 0.076 & 0.106 & 0.153 & 0.513 & 0.747 & 0.404 & & 0.358 & 0.342 & 0.624 & 0.313 & 0.097 & 0 \\
0.217 & 0.240 & 0.255 & 0.347 & 0.209 & 0.482 & 0.788 & & 0.357 & 0.241 & 0.383 & 0.164 & & 0.282 \\
0.144 & 0.243 & 0.369 & 0.475 & 0.558 & 0.565 & 1 & 0.813 & & 0.360 & 0.273 & 0.329 & 0.097 & 0.310 \\
0 & 0.014 & 0.002 & 0.075 & 0.043 & 0.125 & 0.248 & 0.342 & 0.446 & 0.723 & 0.901 & 0.903 & 1 & 0.784 \\
0.449 & 0.475 & 0.556 & 0.574 & 0.5 & 0.697 & 0.544 & 0.580 & 0.597 & 1 & 0.585 & & 0.465 & 0.384 \\
0.748 & 1 & 0.550 & 0.660 & 0.614 & 0.796 & 0.723 & 0.617 & 0.016 & 0.093 & 0.038 & & 0.048 & 0.088 \\
0 & 0 & & 0.020 & 0.070 & 0.122 & 0.150 & 0.202 & 0.370 & 0.542 & 0.863 & 1 & 0.815 & 0.975 \\
0 & 0.011 & 0.056 & 0.084 & 0.143 & 0.348 & 0.608 & 0.977 & & 0.799 & 0.797 & 0.796 & 0.432 & 0.376
\end{pmatrix}
$$

（四）测算中国船舶制造业贸易竞争力三级指标评价综合得分

根据综合指数评价公式，得到中国船舶制造业贸易竞争力评价综合得分 u_{gi}。

$$u_{gi} = \lambda_i r_{ij} \tag{7—9}$$

公式（7—9）中 λ_i 指第 i 项指标的权重。以生产要素指标为例，经过计算，得到第三层初级生产要素综合得分 u_{g11} 和高级生产要素综合得分 u_{g12}。

$u_{g11} = [0.14\ 0.198\ 0.237\ 0.322\ 0.37\ 0.403\ 0.338\ 0.454\ 0.527\ 0.73\ 0.864\ 0.763\ 0.567\ 0.616]$

$u_{g12} = [0.267\ 0.347\ 0.487\ 0.459\ 0.105\ 0.345\ 0.354\ 0.389\ 0.315\ 0.178\ 0.482\ 0.533\ 0.694\ 0.709]$

采用相同的计算方法可以得到需求条件中需求规模综合得分 u_{g21}，需求条件综合得分 u_{g22}，相关及辅助产业中上游产业综合得分 u_{g31}，下游产业综合得分 u_{g32}，辅助产业综合得分 u_{g33} 和经营战略、市场结构与竞争中的经营战略综合得分 u_{g41}，市场结构与竞争综合得分 u_{g42}。

$u_{g21} = [0.245\ 0.193\ 0.204\ 0.780\ 0.243\ 0.244\ 0.636\ 0.814\ 0.216\ 0.066\ 0.444\ 0.016\ 0.011\ 0.604]$

$u_{g22} = [0.392\ 0.413\ 0.411\ 0.388\ 0.490\ 0.413\ 0.399\ 0.498\ 0.464\ 0.395\ 0.464\ 0.461\ 0.403\ 0.415]$

$u_{g31} = [0\ 0.035\ 0.066\ 0.126\ 0.213\ 0.298\ 0.403\ 0.497\ 0.537\ 0.644\ 0.747\ 0.831\ 0.894\ 1]$

$u_{g32} = [0.065\ 0.086\ 0.277\ 0.498\ 0.981\ 0.738\ 0.522\ 0.521\ 0.044\ 0.192\ 0.801\ 0.439\ 0.129\ 0.285]$

$u_{g33} = [0.148\ 0.138\ 0.163\ 0.227\ 0.398\ 0.646\ 0.55\ 1\ 0.358\ 0.303\ 0.532\ 0.257\ 0.060\ 0.107]$

$u_{g41} = [0.059\ 0.109\ 0.153\ 0.240\ 0.256\ 0.307\ 0.558\ 0.536\ 0.262\ 0.573\ 0.642\ 0.666\ 0.627\ 0.588]$

$u_{g42} = [0.384\ 0.499\ 0.324\ 0.384\ 0.378\ 0.537\ 0.544\ 0.59\ 0.374\ 0.46\ 0.455\ 0.392\ 0.358\ 0.39]$

三级指标综合得分数据显示，各个指标表现的最优年限各不相同。在生产要素指标中，初级生产要素竞争力最优的年份为 2010 年、2011 年和 2013 年，宏观环境经济的增长拉动初级生产要素的需求和使用。高级生产要素竞争力最优的年份为 2013 年、2012 年和 2011 年，表明虽然国际环境和国内环境发生了巨大变革，但技术投入和高级生产要素的增长并未减弱。在需求条件指标中，需求规模竞争力在 2007 年、2003 年和 2006 年表现最优，2008 年后受金融危机和"再工业化战略"的影响，需求规模受到严重冲击。需求条件竞争力在 2005 年、2007 年和 2012 年表现较优，受国际航运市场萧条和国内船舶市场萎缩的影响，2008 年后需求条件的竞争力表现也不尽如人意。在相关及辅助产业指标中，钢铁上游产业的竞争力在 2013 年、2012 年和 2011 年表现最优，表明上游产业受金融危机和"再工业化战略"的影响不显著。下游航运业指标在 2004 年、2010 年和 2005 年竞争力较强，近三年航运业运营及发展遭遇瓶颈。船舶配套业和船舶修理及拆解业在 2007 年、2005 年和 2006 年竞争力较强，进一步证明船舶相关产业遭受金融危机和"再工业化战略"的影响也较大。经营战略、市场结构与竞争指标中的经营战略综合得分在 2011 年、2010 年和 2012 年较高，表明

"引进来"与"走出去"战略对中国船舶制造业发展的促进作用较显著。市场结构与竞争指标考虑到市场环境等因素，在 2005 年、2006 年和 2007 年竞争力表现较强。

（五）测算中国船舶制造业贸易竞争力二级指标评价综合得分

将 u_{g11}、u_{g12}、u_{g21}、u_{g22}、u_{g31}、u_{g32}、u_{g33}、u_{g41} 和 u_{g42} 组成二层指标的评价综合得分 $R_g{}'$。

$$R_g{}' = \begin{pmatrix} 0.140 & 0.198 & 0.237 & 0.322 & 0.370 & 0.403 & 0.338 & 0.454 & 0.527 & 0.730 & 0.864 & 0.763 & 0.576 & 0.616 \\ 0.267 & 0.347 & 0.487 & 0.459 & 0.105 & 0.345 & 0.354 & 0.389 & 0.315 & 0.178 & 0.482 & 0.533 & 0.694 & 0.709 \\ 0.245 & 0.193 & 0.204 & 0.780 & 0.243 & 0.244 & 0.636 & 0.814 & 0.216 & 0.066 & 0.444 & 0.016 & 0.011 & 0.604 \\ 0.392 & 0.413 & 0.411 & 0.388 & 0.490 & 0.413 & 0.399 & 0.498 & 0.464 & 0.395 & 0.464 & 0.461 & 0.403 & 0.415 \\ 0 & 0.035 & 0.066 & 0.126 & 0.213 & 0.298 & 0.403 & 0.497 & 0.537 & 0.644 & 0.747 & 0.831 & 0.894 & 1 \\ 0.065 & 0.086 & 0.277 & 0.498 & 0.981 & 0.738 & 0.522 & 0.521 & 0.044 & 0.192 & 0.801 & 0.439 & 0.129 & 0.285 \\ 0.148 & 0.138 & 0.163 & 0.227 & 0.398 & 0.646 & 0.550 & 1 & 0.358 & 0.303 & 0.532 & 0.257 & 0.060 & 0.107 \\ 0.059 & 0.109 & 0.153 & 0.240 & 0.256 & 0.307 & 0.558 & 0.536 & 0.262 & 0.573 & 0.642 & 0.666 & 0.627 & 0.588 \\ 0.384 & 0.499 & 0.324 & 0.384 & 0.378 & 0.537 & 0.544 & 0.590 & 0.374 & 0.460 & 0.455 & 0.392 & 0.358 & 0.390 \end{pmatrix}$$

同理求得二层指标生产要素综合得分 u_{g1}，需求条件综合得分 u_{g2}，相关及辅助产业综合得分 u_{g4} 和经营战略、市场结构与竞争综合得分 u_{g4}。

$u_{g1} = [0.209\ 0.279\ 0.373\ 0.397\ 0.226\ 0.372\ 0.347\ 0.419\ 0.412\ 0.430\ 0.656\ 0.638\ 0.640\ 0.667]$

$u_{g2} = [0.300\ 0.274\ 0.281\ 0.635\ 0.334\ 0.307\ 0.548\ 0.697\ 0.308\ 0.188\ 0.452\ 0.181\ 0.156\ 0.534]$

$u_{g3} = [0.067\ 0.084\ 0.172\ 0.293\ 0.550\ 0.561\ 0.490\ 0.652\ 0.303\ 0.378\ 0.705\ 0.520\ 0.370\ 0.477]$

$u_{g4} = [0.255\ 0.343\ 0.256\ 0.327\ 0.329\ 0.445\ 0.550\ 0.568\ 0.330\ 0.505\ 0.529\ 0.501\ 0.465\ 0.469]$

二级指标综合得分数据显示，生产要素指标在 2013 年、2010 年和 2012 年表现最优，表明生产要素条件保持上升趋势，实现不断完善过程。需求条件指标在 2007 年、2003 年和 2006 年表现最优，表明需求条件受金融危机和"再工业化战略"的影响较大，2008 年后竞争力降低幅度明显。相关及辅助产业指标在 2010 年、2007 年和 2005 年发展较好，进一步表明金融危机和"再工业化战略"对船舶制造业的影响不容忽视。经营战略、市场结构与竞争指标在 2007 年、2006 年和 2010 年竞争力较强，表明经营战略和市场环境受外部因素影响较大，近年来中国船舶制造业发展需要进一步调整和优化。

（六）测算中国船舶制造业贸易竞争力一级指标评价综合得分

中国船舶制造业贸易竞争力评价系统包括两层，第一层包括 4 个并列的单元系统，第二层包括 23 个并列的单元系统。将 u_{g1}、u_{g2}、u_{g3} 和 u_{g4} 组成整体的评价矩阵 R_g。

$$R_g = \begin{bmatrix} 0.209 & 0.279 & 0.373 & 0.397 & 0.226 & 0.372 & 0.347 & 0.419 & 0.412 & 0.430 & 0.656 & 0.638 & 0.640 & 0.667 \\ 0.300 & 0.274 & 0.281 & 0.635 & 0.334 & 0.307 & 0.548 & 0.697 & 0.308 & 0.188 & 0.452 & 0.181 & 0.156 & 0.534 \\ 0.067 & 0.084 & 0.172 & 0.293 & 0.550 & 0.561 & 0.490 & 0.652 & 0.303 & 0.378 & 0.705 & 0.520 & 0.370 & 0.477 \\ 0.255 & 0.343 & 0.256 & 0.327 & 0.329 & 0.445 & 0.550 & 0.568 & 0.330 & 0.505 & 0.529 & 0.501 & 0.465 & 0.469 \end{bmatrix}$$

确定第一层指标层的评价综合得分 U_g。根据公式计算得第一层指标层的评价综合得分 U_g。

$$U_g = \begin{bmatrix} 0.207 & 0.227 & 0.252 & 0.441 & 0.389 & 0.421 & 0.507 & 0.627 & 0.322 & 0.335 & 0.570 & 0.401 & 0.337 & 0.519 \end{bmatrix}$$

根据 U_g，可以得到在中国船舶制造业贸易竞争力整体评价结果中综合得分较高的年份为 2007 年、2006 年和 2010 年，结果表明 2007 年和 2006 年是金融危机和"再工业化战略"全面实施的前两年，船舶制造业发展保持持续增长趋势达到最高，纵观 2000 年以来，总体竞争力评价结果也为最高。2010 年为"再工业化战略"实施后年份，但其总体评价结果仅劣于 2007 年而高于其他年份，一方面归因于船舶制造业自身产业订单完工周期长等特点，另一方面归因于为应对"再工业化战略"及全球航运市场的低迷，政府所采取的有效措施的实施。

第二节　中国船舶制造业贸易竞争力
评价指标结果分析

一　中国船舶制造业贸易竞争力评价指标综合指数结果

通过利用层次分析法和模糊综合评价法对中国船舶制造业贸易竞争力进行评价，结果显示中国船舶制造业贸易竞争力受到生产要素，需求条件，相关及辅助产业，经营战略、市场结构与竞争四个方面指标的影响。

在四个指标中，需求条件对贸易竞争力的影响最大，因为需求条件直接影响市场供给，从而对产业发展产生促进或抑制作用。相关及辅助产业为四个要素中较为重要者，上游产业的发展会带动船舶制造业的发展，下游产业的发展会拉动船舶制造业的发展，辅助产业对船舶制造业的发展又有促进作用。2000—2013 年，中国船舶制造业贸易竞争力各层次测算指数如表 7—6 所示。

表 7—6　　　　2000—2013 年中国船舶制造业贸易竞争力评价指数表

年份	总指标	二级指标				三级指标								
	船舶制造业贸易竞争力	生产要素	需求条件	相关及辅助产业	经营战略、市场结构与竞争	初级生产要素	高级生产要素	需求规模	需求结构	上游产业	下游产业	辅助产业	经营战略	市场结构与竞争
2000	0.207	0.209	0.300	0.067	0.255	0.140	0.267	0.245	0.382	0.000	0.065	0.148	0.059	0.384
2001	0.227	0.279	0.274	0.084	0.343	0.198	0.347	0.193	0.413	0.035	0.086	0.138	0.109	0.499
2002	0.252	0.373	0.281	0.172	0.256	0.237	0.487	0.204	0.411	0.066	0.277	0.163	0.153	0.324
2003	0.441	0.397	0.635	0.293	0.327	0.322	0.459	0.780	0.388	0.126	0.498	0.227	0.240	0.384
2004	0.389	0.226	0.334	0.550	0.329	0.370	0.105	0.243	0.480	0.213	0.981	0.398	0.256	0.378
2005	0.421	0.372	0.307	0.561	0.445	0.403	0.345	0.244	0.413	0.298	0.738	0.646	0.307	0.537
2006	0.507	0.347	0.548	0.490	0.550	0.338	0.354	0.636	0.399	0.403	0.522	0.550	0.558	0.544
2007	0.627	0.419	0.687	0.652	0.568	0.454	0.389	0.814	0.498	0.497	0.521	1.000	0.536	0.590
2008	0.322	0.412	0.308	0.303	0.330	0.527	0.315	0.216	0.464	0.537	0.044	0.358	0.262	0.374
2009	0.335	0.430	0.188	0.378	0.505	0.730	0.178	0.066	0.395	0.644	0.192	0.303	0.573	0.460
2010	0.570	0.656	0.452	0.705	0.529	0.864	0.482	0.444	0.464	0.747	0.801	0.532	0.642	0.455
2011	0.401	0.638	0.181	0.520	0.501	0.763	0.533	0.016	0.461	0.831	0.439	0.257	0.666	0.392
2012	0.337	0.640	0.156	0.370	0.465	0.576	0.694	0.011	0.403	0.894	0.129	0.060	0.627	0.358
2013	0.519	0.667	0.534	0.477	0.469	0.616	0.709	0.604	0.415	1.000	0.285	0.107	0.588	0.390

数据来源：作者采用模糊综合评价法计算得到。

二　贸易竞争力一级指标指数分析

自 2000 年至 2013 年，中国船舶制造业贸易竞争力综合指数波动及趋势如图 7—1 所示。从整体来看，贸易竞争力在这 14 年间发生了巨大提升，2000 年综合指数仅为 0.205，至 2013 年已经增长至 0.521，其中综合指数最高年份为 2007 年，综合指数为 0.624。按照图 7—1 的发展趋势，可以将中国船舶制造业贸易竞争力综合指数的发展分为三个阶

段。第一阶段为 2000—2007 年，第二阶段为 2008—2009 年，第三阶段
为 2010—2013 年。

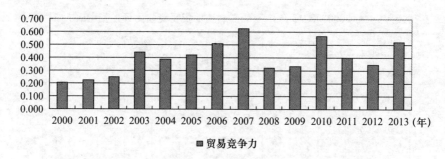

图 7—1 中国船舶制造业贸易竞争力综合指数趋势图

数据来源：根据本书表 7—6 结果得到。

第一阶段时间跨度为 8 年，这个阶段的表现特征是积极、正向发
展。从图 7—1 来看，整体呈现增长趋势，其中 2003 年增长幅度过高，
引致 2004 年指数下降，但整体增长趋势明显。如图 7—2 所示，2000—
2007 年八年间中国船舶制造业贸易竞争力年均贸易竞争力增加值为
0.06，年均增长率高达 19.6%。每年贸易竞争力增加值变动特点各异，
其中，高于平均值的年份为 2003 年、2006 年和 2007 年这 3 年，增长率
也同样高于年增长率。2003 年贸易竞争力增加值高达 0.191，同比增长
76.4%，当年增加值和增长率的增长幅度之大，数据之可观，加速了第
一阶段整体发展的步伐。2006 年和 2007 年指数增加值和增长率分别为
0.087、0.147 和 20.7%、23.1%，充分表明这两年船舶制造业的发展
也取得了突飞猛进的成绩。

第二阶段为 2008 年和 2009 年，国外环境发生巨大变化，全球金融
危机爆发和多个发达国家"再工业化战略"的实施，严重影响了中国
船舶制造业贸易竞争力发展态势。2008 年全球船舶制造业都受到巨大
冲击，全球航运业经历了"冰火两重天"，2008 年上半年航运业发展态
势维持增长趋势，下半年由于金融危机的爆发，发展态势转为急速下
降。波罗的海指数在 2008 年末仅为 774，同比下降 91.5%，下降幅度
创历史新高。中国船舶制造业不仅要面对金融危机和全球航运业跌宕起

伏的国际环境,而且处于人民币升值和钢材等原材料价格上涨的国内环境中,从整体角度看中国船舶制造业的贸易竞争力出现大幅度下滑的现状,生产要素、相关产业、辅助产业和竞争态势的大幅度下降对贸易竞争力的冲击较大,造成贸易竞争力整体下滑幅度高达 48.9%,贸易竞争力仅为 2007 年的一半左右,如图 7—3 所示。2009 年贸易竞争力较 2008 年出现好转,但好转幅度不大,增长率仅为 4.4%,说明金融危机的影响依然在持续。因此 2008 年和 2009 年的年均增长率依然为负值,船舶制造业贸易竞争力有轻微好转,但并未恢复正常发展态势。

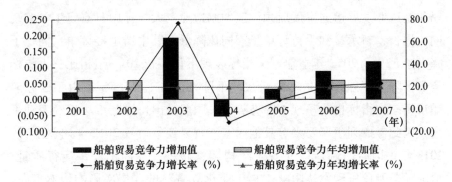

图 7—2 2000—2007 年中国船舶制造业贸易竞争力指数趋势图

数据来源:根据本书表 7—6 结果得到。

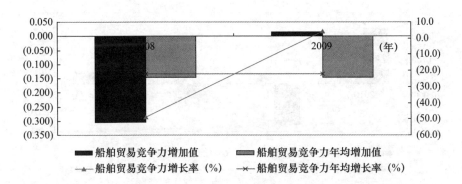

图 7—3 2008—2009 年中国船舶制造业贸易竞争力指数趋势图

数据来源:根据本书表 7—6 结果得到。

第三阶段为 2010—2013 年阶段，在此阶段船舶制造业处于波动调整阶段，如图 7—4 所示，各年表现不同特点。2010 年为船舶制造业和航运市场复苏的一年，全球航运市场渡过近期最为艰难的 2009 年，各项指标出现好转。中国船舶制造业实现了"十一五"规划目标，并谋划了"十二五"规划，国际市场份额实现扩大，手持订单量同比增长4.1%，造船完工量指标创历史新高，同比增长超过 50%，新承接订单量为 2009 年的 1.9 倍。从整体角度出发，2010 年船舶制造业贸易竞争力增长幅度达到 70.3%，创 2000 年以来竞争力增长率最高。2011 年和2012 年，在世界经济不景气和世界船舶市场运行低迷的环境下，中国船舶制造业发展遭遇发展瓶颈。船舶制造业三大指标中只有完工量实现同比增长，新承接和手持订单量都同比降低，其中新承接订单量同比下降高达 52%。2012 年造船三大指标表现不佳，较 2011 年相比三大指标全部下降，新船订单量下降最大，下降幅度高达 43.6%。由于国际船舶市场三大指标也均呈现下降态势，中国船舶出口国际市场份额变动不大，因此考虑到生产要素等其他因素，贸易竞争力较 2012 年略微上升。2013 年中国船舶制造业实现了结构调整转型，提高了经济运行质量，但国际金融危机和发达国家"再工业化战略"的深层次影响依然存在，因此船舶制造业三大指标有涨有落。造船完工同比下降约 25%，新接

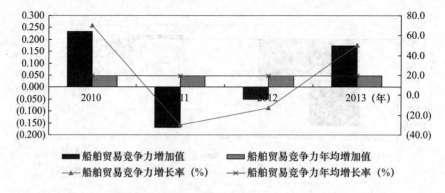

图 7—4 2010—2013 年中国船舶制造业贸易竞争力指数趋势图

数据来源：根据本书表 7—6 结果得到。

订单和手持订单都实现一定幅度的增加，其中新接订单量同比增长幅度高达 267% ，带动中国船舶制造业的良好发展。贸易竞争力在 2013 年较 2012 年实现 50.15% 的增长率，表明中国船舶制造业的贸易竞争力进入发展战略提升阶段。

三 船舶制造业贸易竞争力二级指标指数趋势分析

贸易竞争力的变动源自波特六因素钻石模型中生产要素，需求条件，相关及辅助产业，经营战略、市场结构与竞争四大方面的变动。贸易竞争力与四个方面的均值、最大值、最小值和方差比较如表 7—7 所示。从均值数据来看，均值最高的是生产要素指标，表明生产要素与其他指标相比，总体平均表现是最优的。与贸易竞争力指标进行比较，生产要素和相关及辅助产业的指标绝对值都高于贸易竞争力，表明在均值表现方面，这两个指标都优于贸易竞争力，对贸易竞争力的提升起到较大作用。在最大值方面，绝对值最大的为相关及辅助产业指标，在四个指标中最大值高于贸易竞争力的有三个指标，只有经营战略、市场结构与竞争低于贸易竞争力。在最小值方面，经营战略、市场结构与竞争的绝对值最大，高于贸易竞争力表现的指标还有生产要素，需求条件和相关及辅助产业最小值的绝对值都小于贸易竞争力。方差的大小表明指标的稳定性，相关及辅助产业的方差绝对值最大，表明相关及辅助产业的波动性最大。与贸易竞争力指标的方差相比较，四个指标中有三个指标的波动性都高于贸易竞争力，只有经营战略、市场结构与竞争的方差表现较小，即稳定性较高。

表 7—7 贸易竞争力与四个二级指标比较

指标名称	均值	最大值	最小值	方差
贸易竞争力	0.396	0.624	0.205	0.127
生产要素	0.433	0.667	0.209	0.158
需求条件	0.369	0.689	0.174	0.171
相关及辅助产业	0.402	0.705	0.067	0.200
经营战略、市场结构与竞争	0.419	0.568	0.255	0.109

数据来源：经作者测算得到。

　　四个二级指标在各年份的指标波动如图 7—5 所示。四个二级指标的波动规律可以分为五大类。第一类为该年四个指标都为正值；第二类为三个指标为正值，一个为负值；第三类为两个指标为正值，两个指标为负值；第四类为该年四个指标都为负值。

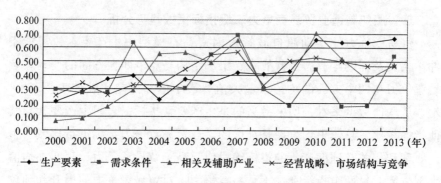

图 7—5　船舶制造业贸易竞争力二级指标数据趋势图

数据来源：根据本书表 7—6 结果得到。

　　第一类四个指标都为正值的年份有四个，分别是 2003 年、2007年、2010 年和 2013 年，如图 7—6 所示，四个指标的同期增长必然导致贸易竞争力指标上升。2003 年生产要素指标增加值为 0.024，需求条件增加值为 0.357，相关及辅助产业增加值为 0.121，经营战略、市场结构与竞争增加值为 0.071。四个要素中需求条件增加值最大，因为 2003年船舶制造业的发展增长速度创历史新高，其中新接订单同比增长182%。2007 年四个要素增加值分别为 0.072、0.141、0.162 和 0.018，其中相关及辅助产业指数增加值最大。上游产业钢铁产业年增长率分别为 20.6% 和 10.7%。下游产业航运业增长率为 13.1%，航运业规模以上港口吞吐量增长率为 15.1%。辅助产业船舶配套业增长率为 62%，船舶修理及拆解业增长率为 88.3%，均创历史新高。2010 年四个要素增加值分别为 0.226、0.262、0.327 和 0.024，其中相关及辅助产业增加值最大。上游产业钢铁产业年增长率分别为 15.7% 和 8.1%。下游产业航运业增长率为 18.8%，航运业规模以上港口吞吐量增长率为16.6%。辅助产业船舶配套业增长率为 38%，船舶修理及拆解业增长

率为 21.9%。2013 年四个要素增加值为 0.027、0.359、0.107 和
0.004，其中需求条件增加值最大。需求条件中的新船订单同比增加
267%，手持订单增长率为 19.2%，散装船、集装船和油船的比例分别
为 0.71、0.08 和 0.10。

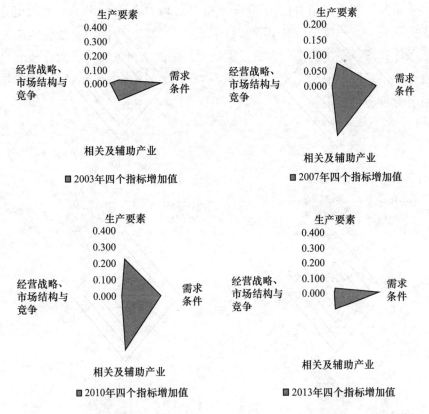

图 7—6 2003 年、2007 年、2010 年和 2013 年四个指标增加值雷达图

数据来源：根据本书表 7—6 结果得到。

第二类指标三个指标为正值，一个为负值的年份有四个，分别为
2001 年、2002 年、2005 年和 2009 年，如图 7—7 所示，这类指标能导
致贸易竞争力指标上升还是下降取决于负值的大小以及指标权重。2001
年四个指标增加值分别为 0.070、－0.026、0.017 和 0.088。2005 年四
个指标的增加值为 0.146、－0.029、0.011 和 0.116。2001 年和 2005

年需求条件指标为负值，分别为 – 0.026 和 – 0.029，但由于负值数值较小，对贸易竞争力的负面影响不大，贸易竞争力比前一年仍然是增强的。2002 年四个指标增加值分别为 0.094、0.007、0.088 和 – 0.087，其中经营战略、市场结构与竞争指标为负值，负值绝对值较小，并且经营战略、市场结构与竞争在贸易竞争力中所占权重排名第三，因此负面影响不大，贸易竞争力仍比 2001 年增强。2009 年的四个指标增加值分别为 0.018、– 0.120、0.075 和 0.175，其中需求条件为负值，由于需求条件在贸易竞争力中所占的权重最大，负值绝对值较大，因此虽然只有一个指标增加值为负值，但对贸易竞争力负面影响大，导致 2009 年贸易竞争力指数下降。

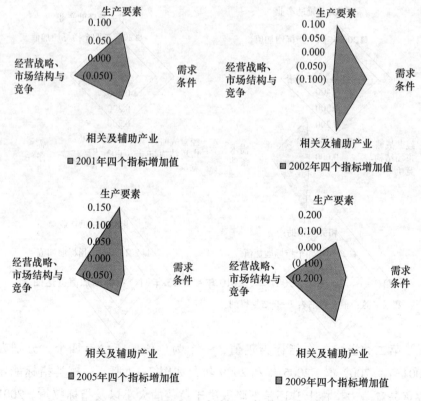

图 7—7　2001 年、2002 年、2005 年和 2009 年四个指标增加值雷达图
数据来源：根据本书表 7—6 结果得到。

　　第三类指标两个指标为正值，两个指标为负值的年份有 2004 年、2006 年和 2012 年，如图 7—8 所示。2004 年四个指标增加值为 −0.171、−0.229、0.017 和 0.088，其中生产要素和需求条件都为负值。由于生产要素和需求条件负值绝对值较大，后两个指标的增加值正值绝对值较小，因此 2004 年对贸易竞争力的影响依然为负面作用大于正面作用，贸易竞争力下降。2006 年四个指标增加值为 −0.025、0.243、−0.071 和 0.105，其中生产要素和相关及辅助产业的增加值为负值，但由于需求条件的权重和增加值正值绝对值较大，弥补了负值的负面影响，因此 2006 年的贸易竞争力依然高于 2005 年。2012 年四个指标增加值为 0.002、0.007、−0.150 和 −0.036，其中相关及辅助产业和经营战略、市场结构与竞争指标为负值，且负值绝对值较大，因此对贸易竞争力造成的负面影响大，导致 2012 年贸易竞争力较 2011 年下降。

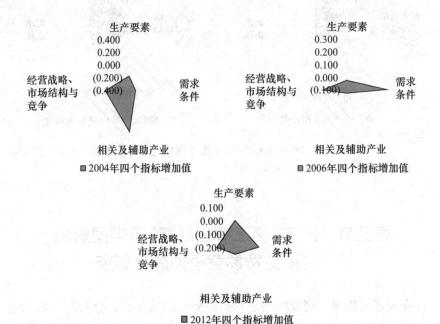

图 7—8　2004 年、2006 年和 2012 年四个指标增加值雷达图

数据来源：根据本书表 7—6 结果得到。

　　第四类指标四个指标均为负值的年份为 2008 年和 2011 年，如图 7—9 所示。2008 年四个指标增加值为 – 0.007、– 0.388、– 0.349、– 0.238。2011 年的四个指标增加值为 – 0.018、– 0.269、– 0.185 和 – 0.028。从数据绝对值上可以看出，这两年需求条件负值绝对值都最大，表明需求波动显著。相关及辅助产业的负值绝对值也较大，2008 年金融危机和"再工业化战略"的实施导致经营战略、市场结构与竞争指标的负值绝对值也超过 0.2。各项指标一直下降必然对贸易竞争力造成巨大的负面影响。2008 年的贸易竞争力由 2007 年的 0.624 下降至 0.319，下降幅度接近 50%。2011 年贸易竞争力由 2010 年的 0.567 下降至 0.398，下降幅度接近 30%。

图 7—9　2008 年和 2011 年四个指标增加值雷达图
数据来源：根据本书表 7—6 结果得到。

第三节　日本"再工业化战略"下中国船舶制造业贸易竞争力趋势研究

　　在经济分析中，研究时间序列的趋势可以采用回归分析法、状态空间模型、HP 滤波法等多种方法。基于方法的应用性与直观性，本书采用 HP 滤波法对中国船舶制造业贸易竞争力发展趋势进行研究。

一　基于 HP 滤波法设定中国船舶制造业贸易竞争力趋势模型

(一) HP 滤波法原理简介

HP 滤波法是由美国两位学者在 1980 年首次应用于分析第二次世界大战后美国经济周期波动特点分析，并得以不断推广。HP 滤波法用于分析宏观经济中经济时间序列的长期趋势，并强调经济变量的变动趋势并非立竿见影，而是较为缓慢的过程。它不会永远保持同一状态，也不会随机发生波动。HP 滤波法指出，经济运行波动是长期增长趋势与短期波动的叠加组合，利用经济计量技术方法可将实际产出序列分为趋势和周期两部分。趋势成分主要反映潜在产出，周期成分主要反映产出缺口。HP 滤波法将数据的移动平均值对称化，并据此设计一个滤波器，即所谓的 HP 滤波器。构建时间序列 y_t，则

$$y_t = g_t + c_t, \quad t = 1, \ldots, T \tag{7—10}$$

公式 (7—10) 中 g_t 为趋势部分，c_t 为周期部分。采用 HP 滤波器从研究的时间序列 y_t 中的趋势部分 g_t 分离出来，选择一个具体时间 y_t，使得 g_t 是下列问题的解，即满足下列条件最小。

$$Min\left\{ \sum_{t=1}^{T} (y_t - g_t)^2 + \lambda \sum_{t=1}^{T} [(g_t - g_{t-1})(g_t - g_{t-2})] \right\} \tag{7—11}$$

公式 (7—11) 中，$\sum_{t=1}^{T} (y_t - g_t)^2$ 为量度波动成分，$\lambda \sum_{t=1}^{T} [(g_t - g_{t-1})(g_t - g_{t-2})]$ 为量度趋势成分的平滑程度，其中 $\lambda \in R^+$ 为平滑参数，负责调节两部分比重。$\lambda = 0$ 时，最小值变为量度波动部分最小值即可，λ 取值越大，g_t 趋势部分越平滑，当 $\lambda \to +\infty$ 时，g_t 趋势部分接近于线性函数。一般情况下，若研究采用的是年度数据，则 $\lambda = 100$，季度数据，则 $\lambda = 1600$，月度数据，则 $\lambda = 14400$。本书研究的数据采用的是年度数据，因此平滑参数取值为 100。

HP 滤波法可以被视为旨在为从研究数据系列中抽出一条可供研究的平滑曲线而采用的精确算法，可以被视为旨在从时间序列 y_t 中分离出 g_t，y_t 是 g_t 和 c_t 叠加的特殊映射，可以被视为近似高通滤波器，能较为准确地分离出周期小于 8 年的高频成分。虽然 HP 滤波法其结果与单个指标取值关联程度偏高，并且考察的趋势值与实际值之间的缺口之

和要求为零等局限性在一定程度上影响其使用范围，但其仅考虑产出等单个指标，相对其他方法更加简单易行，因此获得广泛认可并成为时间序列研究趋势发展的主要基准方法之一。

（二）模型设定

根据中国船舶制造业贸易竞争力评价指标体系测算的综合指数结果，对其贸易竞争力发展趋势进行研究。首先将 2000—2013 年测算结果用线性图标示，如图 7—10 所示。其中 MYJ 代表船舶制造业贸易竞争力，YS 代表生产要素，XQ 代表需求条件，CY 代表相关及辅助产业，JY 代表经营战略、市场结构与竞争。

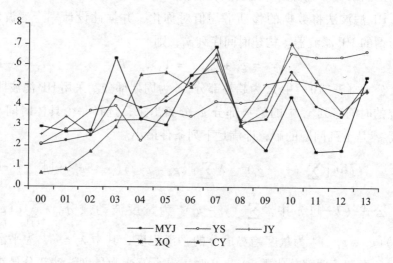

图 7—10   中国船舶制造业贸易竞争力评价指标
综合指数趋势图

数据来源：经作者测算得到。

由图 7—10 可以看出，综合指数和生产要素等四个子指数的波动幅度较大，未见明显平稳状态，表征趋势不明显。因此为了进一步直观看清楚综合指数和四个子指数的趋势，可采用 HP 滤波法分离出波动成分和趋势成分。

首先构建综合指数和子指数时间序列，则

$$
\begin{cases}
y_t{}^{MYJ} = g_t{}^{MYJ} + c_t{}^{MYJ} \\
y_t{}^{YS} = g_t{}^{YS} + c_t{}^{YS} \\
y_t{}^{XQ} = g_t{}^{XQ} + c_t{}^{XQ} \quad , t = 1, \ldots , T \\
y_t{}^{CY} = g_t{}^{CY} + c_t{}^{CY} \\
y_t{}^{JY} = g_t{}^{JY} + c_t{}^{JY}
\end{cases}
\tag{7—12}
$$

公式（7—12）中 $y_t{}^{MYJ}$ 为贸易竞争力时间序列，$y_t{}^{YS}$ 为生产要素时间序列，$y_t{}^{XQ}$ 为需求条件时间序列 $y_t{}^{CY}$ 为相关及辅助产业时间序列，$y_t{}^{JY}$ 为经营战略、市场结构与竞争时间序列。相对应的，$g_t{}^{MYJ}$、$g_t{}^{YS}$、$g_t{}^{XQ}$、$g_t{}^{CY}$、$g_t{}^{JY}$ 分别表示综合指数和各子指数的趋势部分，$c_t{}^{MYJ}$、$c_t{}^{YS}$、$c_t{}^{XQ}$、$c_t{}^{CY}$、$c_t{}^{JY}$ 为综合指数和各子指数的周期部分。

二　模型测算结果与分析

设定在时间 y_t^{MYJ}，y_t^{YS}，y_t^{XQ}，y_t^{CY}，y_t^{JY} 时，将趋势部分分离出来并满足 g_t^{MYJ}，g_t^{YS}，g_t^{XQ}，g_t^{CY}，g_t^{JY} 分别是目标函数 $S(t)^{MYJ}$，$S(t)^{YS}$，$S(t)^{XQ}$，$S(t)^{CY}$ 和 $S(t)^{JY}$ 的解，即满足最小条件的解。

$$
\begin{cases}
S(t)^{MYJ} = Min\left\{ \sum_{t=1}^{T} (y_t^{MYJ} - g_t^{MYJ})^2 + \lambda \sum_{t=1}^{T} \left[(g_t^{MYJ} - g_{t-1}^{MYJ})(g_t^{MYJ} - g_{t-2}^{MYJ}) \right] \right\} \\
S(t)^{YS} = Min\left\{ \sum_{t=1}^{T} (y_t^{YS} - g_t^{YS})^2 + \lambda \sum_{t=1}^{T} \left[(g_t^{YS} - g_{t-1}^{YS})(g_t^{YS} - g_{t-2}^{YS}) \right] \right\} \\
S(t)^{XQ} = Min\left\{ \sum_{t=1}^{T} (y_t^{XQ} - g_t^{XQ})^2 + \lambda \sum_{t=1}^{T} \left[(g_t^{XQ} - g_{t-1}^{XQ})(g_t^{XQ} - g_{t-2}^{XQ}) \right] \right\} \\
S(t)^{CY} = Min\left\{ \sum_{t=1}^{T} (y_t^{CY} - g_t^{CY})^2 + \lambda \sum_{t=1}^{T} \left[(g_t^{CY} - g_{t-1}^{CY})(g_t^{CY} - g_{t-2}^{CY}) \right] \right\} \\
S(t)^{JY} = Min\left\{ \sum_{t=1}^{T} (y_t^{JY} - g_t^{JY})^2 + \lambda \sum_{t=1}^{T} \left[(g_t^{JY} - g_{t-1}^{JY})(g_t^{JY} - g_{t-2}^{JY}) \right] \right\}
\end{cases}
$$

$$
\tag{7—13}
$$

通过测算，得到综合指数和各子指数的趋势成分数据如表7—8所示，表中可以看到各指标趋势成分变化各异。从绝对数值上看生产要素的趋势成分值较大，需求的趋势成分值较小。综合指数整体趋势值绝对值不断增加，基本呈现上升趋势。生产要素，相关及辅助产业，经营战略、市场结构与竞争趋势值绝对值都不断增加，需求条件的趋势值绝对值上升后又出现下降态势。

表7—8　　　　中国船舶制造业贸易竞争力综合指数和生产要素等
四个子指数趋势成分数据表

年份	HPTRENDOMYJ	HPTRENDOYS	HPTRENDOXQ	HPTRENDOCY	HPTRENDOJY
2000	0.252	0.235	0.341	0.138	0.276
2001	0.285	0.262	0.355	0.197	0.303
2002	0.317	0.288	0.370	0.257	0.330
2003	0.348	0.314	0.383	0.313	0.357
2004	0.375	0.340	0.391	0.365	0.383
2005	0.399	0.368	0.396	0.408	0.408
2006	0.418	0.399	0.397	0.442	0.431
2007	0.431	0.433	0.392	0.467	0.449
2008	0.440	0.469	0.383	0.485	0.464
2009	0.447	0.508	0.371	0.498	0.477
2010	0.452	0.550	0.360	0.507	0.487
2011	0.456	0.591	0.350	0.512	0.495
2012	0.461	0.633	0.343	0.515	0.503
2013	0.465	0.674	0.337	0.518	0.510

数据来源：经作者测算得到。

将所有趋势值结果绘制至图7—11中，可以更加直观地表现出测算出来的各指数趋势。由趋势图可得，贸易竞争力呈增速递减的上升趋势，在四个子指数中，经营战略、市场结构与竞争 JY 这一子指数的趋势与之最为类似。相关及辅助产业 CY 子指数也呈现类似趋势，但其变化范围更大。值得注意的是，其他两个子指数，需求条件 XQ 呈现明显的倒 U 形趋势，而生产要素 YS 则与 JY、CY 的趋势相反，呈现增速递增的上升趋势。

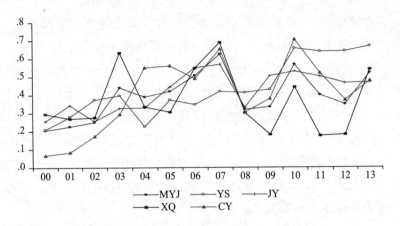

图7—11 综合指数和生产要素等子指数趋势图

数据来源：根据本书表7—8结果得到。

另一个明确的特征是贸易竞争力MYJ、经营战略、市场结构与竞争JY、相关及辅助产业CY、需求条件XQ的趋势线几乎相交于2005年。因此对该年份前后做出细致对比分析：第一，观察各项指数的发展水平，在2005年之前，高于贸易竞争力的有XQ和JY两项，低于贸易竞争力的有YS和CY两项。四个子指数中XQ占贸易竞争力MYJ的比重最大。在2005年之后，高于贸易竞争力的有CY和JY，低于贸易竞争力的为XQ，YS则在2007年大幅超过贸易竞争力，YS占贸易竞争力的比重最大。第二，观察各项指数的发展速度。2005年之前，贸易竞争力的上升源自YS、XQ、CY和JY各方面的上升。其中XQ的相对水平最高，对贸易竞争力的贡献最大，CY水平最低但增速最快。2005年后，XQ的快速下降又成为拉低贸易竞争力的最重要原因。CY和JY增速的下降无法支撑贸易竞争力的提升。在这种情况下，YS的逆势上扬保障了贸易竞争力以较低的速度提升而不至于下跌。第三，观察计算结果表可知，2005年、2006年是需求条件XQ最高点，分别为0.396和0.397。在此最高点之前，需求条件XQ为上升，由0.341上升至0.397。随后，在最高点基础上呈现下降态势，2013年下降至0.337，低于2000年数值。由上述分析可以看出，需求条件XQ和生产要素YS对贸易竞争力的影响十分显著。需求条件XQ在2005年之前对贸易竞争力发展起到较好的促进作用，2005年之后又抑制了贸易竞争力的提升。生产要素 YS 的影响也相当显著，由于基础设施改善和科技投入增加等因素，2007 年之后对贸易竞争力的提升作用显著。

在船舶制造业贸易竞争力指标体系建立时对四个子指数的权重赋值差别较大。其中需求条件所赋予的权重最高，权重值为 0.381。生产要素，相关及辅助产业，经营战略、市场结构与竞争分别被赋值 0.114、0.317 和 0.188。由于贸易竞争力的变动可能由于权重不同表现不同，为检验所赋权重的合理性，将四个指标赋予相同的权重，即每个子指标的权重都为 0.25，计算贸易竞争力指数，再采用 HP 滤波提取趋势成分，其结果如图 7—12 所示。

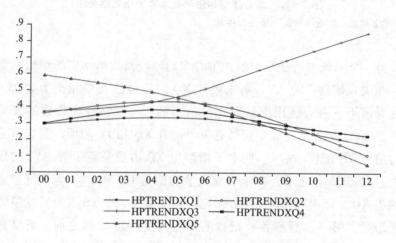

图 7—12　指标权重相同时综合指数和生产要素等子指数趋势图
数据来源：经作者测算得到。

将图 7—12 与图 7—11 相比较，可以发现，贸易竞争力曲线稍有改变，主要是 2005 年后的增速下降幅度没有之前那么大。其中一个重要原因是，增速较快的要素水平的权重从 0.114 提高到了 0.225，而其他子指数的趋势几乎没有变化。因此在指标体系中对各指标要素的权重赋值是较为可靠的。鉴于本书要研究日本再工业化背景下船舶制造业贸易竞争力的问题，前文已经表明对需求项赋予较高的权重具有合理性，而且在当前形势下，要素项的相对重要性也较低，前文所给的权重比平均权重更为符合实际。在这种情况下，可以肯定的是，需求的下降将极大程度地影响贸易竞争力的提升。如果要提升贸易竞争力,除了扭转需求水平以外,保持当前要素水平,并且大力促进产业和经营两项的提升也十分重要。

第四节 本章小结

采用层次分析法对中国船舶制造业贸易竞争力评价指标体系进行权重赋值,通过归一化和一致性检验,根据每层指标总和为 1 的原则,二级指标权重赋值中需求条件赋值 0.381,相关及辅助产业赋值 0.317,经营战略、市场结构与竞争赋值 0.188,生产要素赋值 0.114。在对数据进行标准化处理和隶属度矩阵确定时,得到各级指标综合评价结果。对一级指标贸易竞争力评价指标进行分析,按照指标变动特点将贸易竞争力表现分为三个阶段。第一阶段为 2000—2007 年,贸易竞争力整体增长趋势明显;第二阶段为 2008—2009 年,贸易竞争力出现大幅度下滑;第三阶段为 2010—2013 年,贸易竞争力呈现波动调整。对贸易竞争力二级指标结果进行分析,按照指标正负值原则将指标变动特征分为四大类:第一类指标表现全为正值,四个指标的同期增长必然导致贸易竞争力指标上升。第二类指标特征为三个指标为正值和一个为负值。第三类指标特征为两个指标为正值,两个指标为负值,这两类指标贸易竞争力指标变动取决于负值的大小以及指标权重。第四类指标四个指标均为负值,贸易竞争力必然下降。在评价结果分析的基础上采用 HP 滤波法对中国船舶制造业贸易竞争力发展趋势进行研究。采用 HP 滤波法分离出波动成分和趋势成分,结果显示,一方面贸易竞争力呈增速递减的上升趋势,在四个子指数中,经营战略、市场结构与竞争这一子指数的趋势与之最为类似。相关及辅助产业子指数也呈现类似趋势,但其变化范围更大;另一方面贸易竞争力,经营战略、市场结构与竞争,相关及辅助产业,需求条件的趋势线几乎相交于 2005 年。细致分析结果显示需求条件和生产要素对贸易竞争力的影响十分显著。需求条件在 2005 年之前对贸易竞争力发展起到较好促进作用,2005 年之后又抑制了贸易竞争力的提升。

第八章 日本"再工业化战略"对中国船舶制造业贸易竞争力影响实证研究

关于日本"再工业化战略"对中国贸易竞争力影响，本书采用单位根、协整、误差修正模型与脉冲响应进行实证分析，据此分析日本"再工业化战略"对中国船舶制造业贸易竞争力的影响。由于需求指标结果更加显著，因此对其进行回归分析，为进一步影响分析提供实证依据。

第一节 日本"再工业化战略"对中国船舶制造业贸易竞争力影响实证研究

为了研究"再工业化战略"对贸易竞争力的影响，本书共选取了六个指标进行具体分析。其中"再工业化战略"指标采用因子分析结果的综合指数，其他五个指标分别为贸易竞争力评价体系中的一级指标和二级指标，即贸易竞争力一个一级指标，生产要素，需求条件，相关及辅助产业，经营战略、市场结构与竞争四个二级指标。

在做实证分析过程中，对于指标采用缩写形式。其中 MYJ 代表船舶制造业贸易竞争力，YS 代表生产要素，XQ 代表需求条件，CY 代表相关及辅助产业，JY 代表经营战略、市场结构与竞争。数据来源于本书表4—8基于因子分析的"再工业化战略"指数和表7—6中国船舶制造业贸易竞争力评价指数表。研究时间跨度为2000—2013年，所选取的数据为计算后的年度数据。在进行影响研究过程中，针对时间序列，选取了单位根检验、Johanson 协整检验、误差修正模型和脉冲响应四种方法，通过计算和图表对所研究数据进行测算和分析。

一　单位根检验结果与分析

对时间序列所进行的平稳性检验即为单位根检验。单位根检验是协整之前的必要条件，检验时间序列的平稳性；若为平稳序列，则可以继续进行协整检验。对于非平稳序列的处理方法就是通过采用一阶差分或二阶差分将其转变为平稳序列，从而应用平稳序列的方法来进行相应研究。一般意义上讲，存在单位根的时间序列都具有较明显的记忆性，同时还具有波动的持续性特点。因此单位根检验是协整关系存在与否的检验前提，也是序列波动持续性讨论的基础。

（一）单位根方法简介

单位根检验是建立 ARMA 模型、ARIMA 模型、变量间的协整分析、因果关系检验等的基础。目前在单位根检验过程中使用最广泛的是迪基（Dickey）和福勒（Fuller）在 1979 年 DF 检验的基础上于 1981 年提出的扩展模型，即 ADF[①] 检验。自尼尔森（Nelson）和普罗塞（Plosser）利用 ADF 检验研究了美国名义 GNP 等 14 个历史经济和金融时间序列的平稳性以后，单位根检验业已成为分析经济和金融时间序列变化规律和预测的重要组成部分。因此，单位根检验作为一种特殊的假设检验，其可靠性的研究以及如何寻求可靠性较高的检验方法或统计量多年来一直是时间序列分析中的重要课题。在为校准变量自相关问题在方程中加入滞后项，检验方程为以下三个方程其中之一。

$$\Delta Y_t = \delta Y_{t-1} + \xi_1 \Delta Y_{t-1} + \cdots + \xi_{r-1} \Delta Y_{t-r+1} + \varepsilon_t$$

$$\Delta Y_t = \alpha + \delta Y_{t-1} + \xi_1 \Delta Y_{t-1} + \cdots + \xi_{r-1} \Delta Y_{t-r+1} + \varepsilon_t$$

$$\Delta Y_t = \alpha + \beta t + \delta Y_{t-1} + \xi_1 \Delta Y_{t-1} + \cdots + \xi_{r-1} \Delta Y_{t-r+1} + \varepsilon_t$$

$$H_0 : \delta = 0 \, , \, H_1 : \delta \neq 0$$

ADF 统计量计算公式为：$ADF_t = \dfrac{\hat{\delta}}{Se(\hat{\delta})}$，$Se(\hat{\delta})$ 为对应的标准差。由于

$$ADF \Rightarrow \frac{\{[W(1)]^2 - 1\} - W(1)\int_0^1 W(r)dr}{2\left[\int_0^1 [W(r)]^2 dr - \left(\int_0^1 W(r)dr\right)^2\right]^{\frac{1}{2}}}$$

---

① ADF test = Augmented Dickey – Fuller test，扩展的 DF 检验方法。

是 DF 函数的推广，因此其在实际应用中适用范围更广。

采用 ADF 检验时，理论上通常采用 AIC 准则来确定合理的回归滞后阶数，但在实际应用中，还应考虑系统稳定性和模型的拟合优度等因素影响。在 ADF 检验过程中，常数和趋势项的选择，是根据对原始时间序列特征的初步判定决定的。选用常数项，则意味所检验的原始时间序列均值不为零；同时选用常数项和趋势项，则意味所检验的时间序列具有线性趋势。在是否添加趋势项的确定过程中，可以通过对原始时间序列作图来表现，若原始序列图形波动趋势特点为非线性，则可以添加趋势项，否则，不能添加趋势项。

（二）单位根检验结果与分析

对所选取的六个指标进行单位根检验，采用 ADF 单位根检验方法，其结果如表 8—1 所示。由表 8—1 可以看出，六个指标原始值均不平稳，一阶差分后均显示平稳状态，即为一阶单整。具有相同的单整阶数是进行协整的前提，由于所有变量均为一阶单整，因此满足继续协整研究的条件。

表 8—1 　　　　　　　　　　　各指标单位根检验

指标	T 统计量	1% 临界值	5% 临界值	10% 临界值	P 值	结论
MYJ	0.541204	−2.81674	−1.982344	−1.601144	0.8147	不平稳
YS	−1.100369	−4.121990	−3.144920	−2.713751	0.6782	不平稳
XQ	−2.678653	−4.121990	−3.144920	−2.713751	0.1057	不平稳
CY	−2.206413	−4.121990	−3.144920	−2.713751	0.2135	不平稳
JY	−2.134163	−4.121990	−3.144920	−2.713751	0.2361	不平稳
INDUS	−2.239191	−4.121990	−3.144920	−2.713751	0.2038	不平稳
D（MYJ）	−4.27977	−2.81674	−1.982344	−1.601144	0.0006	平稳 ***
D（YS）	−4.488717	−4.200056	−3.175352	−2.728985	0.0064	平稳 ***
D（XQ）	−4.547630	−4.297073	−3.212696	−2.747676	0.0070	平稳 ***
D（CY）	−3.218156	−4.297073	−3.212696	−2.747676	0.0496	平稳 **
D（JY）	−4.314690	−4.200056	−3.175352	−2.728985	0.0084	平稳 ***
D（INDUS）	−5.408724	−4.200056	−3.175352	−2.728985	0.0017	平稳 ***

数据来源：作者采用计量软件计算得到。

二　协整检验结果与分析

在宏观经济计量分析中，格兰杰（Granger，1987）所提出的协整方法已成为分析非平稳经济变量之间数量关系的最主要工具之一，且通过线性误差修正模型（ECM）刻画了经济变量之间的线性调整机制，这就是所谓的线性协整方法。随着经济理论的发展，尤其是在交易成本和政策反应的经济分析中，传统的线性协整分析已不再是合适的分析方法。鉴于此原因，巴尔克和福姆比（Balke & Fomby，1997）提出了所谓的阈值协整（Threshold Cointegration）方法，它重点刻画了经济变量之间的非线性调整机制。Johanson 协整检验即 Johanson cointegration test。1988 年由约翰森（Johansen，1988）首次提出，随后在 1990 年与尤塞（Juselius）再次重申的检验回归系数的方法。以 VAR 模型为基础，进行多变量协整检验的方法，简称为 JJ 检验。JJ 检验是基于对回归系数的检验，防止非平稳时间序列出现伪回归。协整检验的意义就是检验伪回归关系，因此，非平稳序列的因果关系检验就是协整检验。其基本思想是基于 VAR 模型，将极大似然问题简化为求特征根和特征向量问题。

（一）协整检验方法简介

经济时间序列往往存在单位根，也就是其并非平稳的，但是一个序列不平稳，不代表很多序列组成的回归方程不平稳，在建立模型的时候，我们就可以考虑，比如说三个变量都是不平稳的，但都是一阶平稳的，那么三个变量组成的回归方程是不是稳定的呢，就需要用协整检验来确定，如果是稳定的，那么这个回归方程变现的那三个变量的长期关系就显现了，具有经济意义，那么协整检验的第一目的就是为了处理非平稳的序列的回归问题。如果三个变量进行协整检验，但结果是不稳定的，那么这三个变量的回归方程或者在 F 值上很显著，且 R 平方值很大，拟合不错，但这三个变量可能有自身的同样的趋势，那么这样的回归往往是伪回归，那么协整检验的最终目的也就是避免伪回归。

对于任意一个 VAR 模型，$Y_t = \alpha_1 Y_{t-1} + \alpha_2 Y_{t-2} + \cdots + \alpha_n Y_{t-n} + \varepsilon_t$，

$$\Delta Y_t = \prod Y_{t-1} + \sum_{i-1}^{n-1} \Gamma_i \Delta Y_{t-i} + \varepsilon_t$$

其中 ε_t 是 m 维扰动向量，$\alpha_j, j = 1 \cdots n$ 为 $m * m$ 维矩阵，$\prod = \sum_{i=1}^{n} \alpha_i - I$，$\Gamma_i = -\sum_{j=i+1}^{n} \alpha_j$，$\prod$ 为影响矩阵。

由于 $I(1)$ 过程经过差分变换将变成 $I(0)$ 过程，即上式中的 ΔY_{t-j}（$j = 1, 2, \cdots, n$）都是 $I(0)$ 变量构成的向量。

若 $\prod Y_{t-1}$ 是 $I(0)$ 的向量，则 $Y_{1,t-1}, Y_{2,t-1}, \cdots, Y_{m,t-1}$ 之间为协整关系。$Y_{1,t-1}, Y_{2,t-1}, \cdots, Y_{m,t-1}$ 协整关系的确定主要依赖矩阵 $\prod$，设定 $\prod$ 的秩为 r，特征值为 λ。

用 r 和 λ 来确定变量之间的协整关系，将 λ 按照从大到小的顺序排列。若变量之间无协整关系，则 $\prod$ 的秩 $r = 0$，$\lambda_q = 0, q = 1, 2, \cdots g$。若变量有 $p(p < g)$ 个协整关系，则 $\prod$ 的秩 $r = p$，其中特征值 $\lambda_q \neq 0$，$q = 1, 2, \cdots p$，$\lambda_q = 0, q = p, p+1, \cdots g$。协整检验的检验形式有两种，迹检验和最大特征根检验。

在迹检验中，$-T \sum_{i=h+1}^{n} \ln(1 - \hat{\lambda}_i)$。$H_0 = \lambda_{h+1} = \cdots = \lambda_N = 0$，其中最多有 h 个独立的协整向量，对立假设最多是 N 个独立协整向量。其检验过程为：

$H_0: h = 0$ 如果接受零假设——停止，不存在协整关系，否则

$H_0: h = 1$

…

$H_0: h = N - 1$ 依次进行，直到不能拒绝零假设为止。

在最大特征根检验中，$-T\ln(1 - \hat{\lambda}_i)$。$H_0: h$ 个独立协整向量，$H_1: h + 1$ 个独立协整向量。即零假设至多 h 个独立协整向量，对立假设最多 h + 1 个独立协整向量。在实际应用中，一般两种检验的结果是一致的，但也会出现不同结果。相比较而言，最大特征根检验的功效比较低，一般使用迹检验更具有可靠性。

（二）协整检验结果与分析

利用 Eviews7.0 软件，进行 Johanson 协整检验得到的结果如表 8—2 所示。

表 8—2　　　　　　　　　　　Johanson 协整关系检验

模型	原假设	特征值	迹统计量	5%临界值	P 值
1 （MYJ）	没有	0.674	15.160	15.495	0.056
	最多一个	0.227	2.827	3.841	0.093
2 （YS）	没有	0.566	9.544	15.495	0.318
	最多一个	0.032	0.360	3.841	0.548
3 （XQ）	没有	0.790	23.615	15.495	0.002
	最多一个	0.444	6.452	3.841	0.011
4 （CY）	没有	0.603	11.821	15.495	0.166
	最多一个	0.141	1.667	3.841	0.197
5 （JY）	没有	0.630	12.925	15.495	0.118
	最多一个	0.166	2.002	3.841	0.157

数据来源：作者采用计量软件计算得到。

由表 8—2 可以看出，在 5%的置信度下，"再工业化战略"与贸易竞争力存在协整关系；与生产要素不存在协整关系；与需求存在协整关系；与相关及辅助产业不存在协整关系；与经营战略、市场结构与竞争不存在协整关系。因此，我们对模型 1 和模型 3 建立协整方程和误差修正模型。

三　误差修正模型 （ECM） 结果与分析

误差修正模型为 Error Correction Model，常记为 ECM，1978 年由戴维逊 （Davidson） 等四人提出，是具有特定形式的一种计量经济学模型。

（一） 误差修正模型简介

误差修正模型针对具有协整关系的一阶单整时间序列，以差分方程的形式反映长期均衡对短期波动影响的"误差修正机制"。对于两个变量的自回归分布滞后模型 $\Phi(1,1)$：

$$Y_t = \beta_0 + \beta_1 X_1 + \beta_2 Y_{t-1} + \beta_3 X_{t-1} + \varepsilon_t$$

误差修正模型为：$\Delta Y_t = \beta_0 + \beta_1 \Delta X_1 + \alpha ecm_{t-1} + \varepsilon_t$

其中 $ecm_t = Y_t - \dfrac{\beta_1 + \beta_3}{1 - \beta_2} X_t$，$\alpha = \beta_2 - 1$

ecm_{t-1} 为误差修正项，α 为修正系数。由于 $\beta_2 < 1, \alpha < 0$ ，则模型对前期误差具有自动修正作用。

对于多个变量，如三个 $I(2)$ 变量，若其长期均衡关系为

$$y_t = \alpha_0 + \alpha_1 x_{1t} + \alpha_2 x_{2t}$$

则误差修正模型为：$\Delta^2 y_t = \beta_1 \Delta^2 X_{1t} + r_1 \Delta^2 X_{2t} + \lambda ecm_{t-1} + \varphi ecm_{t-2} + v_t$

其中 $ecm_{t-1} = y_{t-1} - \alpha_0 - \alpha_1 x_{1t-1} - \alpha_2 x_{2t-1}$ 和 ecm_{t-2} 分别为滞后一阶和滞后二阶的均衡误差，滞后一阶中

$$\lambda = \delta_1 - 2, \alpha_0 = -\frac{\beta_0}{\lambda + \varphi}, \alpha_1 = -\frac{2\beta_1 + \beta_2}{\lambda}, \alpha_2 = -\frac{2r_1 + r_2}{\lambda}, \varphi = \delta_2 + 1, \beta_3 = \beta_1 - \varphi\alpha_1, r_3 = r_1 - \varphi\alpha_2 。$$

误差修正模型，一方面，反映变量的长期趋势表现和短期效应，另一方面，误差修正模型在对原始时间序列经过差分后，还可以避免多重共线性问题。因此它是分析存在协整关系变量的有效模型。

（二）误差修正模型结果与分析

"再工业化战略"综合指数与贸易竞争力之间的协整方程（CE）误差修正模型（ECM）为：

CE（1）：MYJ（-1）$= -0.321754 - 0.142118\ INDUS$（$-1$）

$[-1.05461]$

ECM（1）：D（MYJ）$= -0.014125 + 0.173144 D$（MYJ（-1））

$[-0.30804]$ $[0.51504]$

$-0.277460\ D$（$INDUS$（-1））$-0.557816 ecm$（-1）

$[-1.13734]$ $[-1.36456]$

修正可决系数为 0.723326，$F = 6.100168$，其中方括号中为方程系数 t 的统计量。

"再工业化战略"综合指数与需求条件之间的协整方程和误差修正模型为：

CE（3）：XQ（-1）$= -24.76414 - 0.245965\ INDUS$（$-1$）

$[5.26772]$

ECM（3）：D（XQ）$= -0.035127 - 0.319388 D$（XQ（-1））$-$

$[-0.46398]$ $[-1.01957]$

$0.047018\ D$（$INDUS$（-1））$-0.135279 ecm$（-1）

$[-1.09052]$　　　　　　$[-0.89909]$

修正可决系数为 0.709365，$F = 13.41106$。

从上面模型中可以看出，两个模型的拟合优度都较好，调整系数显著为负数，表明若短期偏离长期均衡状态，则在下一时期可以进行偏离反向修复，减少偏离幅度大小，趋向长期均衡。从长期均衡项分析发现，"再工业化战略"综合指数每增长 1%，则贸易竞争力指数会下降 0.14%，需求会减少 0.25%。"再工业化战略"的实施会对贸易竞争力提升起到负面抑制作用，对需求条件也起到负面作用。

四　脉冲响应结果与分析

对于由内生变量的随机扰动项的标准差变化所产生的冲击，被称之为"脉冲"。用于衡量其脉冲对 VAR 模型中变量现值和预测值影响的函数被称为脉冲响应函数，即 Impulse Response Function。

（一）脉冲响应简介

在实际生活中，VAR 模型是非理性的，分析过程以研究误差项变动或冲击发生对系统化影响为主，是动态影响的一种反映。

对于包含两个内生变量 VAR（2）：

$$Y_{1t} = \beta_{11} Y_{1t-1} + \beta_{12} Y_{2t-1} + \varepsilon_{1t}$$
$$Y_{2t} = \beta_{21} Y_{1t-1} + \beta_{22} Y_{2t-1} + \varepsilon_{2t}$$

其中 ε_{it} 为随机扰动项，又称之为新息（Innovation），它产生标准差冲击。当 ε_{it} 发生一个标准差冲击，变量 Y_{1t} 的现值会即刻发生变动，同时模型中 Y_{2t} 也会因为 Y_{1t} 的变动而变动，而且由于时间滞后的影响，Y_{2t} 的变动又会导致 Y_{1t} 未来值的变动，因此随机扰动项变动对现值和未来值都发生变化。

脉冲响应函数描述了系统内变量间相互冲击和相应的轨迹，显示了扰动项通过模型影响其他内生变量的过程。需要注意的是，ε_{1t} 和 ε_{2t} 之间的相关关系不确定。若两者不相关，则某个变量对模型中其他变量的扰动是可以确定的；若两者相关，则两者必包含共同成分，而这部分共同成分不易识别，通常将其归属于 VAR 模型中第一个方程的扰动项，即 ε_{1t} 和 ε_{2t} 的共同成分为 ε_{1t}。

（二）脉冲响应结果与分析

将数据进行分析，做出贸易竞争力一级指标以及生产要素等四个二级指标对"再工业化战略"综合指标扰动项的响应。在脉冲响应图中，横轴代表响应时期数，纵轴表示响应函数大小，虚线表示正负两倍的标准差偏离带（±2$S.E$）。贸易竞争力指数对"再工业化战略"综合指数扰动的响应如图8—1所示。

由图8—1可以看出，若"再工业化战略"综合指数发生一标准单位的正冲击，贸易竞争力指数在第一期的响应值就为正向，数值为0.065。第二期的响应值转为负数，数值为0.03，负向影响一直持续到第六期，到第七期基本趋于平稳。脉冲响应图表明，"再工业化战略"综合指数的变动对贸易竞争力具有短期反应和延续的特点。日本"再工业化战略"的实施，对中国船舶制造业贸易竞争力的影响较为显著。

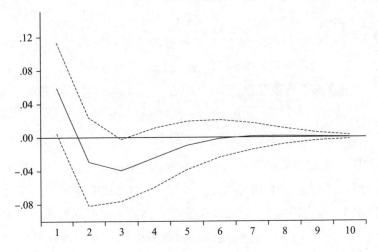

图8—1 贸易竞争力指数对"再工业化战略"综合指数扰动的响应

数据来源：作者采用计量软件计算得到。

图8—2为生产要素指数对"再工业化战略"综合指数扰动的响应。由图中可以看出，若"再工业化战略"综合指数发生一标准单位的正冲击，生产要素指数在第一期的响应值为正向，数值为0.02。第二期上升至最高点，为0.03，随后至第四期一直呈现较为平稳态势。从第

五期开始有所下降，但下降趋势缓慢，到第十期数值为 0.01，随后逐渐趋于 0。脉冲响应图表明，"再工业化战略"综合指数的变动对生产要素指数的变动起到正向作用，但作用不显著。

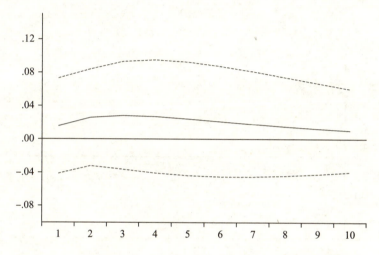

图 8—2　生产要素指数对"再工业化战略"综合指数扰动的响应

数据来源：作者采用计量软件计算得到。

图 8—3 为需求条件指数对"再工业化战略"综合指数扰动的响应。由图中可以看出，若"再工业化战略"综合指数发生一标准单位的正冲击，需求条件指数在第一期的响应值为正向，数值为 0.05。第二期转为负向影响，数值为 0.05，前两期波动幅度较大。从第三期开始下降趋势逐渐缓解，随时间推动向中心轴移动，在第七期逐渐趋于 0。脉冲响应图表明，"再工业化战略"综合指数的变动对需求条件具有短期反应和延续的特点。日本"再工业化战略"的实施，对中国船舶制造业需求条件的影响较为显著。

图 8—4 为相关及辅助产业指数对"再工业化战略"综合指数扰动的响应。由图中可以看出，若"再工业化战略"综合指数发生一标准单位的正冲击，相关及辅助产业指数在第一期的响应值为正向，数值为 0.035。第二期转为负向影响，数值为 0.04，前两期波动幅度较大。从第三期开始负向反应数值达到最大，为 0.05，随后负向反应值逐渐减

小。到第七期负向反应转为正向反应，但数值不大，随后呈现平稳状态，逐渐趋于0。脉冲响应图表明，"再工业化战略"综合指数的变动对相关及辅助产业具有短期反应和延续的特点。日本"再工业化战略"的实施，对中国船舶制造业相关及辅助产业发展具有一定影响。

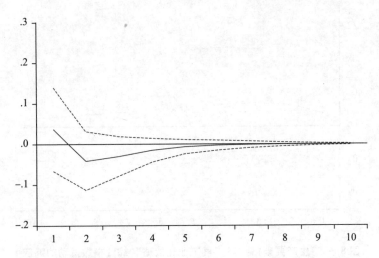

图 8—3　需求条件指数对"再工业化战略"综合指数扰动的响应

数据来源：作者采用计量软件计算得到。

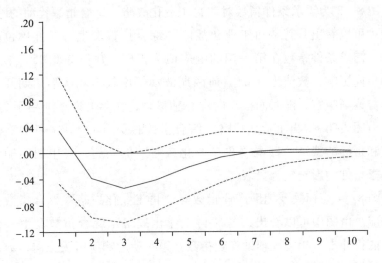

图 8—4　相关及辅助产业指数对"再工业化战略"综合指数扰动的响应

数据来源：作者采用计量软件计算得到。

图 8—5 为经营战略、市场结构与竞争指数对"再工业化战略"综合指数扰动的响应。由图中可以看出，若"再工业化战略"综合指数发生一标准单位的正冲击，经营战略、市场结构与竞争指数在第一期的响应值就为正向，数值为 0.03。第二期为零，第三期负向反应数值达到最大，为 0.015。随后负向反应值逐渐减小，随时间推动向中心轴移动，在第八期逐渐趋于 0。脉冲响应图表明，"再工业化战略"综合指数的变动对经营战略、市场结构与竞争具有短期反应和延续的特点。日本"再工业化战略"的实施，对中国船舶制造业相关及辅助产业发展具有一定影响。

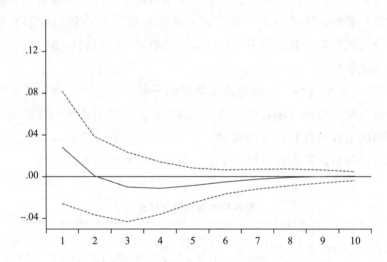

图 8—5 经营战略、市场结构与竞争指数对"再工业化战略"综合指数扰动的响应

数据来源：作者采用计量软件计算得到。

第二节 日本"再工业化战略"综合指数对需求条件指标影响实证研究

需求条件是中国船舶制造业贸易竞争力衡量中最重要的指标。在贸易竞争力指标评价体系中，占据比重为 0.381，是相关及辅助产业权重

的 1.2 倍，是经营战略、市场结构与竞争的 2.03 倍，是生产要素的
2.65 倍，其重要性尤为突出。基于 HP 滤波结果也进一步验证需求条件
是提升中国贸易竞争力最需要关注的指标。日本"再工业化战略"的
提出和实施必将对需求条件产生影响，进而影响贸易竞争力。因此研究
日本再工业化综合指数指标对需求各指标的影响具有很强的必要性。

一　单位根与协整检验结果与分析

在之前研究的再工业化衡量过程中，已经采用 HP 滤波法扩散指数
的计算，随后进行趋势分析。鉴于扩散指数只能对趋势做出一定衡量，
可以表征趋势的增减方向，但不能显示增减幅度，因此无法看出具体年
份的实际趋势。为进一步研究"再工业化战略"对中国船舶制造业贸
易竞争力的影响，现采用单位根检验、协整检验、回归等方法进一步做
影响实证研究。

"再工业化战略"指标对需求条件的影响，一方面衡量对需求规模
和需求结构产生的直接影响，另一方面对贸易竞争力产生间接影响。研
究选用的指标名称和指标简称如表 8—3 所示，采用 Eviews 7.0 软件对
指标进行分析，得到各自相关系数，具体数据整理至表 8—4 中。

表 8—3　　　　　　　　　　　指标名称和指标简称信息表

指标名称	"再工业化战略"综合指标	新船订单增长率	手持订单量增长率	散货船承接订单比例	集装箱船承接订单比例	油船承接订单比例
指标简称	INDUS	XQ_1	XQ_2	XQ_3	XQ_4	XQ_5

资料来源：作者根据指标英文名称和在指标体系中的地位命名。

表 8—4　　　　　　　　　　　各指标相关系数表

	INDUS	XQ_1	XQ_2	XQ_3	XQ_4	XQ_5
INDUS	1.000	(0.208)	(0.216)	0.539	(0.717)	(0.187)

注：表中带括号的表示系数为负数。

数据来源：作者采用计量软件计算得到。

由表8—4所示，相关系数表中XQ_3和XQ_4的相关系数最高，表明"再工业化战略"对XQ_3和XQ_4的影响较大。

将各个指标进行单位根检验，结果如表8—5所示。由表8—5可以看出，所有的指标都是原始值均不平稳，一阶差分后均显示平稳状态，即为一阶单整。具有相同的单整阶数是进行协整的前提，由于所有变量均为一阶单整，因此满足继续协整研究的条件。协整结果整理到表8—6中。

表8—5　　　　　　　　　　各指标单位根检验

指标	T统计量	1%临界值	5%临界值	10%临界值	P值	结论
INDUS	−2.239191	−4.121990	−3.144920	−2.713751	0.2038	不平稳
XQ_1	−0.347648	−2.816740	−1.982344	−1.601144	0.5336	不平稳
XQ_2	−2.065811	−4.121990	−3.144920	−2.713751	0.2591	平稳
XQ_3	−1.867516	−4.121990	−3.144920	−2.713751	0.3343	不平稳
XQ_4	−1.763963	−4.121990	−3.144920	−2.713751	0.3781	不平稳
XQ_5	−2.448411	−4.121990	−3.144920	−2.713751	0.1502	不平稳
D（INDUS）	−5.408724	−4.200056	−3.175352	−2.728985	0.0017	平稳
D（XQ_1）	−5.698468	−2.847250	−1.988198	−1.600140	0.0001	平稳
D（XQ_2）	−3.558410	−4.297073	−3.212696	−2.747676	0.0298	平稳
D（XQ_3）	−4.416171	−4.200056	−3.175352	−2.728985	0.0072	平稳
D（XQ_4）	−2.747888	−4.200056	−3.175352	−2.728985	0.0971	平稳
D（XQ_5）	−4.473504	−4.297073	−3.212696	−2.747676	0.0078	平稳

数据来源：作者采用计量软件计算得到。

表8—6　　　　　　　　　　Johanson协整关系检验

模型	原假设	特征值	迹统计量	5%临界值	P值
1（XQ_1）	没有	0.879684	39.00990	15.49471	0.0000
	最多一个	0.760385	15.71595	3.841466	0.0001
2（XQ_2）	没有	0.714004	17.29272	15.49471	0.0265
	最多一个	0.274059	3.523152	3.841466	0.0605
3（XQ_3）	没有	0.880491	27.73482	15.49471	0.0005
	最多一个	0.327658	4.366869	3.841466	0.0366

续表

模型	原假设	特征值	迹统计量	5%临界值	P值
4（XQ₄）	没有	0.886647	35.90591	15.49471	0.0000
	最多一个	0.662749	11.95622	3.841466	0.0005
5（XQ₅）	没有	0.748908	17.24901	15.49471	0.0269
	最多一个	0.169855	2.047698	3.841466	0.1524

数据来源：作者采用计量软件计算得到。

　　由表8—6可以看出，在5%的置信度下，"再工业化战略"与新船订单增长率 XQ_1 存在协整关系；与手持订单量增长率 XQ_2 存在协整关系；与散货船承接订单比例 XQ_3 存在协整关系；与集装箱船承接订单比例 XQ_4 存在协整关系；与油船承接订单比例 XQ_5 存在协整关系。

二　回归结果分析

　　经过分析得到各指标结果显示，指标特征为原值不平稳，一阶平稳，同时协整关系存在，则不存在伪回归现象，可以进行OLS分析。各个指标与"再工业化战略"综合指数的线性回归方程为：

$$XQ_1 = 2.612440 - 0.023366INSDUS$$
$$(-0.705725) \quad (0.792717) \quad R^2 = 0.043316$$

$$XQ_2 = 2.895864 - 0.025693INSDUS$$
$$(0.832501) \quad (-0.735199) \quad R^2 = 0.046837$$

$$XQ_3 = -6.191813 + 0.0678INSDUS$$
$$(-1.946976) \quad (2.122080) \quad R^2 = 0.290470$$

$$XQ_4 = 7.821020 - 0.075382INSDUS$$
$$(3.556612) \quad (-3.412149) \quad R^2 = 0.514194$$

$$XQ_5 = 0.436106 - 0.020745INSDUS$$
$$(0.746311) \quad (-0.632584) \quad R^2 = 0.035102$$

　　对回归方程进行分析，可以看出，当"再工业化战略"综合指数每变动1单位，则新船订单增长率 XQ_1 减少0.0234单位，手持订单量增长率 XQ_2 减少0.0257单位，散货船承接订单比例 XQ_3 增加0.0678单位，集装箱船承接订单比例 XQ_4 减少0.0754单位，油船承接订单比例

XQ_5减少 0.0207 单位。总结研究结果发现，从数值表征上，五个需求二级指标系数，其中有四个是负数，表现出明显的负相关关系，表明"再工业化战略"综合指数的增加会带来指数负面影响。散货船承接订单比例 XQ_3 数值虽为正值，但散货船承接订单比例与集装箱船和油船承接订单比例是相反指标，即散货船代表低价值船型，集装箱船和油船代表高价值船型，而且指标之间此消彼长，由此 XQ_3 与 XQ_4 和 XQ_5 符号应该相反。因此，日本再工业化程度越高，散货船比例越低，这属于正向影响，计算结果中的 XQ_3 增加也表示"再工业化战略"实施的负面影响。由上述分析可以看出，"再工业化战略"综合指数的增加对五个指标均产生负面影响。

将回归结果归纳到统一表中，如表 8—7 所示。由表中统计结果可以看出，"再工业化战略"综合指数对五个需求指数的影响虽都为负向，但主要影响的是需求结构方面。从表 8—7 中可以看出 OLS 回归结果对 XQ_1 和 XQ_2 的影响为不显著，对 XQ_3 与 XQ_4 和 XQ_5 影响显著。

表 8—7　　　　　　　　　　回归结果统计表

变量	系数	t 值	可决系数	P 值	结论
XQ_1	− 0.023366	0.792717	0.043316	0.4950	不显著
XQ_2	− 0.025693	− 0.735199	0.046837	0.4776	不显著
XQ_3	0.067800	2.122080	0.290470.	0.0574	显著
XQ_4	− 0.075382	− 3.412149	0.514194	0.0058	显著
XQ_5	− 0.020745	− 0.632584	0.035102	0.0993	显著

数据来源：作者采用计量软件计算得到。

第三节　本章小结

本书在日本"再工业化战略"对中国船舶制造业贸易竞争力实证研究过程中，研究"再工业化战略"对贸易竞争力一级指标，生产要素，需求条件，相关及辅助产业，经营战略、市场结构与竞争二级指标的影响。单位根检验结果显示六个指标均为一阶单整。协整检验结果显示

"再工业化战略"与贸易竞争力和需求条件分别存在协整关系，与其他指标均没有协整关系。误差修正模型结果显示"再工业化战略"与贸易竞争力和需求条件两个模型的拟合优度都较好，并且都具有显著为负的调整系数。表明若短期偏离长期均衡状态，则在下一时期可以进行偏离反向修复，减少偏离幅度大小，趋向长期均衡。从长期均衡项分析发现，"再工业化战略"综合指数每增长1%，则贸易竞争力指数会下降0.14%，需求会减少0.25%。"再工业化战略"的实施会对贸易竞争力提升起到负面抑制作用，对需求条件也起到负面作用。对五个指标分别进行脉冲响应分析，结果显示，指标基本在第七期左右都趋于0或趋于平稳，表明"再工业化战略"影响逐渐消失。最后对需求指标进行影响分析，当"再工业化战略"综合指数每变动1单位，则新船订单增长率 XQ_1 减少 0.0234 单位，手持订单量增长率 XQ_2 减少 0.0257 单位，散货船承接订单比例 XQ_3 增加 0.0678 单位，集装箱船承接订单比例 XQ_4 减少 0.0754 单位，油船承接订单比例 XQ_5 减少 0.0207 单位。结果显示"再工业化战略"对需求条件五个指标均产生负面影响，其中对需求结构影响显著。

第九章 日本"再工业化战略"对中国船舶制造业贸易竞争力影响分析

关于日本"再工业化战略"对中国船舶制造业贸易竞争力的影响，主要从三个方面进行分析。首先，研究对造船三大指标，即造船完工量、手持订单量和新接订单量所受影响。其次，研究对中国船舶制造业贸易竞争力指标影响，最后，进一步研究对需求条件指标的影响。

第一节 日本"再工业化战略"对中国船舶制造业三大指标影响分析

造船完工量、手持订单量和新接订单量是造船业三大指标。通过对三大指标所受日本"再工业化战略"影响的变动特点进行分析，考察中国船舶生产能力、需求能力和市场潜力等方面的变动趋势。

一 造船完工量

进入 21 世纪，中国船舶制造业发展迅速。2003 年是中国船舶制造业突飞猛进发展的一年，中国造船完工量为 641 万载重吨，占世界份额的 11.8%，突破中国造船业 20 世纪后期至 21 世纪初期近十年来在 5%—7% 之间的徘徊局面，2003 年一年的造船完工量超过整个欧洲国家造船产量的总和。2004 年造船产量达到 880 万载重吨，占世界造船份额的 14%，比 2003 年又增加 2.2 个百分点。2005 年中国造船完工量为 1212 万载重吨，新承接船舶订单为 1699 万载重吨，手持船舶订单为 1969 万载重吨，分别占世界市场份额的 17%、23% 和 18%，承接新船

订单指标中国首次超过日本，位居世界第二。2006 年造船量达到 1452
万载重吨，占全球市场份额的 19%。2007 年全国造船产量达到 1893 万
载重吨，占全球市场的 23%，首次突破全球造船量的 1/5。2007 年新
接订单为 9800 万载重吨，居世界第一位，手持订单为 15800 万载重吨，
居世界第二位。从造船完工量指标看，如图 9—1 所示，中国自 2000 年
至 2007 年一直处于数量增长状态，造船完工量所占世界的比例基本呈
直线上升。此阶段中国造船完工量增长比例在 2002 年和 2006 年略显薄
弱，年增长率仅为 17% 和 19%，其余年份增长率都在 30% 以上，表明
中国船舶制造业此阶段发展速度显著。在占世界比例数据方面，2003
年所占比例未超过世界的 10%，2003—2007 年期间，比例逐年上升，
2007 年比例高达 23.5%。手持订单数量在 2000—2007 年阶段也呈现递
增特点，所占世界的比例虽有波动，但一直处于增加状态。

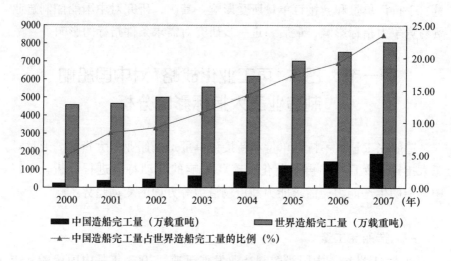

■ 中国造船完工量（万载重吨）　　■ 世界造船完工量（万载重吨）
▲ 中国造船完工量占世界造船完工量的比例（%）

**图 9—1　2000—2007 年中国和世界造船完工量及
中国造船完工量占世界比例**

资料来源：《中国船舶工业年鉴》以及中国船舶工业协会相关统计数据。

由于 2008 年金融危机突发事件的爆发以及美国、欧洲等多个发达
国家加强实施"再工业化战略"的影响，世界船舶制造业发展的强劲
势头受到打击，一部分实力薄弱的中小企业出现订单延期、订单撤销等
问题，直接导致利益下降，进口和出口数量直线降低，贸易竞争力受到

挑战。世界航运市场在经历2007年井喷增长后，造船三大指标都大幅度下挫，新船价格呈下降趋势，成交量急剧萎缩，二手船市场的价格也全面松动，连带中国船舶制造业市场运作出现不景气局面。如图9—2所示，自2008年至2013年，中国造船完工量呈现先增长后下降的趋势，其波动趋势与世界相一致。从占世界的比例来看，造船完工量占据世界的比例在2011年达到这几年最高点，随后开始下降，2013年基本维持2012年的比例，处于较为稳定阶段。由造船完工量可以看出，鉴于船舶行业建设完工周期较长，在2011年前从数量上看仍表现为上升状态，至2012年之后表现出下降趋势。世界船舶制造业受金融危机影响，尽管也表现为2011年前造船完工数量增加，2012年后数量减少，但从中国占世界的比例来看，中国在2011年前占世界比例仍然增加，说明中国造船完工量增加幅度比世界增加幅度大，进一步证明"再工业化战略"对中国的影响程度要小于对世界船舶制造业影响程度。

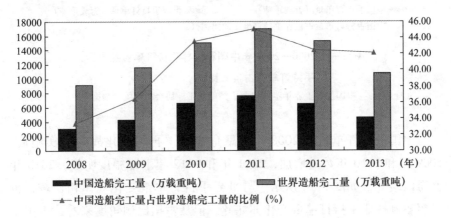

图9—2　2008—2013年中国和世界造船完工量及
中国造船完工量占世界比例

资料来源：《中国船舶工业年鉴》以及中国船舶工业协会相关统计数据。

二　手持订单量

如图9—3所示，2000—2002年间，中国船舶制造业手持订单数量年均增长率在10%左右。2003年增长迅速，同比增长102%，是2002年数量的2倍以上，增长比例显著。2004年和2005年的增长率迅速降温，年均增长率为 21.5%。2006 年和 2007 年又迎来发展高峰，2006 年增长率为 73%，2007 年为 131%，船舶制造业发展迈入新阶段。订单数量的变动直接影响在世界中所占比例，自 2003 年始，中国所占世界的比例开始超过 15%，随后一直呈现上升趋势，2007 年所占比例高达 30%。

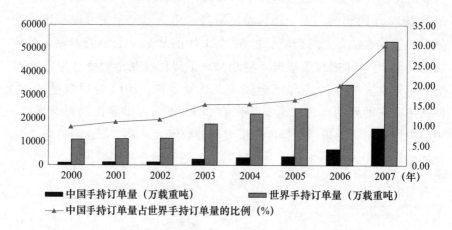

图 9—3　2000—2007 年中国和世界手持订单量及中国手持订单量占世界比例

资料来源：《中国船舶工业年鉴》以及中国船舶工业协会相关统计数据。

中国手持订单量自 2008 年金融危机与"再工业化战略"实施后，2009 年和 2010 年数量增加，2011 年和 2012 年下降幅度明显，2013 年又得以缓和，如图 9—4 所示。与世界手持订单量变化规律相比较，世界船舶制造业手持订单量变化亦如此。但从占据比例角度来看，中国手持订单量所占比例自 2009 年至 2011 年一直处于上升趋势，2012 年锐减至 2011 年水平，随后 2013 年又上升明显。这个占世界比例的波动特点证明，尽管中国手持订单量在 2011 年处于下降趋势，但世界手持订单量减少幅度更大，因此中国占世界的比例反而提升。2013 年中国和世界手持订单量都好转，但中国好转幅度明显要高于世界幅度，因此所占比例上升明显。

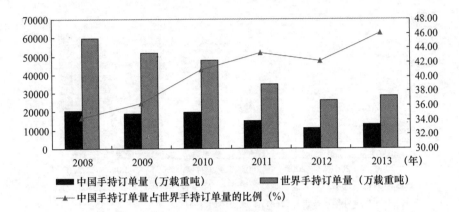

图9—4　2008—2013年中国和世界手持订单量及
中国手持订单量占世界比例

资料来源：《中国船舶工业年鉴》以及中国船舶工业协会相关统计数据。

三　新接订单量

新接订单量自2000年至2007年也基本呈现持续增加特点，如图9—5所示。在此期间只有2004年出现轻微减少，其余年份均表现强劲，尤其是2003年、2006年和2007年，新接订单数量增长率均超过100%，2003年增长率为182%，2006年为150%，2007年为131%，巨大的增长率推动中国船舶制造业的快速发展。在世界中所占比重在此阶段一直呈现上升特点，自2003年始比例超过15%，在2007年达到此阶段的最高值，占据世界比重的1/3以上。

从新接订单数量上看，中国新接订单数量2010年为上升趋势，2011年、2012年都为下降趋势，至2013年出现好转，其波动规律与世界手持订单波动规律相同，如图9—6所示。但从中国新接订单量占世界的比例来看，2012年前比例一直呈下降趋势，直至2013年有所好转。数据显示，尽管中国新接订单量在2010年呈上升趋势，但占据世界的比例仍处于下降阶段，而且降幅达到6%，随后2012年整体比例降到41%，较2009年下降幅度达到35%，下降幅度之大是"再工业化战略"实施的影响体现。

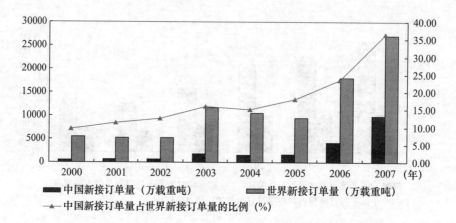

图9—5 2000—2007 年中国和世界新接订单量及中国
新接订单量占世界比例

资料来源:《中国船舶工业年鉴》以及中国船舶工业协会相关统计数据。

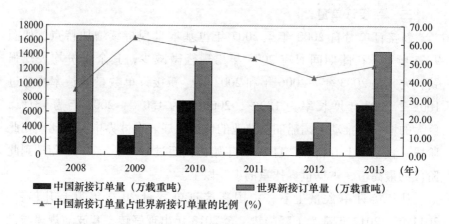

图9—6 2008—2013 年中国和世界新接订单量及中国
新接订单量占世界比例

资料来源:《中国船舶工业年鉴》以及中国船舶工业协会相关统计数据。

综合造船三大指标可以看出,日本"再工业化战略"对中国造船业的影响主要集中在 2011 年和 2012 年。2008—2010 年金融危机已经爆发,但船舶制造业自身行业周期较长,在 2010 年之前市场虽有影响,但从统计数据上并不突出。2008—2010 年的负面影响在 2011 年之后表现明显，中国造船业各项指标均处于下降趋势，而且下降幅度较大。2011 年和 2012 年造船业发展低迷，竞争力受到严重冲击。2013 年随着船舶制造业相应调整策略的出台，"再工业化战略"对中国的影响逐渐减弱，船舶制造业的发展处于恢复和提升阶段。

第二节　日本"再工业化战略"对中国船舶制造业贸易竞争力指标影响分析

日本"再工业化战略"实施效果以 2002 年后较为显著。从趋势上来看，对中国船舶制造业贸易竞争力影响主要是从 2005 年影响逐渐扩大。因此，在对再工业化综合指数和需求子指标进行分析时，以 2005 年为时间起点。日本"再工业化战略"对中国船舶制造业贸易竞争力的影响不仅包括对自身指标的影响，还包括对影响贸易竞争力的重要指标生产要素，需求条件，相关及辅助产业，经营战略、市场结构与竞争的影响。

一　贸易竞争力

日本"再工业化战略"实施后，中国船舶制造业贸易竞争力表现如图 9—7 所示。由图中折线图波动特点可以看出，自 2005 年至今，中国船舶贸易竞争力受到日本"再工业化战略"及其他因素影响波动较为明显。2005—2007 年贸易竞争力呈现上升态势。2008 年由于受到国际经济环境影响，下降幅度较大，并且 2009 年未表现出复苏特征。2010年出现明显反弹，但随后由于国内经济环境和国际经济环境影响，2011—2013 年处于不断恢复调整阶段。根据脉冲响应结果，日本"再工业化战略"对贸易竞争力指标的影响在第七期基本处于平稳状态，即自 2005 年影响显著后，在 2012 年的影响逐渐趋于 0。2012 年的贸易竞争力水平基本与 2005 年持平，与脉冲响应结果较为吻合。期间的起伏波动进一步表明中国船舶制造业贸易竞争力的提升不仅受到日本"再工业化战略"负面影响，还受到金融危机影响，影响程度都不容忽视。因此，要提升中国船舶制造业贸易竞争力应考虑国内外经济环境和多个方面因素，多方面多因素特点的归纳和总结，有利于快速实现竞争力提升目的。

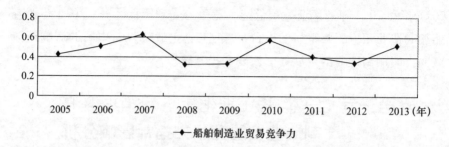

图9—7　日本"再工业化战略"下中国船舶制造业贸易
竞争力历年表现

数据来源：根据本书中表7—6核算数据。

二　生产要素

日本"再工业化战略"实施后，中国船舶制造业生产要素指标表现
如图9—8所示。

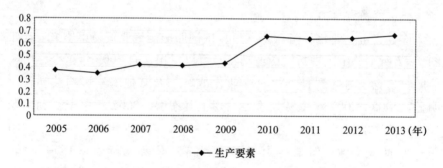

图9—8　日本"再工业化战略"下中国生产要素指标历年表现

数据来源：根据本书中表7—6核算数据。

由图中折线图波动特点可以看出，自2005年至今，中国生产要素
的发展基本呈现上升态势。随着生产要素成本的增加和效率的提升，生
产要素利用率和可持续使用成为关注焦点。"再工业化战略"对生产要
素的影响不仅包含对初级生产要素的影响，还包括对高级生产要素的影
响。综合初级生产要素和高级生产要素发展特点，结果显示，生产要素
在2010年后的竞争力要显著高于2010年前，表明生产要素的竞争力得

到提升。结合脉冲响应实证结果，十期左右"再工业化战略"影响会消失，2005 年的"再工业化战略"将在 2015 年消失，此后由于"再工业化战略"对生产要素带来的负面影响会进一步减少，生产要素的竞争力将得以更大提升。

三　需求条件

日本"再工业化战略"实施后，中国船舶制造业生产要素指标表现如图 9—9 所示。由图中折线图波动特点可以看出，需求条件波动相当剧烈。2005—2007 年处于需求态势良好阶段，在 2007 年达到顶峰，表明尽管日本"再工业化战略"实施力度加强，但对于需求负面影响并不显著。2008 年和 2009 年由于金融危机导致世界经济低迷，因此中国船舶制造业需求下降。2010 年由于前两年的大幅度下跌出现强力反弹，但 2011 年又继续回到下降趋势。随后 2012 年与 2011 年相比，上升幅度不大，2013 年又出现大幅好转趋势。从整体看，日本"再工业化战略"对需求条件的影响变动特点与贸易竞争力极为相似，进一步印证需求条件是影响贸易竞争力的最重要因素。

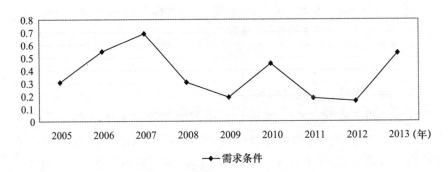

图 9—9　日本"再工业化战略"下中国需求条件指标历年表现

数据来源：根据本书中表 7—6 核算数据。

四　相关及辅助产业

日本"再工业化战略"实施后，中国船舶制造业生产要素指标表现如图 9—10 所示。由图中折线图波动特点可以看出，相关及辅助产业所受影响也较为明显。自日本"再工业化战略"影响显著的 2005 年起，在前三年出现先降后升的特点，随后遭遇金融危机影响，产业发展严重受挫，2008 年达到最低点。2009 年出现小幅上升，2010 年出现大幅上升，这两年主要是因为日本"再工业化战略"与国家为应对金融危机而迅速实施的产业扶持政策和战略相比，从力度、规模和效果上都较为逊色，因此产业发展出现迅猛发展。2011—2013 年随着政策合理程度的加大，日本"再工业化战略"和金融危机后果的逐渐消退，产业发展均处于不断调整阶段。

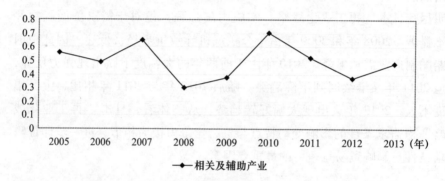

图 9—10　日本"再工业化战略"下中国相关及辅助产业
要素指标历年表现

数据来源：根据本书中表 7—6 核算数据。

五　经营战略、市场结构与竞争

日本"再工业化战略"实施后，中国船舶制造业生产要素指标表现如图 9—11 所示。由图中折线图波动特点可以看出，经营战略、市场结构与竞争指标所受日本"再工业化战略"影响不大。自 2005—2013 年，除去 2008 年外，其余年份均呈现温和波动特点。2005—2007 年呈现温和增长，2009—2010 年呈现温和增长，2011—2013 年呈现温和调整。脉冲响应结果显示，在第三期日本"再工业化战略"对经营战略、市场结构与竞争的负面影响最大，即表现在 2008 年。2008 年的大幅下降除了日本"再工业化战略"的负面影响外，还有金融危机的负面影响，因此 2008 年为经营战略、市场结构与竞争的最低点。

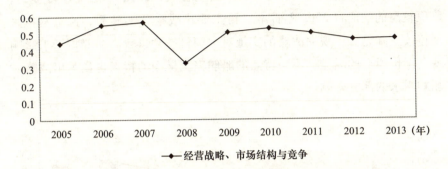

图9—11　日本"再工业化战略"下中国经营战略、市场结构与
竞争指标历年表现

数据来源：根据本书中表7—6核算数据。

第三节　日本"再工业化战略"对中国船舶
制造业需求条件指标影响分析

由于需求指标与贸易竞争力所受影响表现极为相似，而需求指标中的船舶结构在实证结果中最为显著，因此，要重点分析船舶结构在"再工业化战略"影响下的表现和变动。鉴于中国船舶出口的重要性，因此从出口角度入手，以船舶完工量、船舶新承接订单量、手持船舶订单量为主要方面进行深入分析。

一　出口船舶完工量

船舶出口完工量是衡量船舶制造能力的指标之一，历年数据能反映出需求结构调整的过程。如图9—12、图9—13和图9—14所示，三种主要类型船舶的出口完工量及所占比例变动部分反映出需求结构的变动。由三个图可以较为明显地看出，从整体角度来看，2005年后，以载重量规模来衡量，三种船型数量绝对值基本呈现上升趋势，但是出口所占比重各不相同。低价值的散货船出现先抑后扬的趋势，其变动特点说明低价值船型依然是中国船舶出口的主体，同时也是中国船舶最大竞争力所在。集装箱船受到2008年金融危机影响较为明显，2009年后所占出口比重下降幅度较大，2011 年跌至谷底，2012 年出现好转迹象。价值较高的油船自 2005 年日本"再工业化战略"实施后，比重基本呈现持续下降趋势，说明战略的实施对中国科技含量较高的船型需求影响要高于价值低的船型，不同特点的船舶完工量变动特点也显示出战略对船舶需求的部分影响。

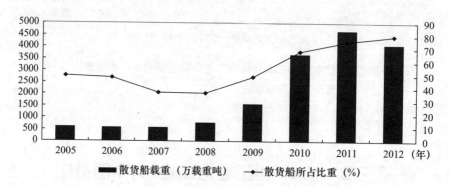

图 9—12　日本"再工业化战略"下散货船历年出口
完工量载重及所占比重

资料来源：2006—2013 年《中国船舶统计年鉴》。

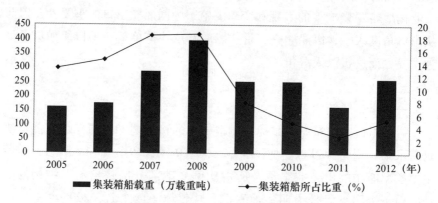

图 9—13　日本"再工业化战略"下集装箱船历年出口
完工量载重及所占比重

资料来源：2006—2013 年《中国船舶统计年鉴》。

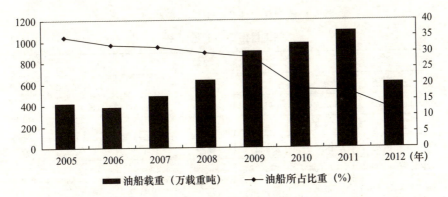

图9—14　日本"再工业化战略"下油船历年出口

完工量载重及所占比重

资料来源：2006—2013年《中国船舶统计年鉴》。

具体到各种船型出口国家分布，将2005年至2012年出口前五位国家统计在表9—1、表9—2和表9—3中。其中合计为前五位国家出口载重吨总和与比重总和，备注为出口到日本的载重吨和比重，若日本位于前五位，则备注空白。由三个表中数据可以看出，各种类型出口前五位相对而言较为集中。低价值散装船出口规模最大，出口主要集中在中国香港、希腊、土耳其、挪威、日本等国家和地区，其中出口到日本的散装船一直位于前五位，表明中国低价值船舶在日本的需求量一直较为可观。集装箱船完工量出口主要集中在德国、中国香港、荷兰、新加坡、日本、希腊等国家和地区，其中出口到日本的集装箱船规模有所起伏，2008年后都未进入出口前五强国家。高价值油船的出口前五位国家地位变化较大，2005年至今持续保持在前五位的主要有新加坡、中国香港和希腊三个国家和地区，最近几年巴西、土耳其、德国等国家需求量提升，成为中国油船出口前五强之一。油船出口日本一直是在前五强之外，表明中国油船在日本的需求量不大，进一步表明日本"再工业化战略"对中国较高价值的油船需求有影响。

表9—1 日本"再工业化战略"下散装船
完工量出口前五位国家 出口载重吨单位：万吨

年份	排名	1	2	3	4	5	合计
2005	国别	希腊	中国香港	土耳其	日本	比利时	421.7
	出口载重吨	165.21	144.63	59.96	42.33	26.46	
	占比（%）	28.1	24.6	10.2	7.2	4.5	74.6
2006	国别	中国香港	希腊	挪威	土耳其	日本	430.7
	出口载重吨	173.64	138.28	50.90	42.05	25.86	
	占比（%）	30.3	24.1	8.9	7.3	4.5	75.1
2007	国别	希腊	日本	土耳其	中国香港	比利时	442.0
	出口载重吨	184.66	82.28	69.20	65.35	40.50	
	占比（%）	32.1	14.3	12.0	11.4	7.0	76.8
2008	国别	希腊	日本	中国香港	土耳其	挪威	533.7
	出口载重吨	228.55	141.83	86.62	38.93	37.75	
	占比（%）	29.4	18.3	11.2	5.0	4.9	68.8
2009	国别	中国香港	希腊	意大利	日本	德国	1006.1
	出口载重吨	389.47	269.13	126.14	116.04	105.28	
	占比（%）	24.9	17.2	8.1	7.4	6.7	64.3
2010	国别	中国香港	希腊	德国	日本	意大利	2265.8
	出口载重吨	866.09	532.21	437.84	256.31	173.34	
	占比（%）	23.6	14.5	12.0	7.0	4.7	61.8
2011	国别	中国香港	德国	希腊	日本	意大利	2896.5
	出口载重吨	1143.37	658.56	658.49	222.76	213.29	
	占比（%）	24.5	14.2	14.1	4.8	4.6	62.2
2012	国别	中国香港	希腊	日本	德国	新加坡	2426.2
	出口载重吨	964.66	434.98	391.51	332.12	302.96	
	占比（%）	23.6	10.6	9.6	8.1	7.4	59.3

资料来源：2006—2013年《中国船舶统计年鉴》。

表 9—2　　　　　　　　　日本"再工业化战略"下集装箱船
完工量出口前五位国家　　　　出口载重吨单位：万吨

年份	排名	1	2	3	4	5	合计	备注
2005	国别	德国	荷兰	新加坡	中国香港	日本	152.49	
	出口载重吨	118.26	10.99	9.26	7.07	6.91		
	占比（%）	75.3	7.0	5.9	4.5	4.4	97.1	
2006	国别	德国	中国香港	新加坡	荷兰	英国	172.22	日本
	出口载重吨	132.46	12.78	11.38	8.56	7.04		1.35
	占比（%）	76.3	7.4	6.6	4.8	4.1	99.2	0.8
2007	国别	德国	荷兰	新加坡	中国香港	日本	277.62	
	出口载重吨	232.11	18.84	11.22	10.44	5.01		
	占比（%）	81.4	6.6	3.9	3.7	1.8	97.4	
2008	国别	德国	中国香港	新加坡	加拿大	荷兰	358.25	日本
	出口载重吨	237.99	40.50	39.26	27.48	13.02		0
	占比（%）	60.2	10.2	9.9	7.0	3.3	90.6	0
2009	国别	德国	加拿大	新加坡	中国香港	荷兰	237.8	日本
	出口载重吨	175.60	19.86	19.18	15.87	7.29		0
	占比（%）	69.7	7.9	7.6	6.3	2.9	94.43	0
2010	国别	德国	新加坡	加拿大	中国香港	希腊	236.98	日本
	出口载重吨	170.06	26.52	15.28	12.68	12.44		0
	占比（%）	67.6	10.5	6.1	5.0	4.9	94.1	0
2011	国别	德国	希腊	中国香港	新加坡	荷兰	162.95	日本
	出口载重吨	70.85	47.32	28.30	8.40	8.08		0
	占比（%）	43.3	29.0	17.3	5.1	4.9	99.7	0
2012	国别	德国	中国香港	新加坡	希腊	土耳其	246.59	日本
	出口载重吨	117.23	86.16	25.20	10.10	7.90		0
	占比（%）	44.9	33.0	9.6	3.9	3.0	94.4	0

资料来源：2006—2013 年《中国船舶统计年鉴》。

表9—3　　　日本"再工业化战略"下油船完工量出口前五位国家

出口载重吨单位：万吨

年份	排名	1	2	3	4	5	合计	备注
2005	国别	丹麦	新加坡	日本	希腊	意大利	197.39	日本
	出口载重吨	51.61	44.52	40.58	31.52	29.16		0
	占比（%）	13.1	11.3	10.3	8.0	7.4	50.1	0
2006	国别	丹麦	希腊	瑞典	中国香港	利比里亚	209.91	日本
	出口载重吨	63.69	46.69	39.03	31.14	29.36		0
	占比（%）	16.7	12.2	10.2	8.1	7.7	54.9	0
2007	国别	丹麦	新加坡	日本	希腊	意大利	410.86	
	出口载重吨	141.61	111.90	63.00	49.23	45.12		
	占比（%）	23.1	18.3	10.3	8.0	7.4	67.1	
2008	国别	新加坡	丹麦	希腊	德国	意大利	589.5	日本
	出口载重吨	205.14	195.05	66.24	62.50	60.57		0
	占比（%）	24.7	23.5	8.0	7.5	7.3	71	0
2009	国别	希腊	新加坡	中国香港	挪威	塞浦路斯	821.75	日本
	出口载重吨	230.48	224.11	161.72	111.74	93.70		1.12
	占比（%）	19.1	18.6	13.4	9.3	7.8	68.12	0.1
2010	国别	希腊	挪威	中国香港	利比里亚	土耳其	829.55	日本
	出口载重吨	294.91	234.68	105.96	100.40	93.6		0.895
	占比（%）	24.0	19.1	8.6	8.2	7.6	67.5	0.1
2011	国别	新加坡	希腊	中国香港	德国	巴西	813.01	日本
	出口载重吨	232.21	216.61	149.55	125.24	89.40		8.1
	占比（%）	20.0	18.6	12.9	10.8	7.7	70.0	0.7
2012	国别	中国香港	新加坡	英国	希腊	丹麦	461.17	日本
	出口载重吨	137.67	136.61	68.75	62.36	55.78		0
	占比（%）	22.7	22.5	11.3	10.3	9.2	76	0

资料来源：2006—2013年《中国船舶统计年鉴》。

二　新承接出口船舶订单量

新承接出口船舶订单量是衡量船舶每年需求的主要指标，历年数据能反映出需求结构调整的过程。如图9—15、图9—16和图9—17所示，三种主要类型船舶的承接订单量及所占比例变动部分反映出需求结构的变动。由三个图可以较为明显地看出，从整体角度来看，2005年后，以载重量规模来衡量，三种船型数量绝对值并未出现明显的上升或下降趋势，而是不断调整，上下波动。出口所占比重亦是如此。低价值的散货船在2007年达到散装船新承接规模最大值，所占比重也达到最大，但随后金融危机及更多发达国家"再工业化战略"的实施对其产生影响较大，波动较为明显。集装箱船受到2008年金融危机影响更为明显，在2009年由于全球航运市场的不景气以及船舶产业发展受阻，新承接规模达到最低，所占比重仅为船舶出口比重的0.3%。2010年和2011年出现大幅好转，2012年趋于理性调整阶段。价值较高的油船在2006年达到规模和比重的最大值，2008年金融危机对其影响并不显著，但2009年后一直处于下降趋势，逐渐体现此类船型受到的"再工业化战略"影响。

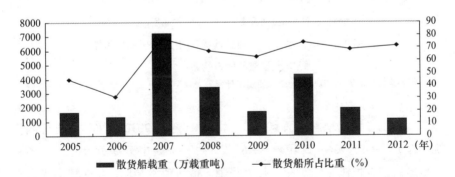

图9—15　日本"再工业化战略"下散货船历年新承接
订单量载重及所占比重

资料来源：2006—2013年《中国船舶统计年鉴》。

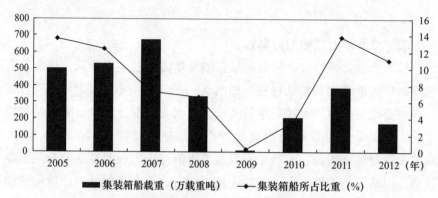

图9—16　日本"再工业化战略"下集装箱船历年新承接
订单量载重及所占比重

资料来源：2006—2013年《中国船舶统计年鉴》。

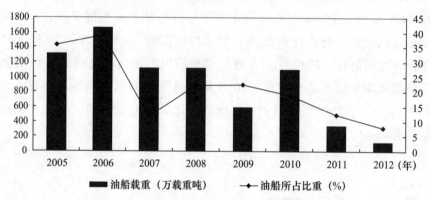

图9—17　日本"再工业化战略"下油船历年新承接
订单量载重及所占比重

资料来源：2006—2013年《中国船舶统计年鉴》。

　　具体到各种船型出口国家分布，将2005年至2012年出口前五位国家
统计在表9—4、表9—5和表9—6中。由三个表中数据可以看出，各种
类型出口前五位国家相对而言较为集中。低价值散装船出口规模最大，承
接订单量出口主要集中在中国香港、希腊、新加坡、挪威等国家和地区，
其中出口到日本的散装船自2010年开始一直位于前五位，表明中国低价
值船舶在日本的需求量呈现乐观增长态势。集装箱船承接订单量出口主要
集中在德国、中国香港、新加坡、希腊等国家和地区，其中出口到日本的
集装箱船数据多年为零，表明新承接出口日本船舶订单中集装箱船型数量

非常少。高价值油船的出口前五位国家地位变化较大，新加坡、中国香港和希腊三个国家和地区占据前五位的年份较多，最近几年马耳他、利比里亚、马绍尔群岛等国家需求量提升，成为中国油船出口前五强之一。新承接油船出口日本数量几乎没有，表明中国油船在日本的需求量不大，进一步表明日本"再工业化战略"对中国较高价值的油船需求有影响。

表9—4　　　　　　日本"再工业化战略"下散装船新承接
订单量出口前五位国家　　　出口载重单位：万吨

年份	排名	1	2	3	4	5	合计	备注
2005	国别	希腊	中国香港	德国	土耳其	德国	1053.4	日本
	出口载重	356.87	313.77	134.47	125.85	122.41		62.07
	占比（％）	20.7	18.2	7.8	7.3	7.1	61.1	3.6
2006	国别	希腊	中国香港	美国	土耳其	德国	839.7	日本
	出口载重	273.40	263.40	105.80	99.80	97.25		45.85
	占比（％）	20.7	19.9	8.0	7.5	7.3	63.4	3.5
2007	国别	希腊	中国香港	德国	加拿大	新加坡	5054.9	日本
	出口载重	1817.89	1405.47	1037.84	399.10	389.60		12.24
	占比（％）	25.1	19.4	14.3	5.5	5.4	69.7	1.7
2008	国别	中国香港	巴西	德国	希腊	日本	2297.7	
	出口载重	852.95	480.00	454.93	261.10	248.30		
	占比（％）	25.1	14.1	13.4	7.7	7.3	67.6	
2009	国别	中国香港	阿曼	卢森堡	新加坡	英属维尔京群岛	545.4	日本
	出口载重	184.07	160.00	101.6	65.7	34.00		18.2
	占比（％）	13.53	11.76	7.47	4.83	2.50	40.1	1.34
2010	国别	中国香港	希腊	新加坡	日本	德国	2696.2	
	出口载重	1326.57	603.7	339.14	224.02	202.74		
	占比（％）	30.8	14.0	7.9	5.2	4.7	62.6	
2011	国别	中国香港	希腊	英属维尔京群岛	日本	新加坡	1350.6	
	出口载重	690.15	250.98	205.00	204.51	93..87		
	占比（％）	35.7	13.0	10.6	10.6	4.9	74.8	
2012	国别	挪威	日本	新加坡	中国香港	瑞典	700.3	
	出口载重	203.90	155.64	141.34	121.90	77.50		
	占比（％）	18.1	13.8	12.5	10.8	6.9	62.1	

资料来源：2006—2013年《中国船舶统计年鉴》。

表9—5　　　　　　　日本"再工业化战略"下集装箱船新承接
订单量出口前五位国家　　　　　出口载重单位：万吨

年份	排名	1	2	3	4	5	合计	备注
2005	国别	德国	新加坡	希腊	中国香港	荷兰	418.66	日本
	出口载重	260.83	44.38	22.19	16.33	14.23		0
	占比（%）	62.3	10.6	5.3	3.9	3.4	85.5	0
2006	国别	德国	希腊	新加坡	塞浦路斯	中国香港	504.48	日本
	出口载重	419.94	30.30	27.88	14.04	12.32		0
	占比（%）	79.3	5.7	5.3	2.7	2.3	95.3	0
2007	国别	德国	中国香港	新加坡	加拿大	荷兰	619.77	日本
	出口载重	338.90	169.32	53.76	30.56	27.23		0
	占比（%）	50.4	25.2	8.0	4.5	4.0	92.1	0
2008	国别	中国香港	德国	新加坡	荷兰		333.27	日本
	出口载重	189.8	134.93	6.06	2.48			0
	占比（%）	57.0	40.5	1.8	0.7		100	0
2009	国别	韩国	荷兰	美国			2.1	日本
	出口载重	1.1	0.5	0.5				0
	占比（%）	50	25	25			100	0
2010	国别	德国	巴西	希腊	中国香港	挪威	170.1	日本
	出口载重	64.72	33.8	33.3	19.96	18.32		0.8
	占比（%）	31.4	16.4	16.2	9.7	8.9	82.6	0.4
2011	国别	加拿大	中国香港	德国	希腊	新加坡	291.53	日本
	出口载重	78.40	68.40	55.75	47.38	41.60		0
	占比（%）	20.3	17.7	14.4	12.3	10.8	75.5	0
2012	国别	新加坡	中国香港	德国	瑞典	挪威	160.47	日本
	出口载重	60.96	53.46	22.50	13.55	10.00		0
	占比（%）	35.1	30.8	12.9	7.8	5.8	92.4	0

资料来源：2006—2013年《中国船舶统计年鉴》。

表9—6　　　　　　　　日本"再工业化战略"下油船新承接
订单量出口前五位国家　　　出口载重吨单位：万吨

年份	排名	1	2	3	4	5	合计	备注
2005	国别	希腊	挪威	中国香港	新加坡	德国	1104.69	日本
	出口载重	349.67	248.77	213.98	161.79	130.48		15.66
	占比（%）	20.1	14.3	12.3	9.3	7.5	63.5	0.9
2006	国别	希腊	挪威	中国香港	新加坡	塞浦路斯	1635.28	日本
	出口载重	493.54	381.24	361.38	232.40	166.72		52.51
	占比（%）	22.3	17.3	11.8	10.5	7.5	69.4	1.2
2007	国别	挪威	利比里亚	希腊	德国	丹麦	767.61	日本
	出口载重	230.85	171.00	170.95	108.71	86.10		0.69
	占比（%）	20.7	15.3	15.3	9.8	7.7	68.8	0.06
2008	国别	新加坡	中国香港	挪威	德国	丹麦	935.89	日本
	出口载重	274.82	240.25	198.15	123.70	98.97		0.55
	占比（%）	24.6	21.5	17.8	11.1	8.9	83.9	0.05
2009	国别	中国香港	英属维尔京群岛	德国	印度	新加坡	443.23	日本
	出口载重	224.79	191.4	11.4	8.5	7.14		0
	占比（%）	35.1	29.9	1.8	1.3	1.1	69.23	0
2010	国别	希腊	新加坡	中国香港	挪威	印度	903.32	日本
	出口载重	401.01	196.85	163.76	78.3	63.4		0
	占比（%）	34.9	17.1	14.3	6.8	5.5	78.6	0
2011	国别	英属维尔京群岛	阿拉伯联合酋长国	利比里亚	中国香港	瑞典	316.9	日本
	出口载重	157.00	64.00	64.00	24.1	7.8		0
	占比（%）	45.8	18.7	18.7	7.0	2.3	92.5	0
2012	国别	利比里亚	德国	荷兰	马耳他	马绍尔群岛共和国	109.7	日本
	出口载重	46.00	30.00	19.00	8.00	6.68		0
	占比（%）	37.3	24.3	15.4	6.5	5.4	88.9	0

资料来源：2006—2013年《中国船舶统计年鉴》。

三　手持出口船舶订单量

手持出口船舶订单量是同时衡量船舶制造能力和需求的主要指标之一，历年数据能反映出需求结构调整的过程。如图9—18、图9—19和图9—20所示，三种主要类型船舶的手持订单量及所占比例变动部分反映出需求结构的变动。由三个图可以较为明显地看出，从整体角度来看，三种船型变化特点各异，三种船型数量绝对值并未出现持续上升或下降趋势，而是不断调整，上下波动。出口所占比重亦是如此。低价值的散货船从规模数量角度来看，2010年之后出现持续下降趋势，但出口占比下降幅度不大，基本维持原有竞争力。集装箱船受到2008年金融危机影响较为明显，无论是规模方面还是占比方面在2010年都达到最低点，随后持续调整，出现好转迹象。价值较高的油船2007年出现大幅度下降，随后基本维持下降后的占比，略呈现下降趋势，规模方面也是呈现下降趋势。相比较而言，手持油船订单量受到"再工业化战略"的影响最大。

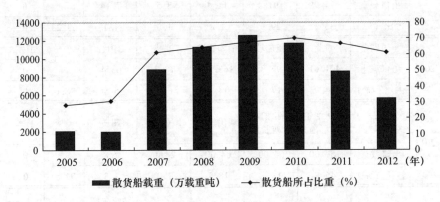

图9—18　日本"再工业化战略"下散货船历年
手持订单量载重及所占比重

资料来源：2006—2013年《中国船舶统计年鉴》。

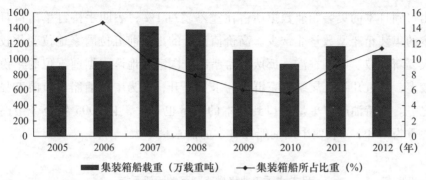

图9—19　日本"再工业化战略"下集装箱船历年
手持订单量载重及所占比重

资料来源：2006—2013 年《中国船舶统计年鉴》。

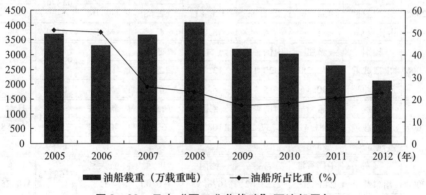

图9—20　日本"再工业化战略"下油船历年
手持订单量载重及所占比重

资料来源：2006—2013 年《中国船舶统计年鉴》。

　　具体到各种船型出口国家分布，将 2005 年至 2012 年出口前五位国家统计在表9—7、表9—8 和表9—9 中。由三个表中数据可以看出，各种类型出口前五位国家较为集中。低价值散装船手持订单量出口主要集中在中国香港、希腊、新加坡、德国等国家和地区，其中出口到日本的散装船自 2007 年至今一直未位于前五位，近几年散装船手持订单出口比重基本维持在 2.2% 左右，2012 年下降至 1.0%，表明中国低价值船舶手持订单对日本出口并不显著。集装箱船承接订单量出口国家较为稳定，主要集中在德国、中国香港、新加坡、希腊、荷兰和加拿大，其中出口到日本的集装箱船数据所占比重不超过1%，表明手持订单出口日本的集装箱船型数量非常少。高价值油船的出口前五位国家地位变化较大，新加坡、中国香港、挪威、希腊四个国家和地区占据前五位的年份较多，最近几年英属维尔京群岛需求量提升，成为中国油船出口前五强之一。手持油船订单量出口到日本的数量也不大，自2005年至今最高比重为1.9%，表明中国油船在日本的需求量不大。

表9—7　　　　　　　日本"再工业化战略"下散装船手持
订单量出口前五位国家　　　　出口载重吨单位：万吨

年份	排名	1	2	3	4	5	合计	备注
2005	国别	希腊	中国香港	德国	加拿大	日本	945.96	
	出口载重	454.76	241.96	126.81	62.68	59.76		
	占比（%）	31.2	16.6	8.7	4.3	4.1	64.9	
2006	国别	希腊	中国香港	土耳其	日本	美国	970.83	
	出口载重	612.28	320.12	13.19	12.91	12.33		
	占比（%）	30.4	15.9	6.5	6.4	6.1	65.3	
2007	国别	希腊	中国香港	德国	加拿大	新加坡	5993.21	日本
	出口载重	2281.41	1737.21	1108.21	460.96	405.42		245.58
	占比（%）	25.8	19.7	12.6	5.2	4.6	67.9	2.5
2008	国别	中国香港	希腊	德国	巴西	意大利	7168.35	日本
	出口载重	2424.98	2123.62	1678.53	480.00	461.22		418.25
	占比（%）	21.5	18.9	14.9	4.3	4.1	63.7	3.7
2009	国别	中国香港	德国	希腊	新加坡	巴西	6696.84	日本
	出口载重	2527.54	1593.09	1586.45	509.76	480.00		259.58
	占比（%）	22.4	14.1	14.1	4.5	4.3	59.44	2.3
2010	国别	中国香港	希腊	德国	新加坡	巴西	6608.1	日本
	出口载重	2605.70	1694.46	1171.74	656.2	480.0		240.78
	占比（%）	22.2	14.4	10.0	5.6	4.1	56.3	2.1
2011	国别	中国香港	希腊	新加坡	德国	巴西	4708.78	日本
	出口载重	2129.03	1196.89	573.95	408.91	400.00		187.91
	占比（%）	24.7	13.9	6.7	4.8	4.6	54.7	2.2
2012	国别	中国香港	希腊	新加坡	巴西	德国	3157.46	日本
	出口载重	1314.10	1011.70	422.80	240.00	168.86		57.64
	占比（%）	23.3	17.9	7.5	4.2	3.0	55.9	1.0

资料来源：2006—2013年《中国船舶统计年鉴》。

表9—8　　　　　　　　日本"再工业化战略"下集装箱船
手持订单量出口前五位国家　　出口载重吨单位：万吨

年份	排名	1	2	3	4	5	合计	备注
2005	国别	德国	中国香港	新加坡	希腊	荷兰	867.88	日本
	出口载重吨	1267.38	127.45	56.64	30.72	24.00		0
	占比（%）	71.6	7.2	5.9	3.2	2.5	90.4	0
2006	国别	德国	新加坡	中国香港	希腊	荷兰	890.34	日本
	出口载重吨	707.18	71.70	56.29	30.30	24.87		6.15
	占比（%）	73.1	7.4	5.8	3.1	2.6	92.00	0.6
2007	国别	德国	中国香港	新加坡	加拿大	希腊	1277.56	日本
	出口载重吨	814.01	227.87	114.24	67.20	54.24		0
	占比（%）	57.3	16.1	8.0	4.7	3.8	89.9	0
2008	国别	德国	中国香港	新加坡	希腊	加拿大	1292.17	日本
	出口载重吨	744.41	377.76	76.04	54.24	39.72		0.7
	占比（%）	54.0	27.4	5.5	3.9	2.9	93.7	0.1
2009	国别	德国	中国香港	希腊	新加坡	荷兰	971.48	日本
	出口载重吨	462.18	353.3	74.44	59.44	22.12		0.7
	占比（%）	44.2	33.8	7.1	5.7	2.1	92.82	0.1
2010	国别	德国	中国香港	希腊	荷兰	新加坡	848.39	日本
	出口载重吨	369.81	313.16	90.72	38.52	36.18		0.8
	占比（%）	39.6	33.6	9.7	4.1	3.9	90.9	0.1
2011	国别	德国	中国香港	希腊	加拿大	新加坡	960.17	日本
	出口载重吨	370.93	353.26	90.78	78.40	66.80		0.8
	占比（%）	31.8	30.2	7.8	6.7	5.7	82.2	0.1
2012	国别	中国香港	德国	新加坡	希腊	加拿大	875.26	日本
	出口载重吨	331.36	272.26	102.56	90.68	78.40		0.8
	占比（%）	31.5	25.9	9.8	8.6	7.5	83.3	0.08

资料来源：2006—2013年《中国船舶统计年鉴》。

表9—9 日本"再工业化战略"下油船手持订单量出口前五位国家　　出口载重吨单位：万吨

年份	排名	1	2	3	4	5	合计	备注
2005	国别	希腊	挪威	中国香港	新加坡	丹麦	2036.79	日本
	出口载重吨	571.22	466.76	388.43	339.47	270.92		35.90
	占比（%）	17.5	14.3	11.9	10.4	8.3	62.4	1.1
2006	国别	希腊	丹麦	新加坡	挪威	中国香港	2147.62	日本
	出口载重吨	580.29	437.89	432.71	390.41	306.32		63.00
	占比（%）	17.6	13.3	13.1	11.8	9.3	65.1	1.9
2007	国别	希腊	挪威	新加坡	丹麦	中国香港	2296.63	日本
	出口载重吨	634.32	556.89	450.21	386.18	269.03		0.69
	占比（%）	17.3	15.2	12.2	10.5	7.3	62.5	0.02
2008	国别	挪威	希腊	新加坡	中国香港	德国	2731.86	日本
	出口载重吨	717.82	638.70	537.51	515.60	322.23		1.24
	占比（%）	17.6	15.7	13.2	12.6	7.9	67	0.03
2009	国别	希腊	中国香港	挪威	新加坡	德国	2222.79	日本
	出口载重吨	565.27	559.81	468.58	408.98	220.15		9.34
	占比（%）	15.6	15.5	12.9	11.3	6.1	61.38	0.3
2010	国别	希腊	中国香港	新加坡	挪威	英属维尔京群岛	2249.76	日本
	出口载重吨	734.02	557.25	526.89	240.20	191.4		8.1
	占比（%）	21.1	16.0	15.1	6.9	5.5	64.6	0.2
2011	国别	希腊	中国香港	英属维尔京群岛	新加坡	挪威	1805.93	日本
	出口载重吨	512.77	427.78	348.40	301.98	215.00		0
	占比（%）	19.4	16.2	13.2	11.5	8.2	68.5	0
2012	国别	希腊	英属维尔京群岛	中国香港	挪威	新加坡	1406.1	日本
	出口载重吨	447.35	284.60	281.21	219.80	173.14		0
	占比（%）	21.1	13.4	13.3	10.4	8.2	66.4	0

资料来源：2006—2013 年《中国船舶统计年鉴》。

　　由船舶三大指标对中国散装船、集装箱船以及油船三大船型进行具体分析可以看出，自日本"再工业化战略"实施至今，低价值散装船在出口船舶比重中依然占据最主要地位，是中国船舶制造业贸易竞争力的主要部分。其三大指标出口国家都较为集中，主要集中在德国、中国香港、新加坡等地，对日本出口规模较大，连续数年位于出口五强之一。集装箱船在出口船舶比重中波动较为明显，船舶制造业贸易竞争力表现并不显著，主要出口国家集中在中国香港、希腊、德国和新加坡等地，对日本出口规模不大，出口五强席位很少占据，在新承接订单和手持订单规模方面表现也不突出，所占船舶出口比例较小。相对价值较高的油船，在 2005 年至今日本"再工业化战略"实施阶段，对日本出口基本为零，在出口五强中，主要出口国家为希腊、新加坡、中国香港、挪威等地，相对其他两种船型出口规模显著缩小，表明中国船舶制造业贸易竞争力在高价值船舶船型上的竞争力相对薄弱。

第四节　本章小结

研究日本"再工业化战略"对中国船舶制造业贸易竞争力影响主要从三方面进行。首先研究对中国船舶三大指标的影响。分别从造船完工量、手持订单量和新接订单量三大指标角度研究自日本"再工业化战略"实施以来三大指标变化特点。三个指标的变化显示自 2000 年以来，除去 2008 年金融危机特殊事件影响，中国船舶产业表现基本呈上升趋势，中国各指标订单占世界订单的比例整体呈现增加态势，表明中国船舶产业虽受到"再工业化战略"影响，但仍具有一定的国际竞争力。

日本"再工业化战略"对中国船舶制造业贸易竞争力的影响分析主要从五个方面进行。先对贸易竞争力进行分析，随后对生产要素，需求条件，相关及辅助产业，经营战略、市场结构与竞争进行分析。在影响分析结果中可以看出，需求条件和贸易竞争力受到日本"再工业化战略"负面影响较为相似，都呈现增加和减少交替进行的特点。相关及辅助产业所受影响也较为显著，下降与增长相继出现，波动幅度较大。生产要素和经营战略、市场结构与竞争所受影响最小，生产要素连年呈现上升态势，2010 年后大幅提升。经营战略、市场结构与竞争呈现温和调整特点，只有 2008 年受影响显著。

　　鉴于日本"再工业化战略"影响自 2005 年始较为显著，选取自 2005 年至今的出口船舶完工量、新承接出口船舶订单量和手持出口船舶订单量为研究对象，比较三种主要船型订单量历年变化特点，结论显示主要船型出口散装船数量居多，中国散装船和集装箱船竞争力优势仍然优于油船，表明"再工业化战略"下中国船舶制造业贸易竞争力低价值船舶优势依然明显。

第十章　日本"再工业化战略"下 中国船舶制造业贸易 竞争力提升建议

日本等发达国家"再工业化战略"和国际经济形势的变更对中国船舶制造业贸易竞争力造成一定范围和程度的冲击。总体来看，中国船舶制造业仍具有一定的竞争优势，在国际市场中占据重要地位。研究日本"再工业化战略"对中国船舶制造业贸易竞争力影响实证结果中证明，尽管日本"再工业化战略"的实施对中国船舶产业产生一定影响，但从需求结构深入分析中可以看出中国船舶制造业贸易竞争力依然以低价值船型为主。因此在提升贸易竞争力过程中，首先，应稳定低价值船型市场需求份额，推进高价值船型需求增长空间。其次，在2008年金融危机引起的经济周期波动结束后，经济、政策、法律、经营战略等方面都做出一定调整，为中国船舶制造业贸易竞争力提升创造发展机遇。最后，相关及辅助产业的外部经济作用也对船舶制造业贸易竞争力的提升产生外部推动作用。

第一节　优化生产要素配置

生产要素是中国船舶制造业发展的基础，是贸易竞争力的基本要素。"再工业化战略"与中国贸易竞争力分析过程中显示生产要素对竞争力提升作用在2007年后作用显著。合理利用船舶制造业的基础设施、基础资源等初级生产要素，大力促进人力资本和科技研发等高级生产要素的投入。

一 合理利用初级生产要素

中国船舶制造业初级生产要素的使用主要集中在大型船坞和船台的规划和使用、钢材和电力等初级资源的耗用方面。2011 年船坞和船台开始调整国内规模，2013 年又恢复增加状态，为船舶制造业的停靠和修理提供更多利用空间。钢材和电力等初级资源的变化特点与基础设施相似，2011 年出现持平或下降趋势，随后 2012 年和 2013 年都有所好转。在初级生产要素利用方面，要合理投资基础设施，减少初级资源消耗。

（一）合理投资基础设施，提升基础设施使用效率

合理投资基础设施。船台和船坞是船舶制造业主要的基础设施，船台主要为船舶停靠提供空间，船坞不仅可以提供船舶停靠空间，还可以提供船舶修理空间。从规模上看，船台主要提供的吨级要小于船坞。船台吨级上限一般为 10 万吨级，船坞吨级可达 30 万吨或更大。船台船坞吨级的不同注定其占用的资金程度不同。船坞的建设占用资金数量和比重要高于船台。但从当今经济条件考虑，大型船坞的需求量在不断增加，对于船坞的投资不能减少。船台和船坞等基础设施的数量和使用效率对于船舶制造业的发展作用显著。从数量规模角度出发，由于船舶制造业对于固定资产要求较高，船舶本体建造和船台船坞建造都需要大量资金保障，因此如何分配投资资金，是中国船舶制造业在生产要素方面首先要考虑的因素。对于船台和船坞等基础设施的建设要考虑船厂自身生产能力，合理规划船台船坞规模和数量，实现资源的合理利用。

提升基础设施使用效率。船台船坞的使用效率是指在固定期限内[①]船台船坞进行各类船舶生产活动的情况，如船舶制造、船舶维修等，一般对其船舶制造量和船舶维修量等指标和使用成本指标进行综合评定。在船台船坞使用效率问题上，如何充分发挥其作用，实现建造成本、使用费用和管理费用的合理转移，是中国船舶企业关注的问题，也是船舶制造业扩大产能、增加产量的必需条件。提升船台船坞使用效率要综合考虑修造船市场的需求规模和需求质量，评价船台船坞的规模，提升船

---

① 固定期限一般在两年至五年期间。

台船坞的技术水平和技术状态，优化企业经营管理理念和人员素质等，在合理分析和全面了解船台船坞使用现状的基础上，提高其使用效率。随着经济发展，船舶贸易需求量加大，船坞造船成为更具潜力的造船方法，受到大型船舶企业的青睐。船坞造船法在船坞分段制造阶段和船坞下水阶段较船台造船法的造船效率更高，有助于船舶企业基础设施使用效率的提升。

（二）减少初级资源消耗，实现资源可持续发展

减少初级资源消耗。船用钢材资源和电力资源的使用是船舶制造业发展的基础。船用钢材资源为船舶制造业提供造船原材料，电力资源为船舶制造业提供基础公共资源。船用钢材量和电力资源的增减直接影响船舶制造业的发展。中国船用钢材量自 21 世纪以来一直保持持续增长的状态，在资源耗用方面，依然处于高投入高消耗阶段，2000 年耗用量仅为 157 万吨，2013 年耗用量超过 1200 万吨，增长了八倍。经济发展对船用钢材耗用量有一定的拉动作用，船舶行业自身发展会加速钢材耗用量。在钢材质量方面，中国船板质量与先进国家相比差距加大，应提升中厚板除磷技术。在产品规格方面，由于受到船级社的各种限制，钢材生产方面仍需进一步改进。在资源节约方面，应大力引进先进的科学技术，将先进技术与经济需求发展相结合。船用钢材价格受需求影响明显，价格波动较频繁，耗用量的多少与市场需求和市场价格关系密切。从资源可持续角度出发，应改善目前钢材产能过剩的现状，构建绿色产业体系，以需定产，一方面节约钢材耗用量，提升钢材耗用量，另一方面改善环境促进生态发展。

实现资源可持续发展。中国是煤炭大国，电力资源可持续利用问题一直是关注焦点。在船舶制造业发展过程中，电力消耗是维持产业发展的必要资源。近两年来中国电力资源耗用量有所下降，主要归因于中国 2011 年 9 月颁布并开始实施的《"十二五"节能减排综合性工作方案》。在《"十二五"节能减排综合性工作方案》中对煤电、核电、风电等形式的电力结构的调整目标做出了详细规划，有利于电力资源更合理的使用。在实施电力资源可持续利用过程中，对于电力工业和电力资源消耗提倡实行电力市场化改革，激励生产企业和发展企业主动提升价格成本比，实现节能环保目标。借鉴国外电力资源利用的先进经验，通过实施

绿色电价促进中国低碳经济的实现。加大力度发展清洁能源技术，淘汰低能电力设备，发展智能电网。推行电力期货，[①] 从资源配置、资金利用、安排生产等方面提升电力行业竞争优势，利于电力资源的可持续发展。

二　培育高级生产要素

高级生产要素对船舶制造业的影响尤为重要。重视船舶人才培养，为船舶人才提供科学研究基地和就业岗位，充分发挥船舶人力资本优势。加强科技经费投入，鼓励自主创新为船舶制造业国际竞争力提升提供技术支持和保障。

（一）促进船舶制造业人才培养，提升专业人才就业率

重视船舶专业人才培养。人力资本是产业发展的内生性变量，人力资本价值量高低对于产业发展决定意义重大。中国船舶制造业应加强专业人才培养，增加高等院校船舶专业人才招收数量，宣传船舶制造的优势，增加船舶制造业的社会影响度。对于选择船舶制造专业的人才进行高质量高水准的船舶知识传授，增加其专业知识储备，鼓励参加专业实践。在培育船舶人力资本过程中，加大校企合作规模和范围，建立合作研发平台，通过产学研联合方式促进人才建设。充分发挥各地高等院校、船舶企业和船舶科研机构的积极性，加大国家财政部门对船舶专业院校的财政支持，鼓励条件适宜的综合性高等院校设立造船专业，与造船企业加强合作，增加人才实习基地的合作建设，为船舶专业人才提供理论与实践相结合的实习培训机会。国家"长江学者""泰山学者"等高等人才项目工程建设的重点可以部分转向造船及配套企业，建立船舶制造业专家人才资料库，扩大船舶高素质技术人才队伍规模，有利于船舶制造业高级生产要素的培育。

提升船舶专业人才就业率。发展中国重点造船企业，为船舶专业人才就业提供机会和平台。中国船舶制造业两大集团为中国船舶工业集团公司和中国船舶重工集团公司，2013 年两大集团造船完工量占全国造

---

① 电力期货是指以特定的价格进行买卖，在将来某一特定时间进行交割，以合约形式进行交易的电力商品。

船完工量的37.1%，新接订单量占全国的49.1%，手持订单量为全国总量的36.3%，是中国船舶制造的核心力量，同时为中国船舶专业人才就业提供25万个工作岗位，占中国总船舶从业人员的1/3。在船舶制造业地区发展方面，多方面考虑布局、用地、功能和产业特点，在大连、青岛、上海等沿海地区建立船舶研究工业基地，支持船舶制造企业科技发展，提升船舶产业集聚度。通过坚持扶优扶强原则，鼓励政府对有潜力的中小企业给予政策与资金扶持，促进其发展，培育多个规模方面、竞争力方面都具有较强优势的典型造船企业。通过技术战略联盟等手段，促进重点企业与国内外有实力集团联合发展，为船舶专业人才培育提供更加优质的发展环境，提升各地区船舶专业人才就业率，为中国船舶产业发展储备优质的人力资本。

（二）加强科技经费投入，鼓励自主创新

加强科技经费投入。科技水平和科技实力是船舶制造业快速发展以及国际竞争力强弱的重要决定因素。国际造船市场和中国造船市场都是典型的一体化市场，船舶制造业竞争力对科技水平和科技实力的依赖程度越来越高。船舶制造业的高集成度和强综合性使得它与科技联系更加密切。因此在船舶产业发展过程中，应不断加大科技开发力度，加强科技经费投入，从国家战略角度出发制定船舶科技发展规划，为船舶制造业科技水平和科技实力的提升提供资金支持和经费保障。充足的科技经费激发企业重视科技研发的动力和决心，鼓励企业根据企业自身发展目标和发展规划投入科技研发，从而建立国家和企业共同承担科技研发职责的良性投入机制。加强科研投入经费可以用于建设科技研发基地，为船舶工业企业相应研究部门和科研机构提供统一的科研场所和较先进的科研设备，重点加强重大实验室设施建设和关键研究方法和手段的建设。科技研发基地的建设有利于开展高强度科研任务和科研活动，有利于更多高新技术的开发和应用。

鼓励自主创新。加强自主创新是中国船舶制造业提升竞争力的主要途径。国际船运市场和国际船舶市场的竞争焦点已经转向产品竞争。拥有自主开发能力的产业和企业才能在国际市场中获得更多主动和市场份额。中国船舶制造业创新力量较薄弱，研究队伍和研究人才较缺乏，船舶制造业发展规划需进一步调整，因此必须要加强自主创新以促进产业发展。加强自主创新要注重自主知识产权技术的应用与开发，积极研究国内外高新技术，学习和更新国内设计和创新理念。充分发挥中国两大造船集团的优势，建立和完善船舶技术开发中心，提高开发能力，利用现有科研手段，对船舶制造关键技术进行精细研究。把握国际市场和国内市场需求特点，协调船舶产品总体技术和关键技术，结合船舶制造业长期目标和短期目标，借鉴国外先进研发技术，加强高新技术的消化吸收和积极推广，提升船舶制造业的自主创新能力和竞争力水平。

第二节　稳定低价值船舶市场需求

低价值船型主要以散装船和集装箱船型为主。低价值船舶市场需求份额的增加会提升中国船舶制造业贸易竞争力。首先，巩固低价值船舶国内市场需求，通过改善宏观需求环境和调整微观企业发展，为低价值船舶国内需求提供更好发展空间。其次，加大低价值船舶国际市场需求，通过开拓国际市场和加强国际合作为低价值船舶争取更多的国际市场份额。

一　巩固低价值船舶国内市场需求

改善宏观需求环境。2008 年金融危机后，世界船舶业与世界航运业一直处于低迷时期，尽管有所调整，但仍面临各种瓶颈。日本"再工业化战略"的实施对中国国内船舶制造业需求产生影响，尤其影响低价值船舶。需求的减少导致价格降低，船东资金压力增大。由于船舶制造业的周期较长，回暖期也较长，因此船东下订单处于极度谨慎状态。中国船舶制造业应利用国际环境低谷时期大力发展本国航运业，继续提高国内低价值船舶市场的需求。在宏观环境方面，出台各项产业发展规划和政策，为低价值船舶制造业国内市场运作提供良好的发展平台和环境。《船舶工业调整和振兴规划》为中国船舶发展制定短期内目标，有助于中国船舶制造业应对金融危机，保持健康稳定发展。《船舶工业"十二五"发展规划》为十二五期间中国船舶制造业发展指明发展方向和具体方针，是中国船舶制造业发展的中期发展规划。宏观环境的改善有利于中国低价值船舶国内市场需求的巩固，为中国船舶制造业贸易竞争力提升奠定基础。

调整微观企业发展。在微观企业方面，促进优势企业兼并重组弱势企业，为增加低价值船舶国内需求提供微观发展平台。国内市场中新承接船舶订单规模与船企实力关联性密切，2012 年中国新承接船舶订单中，中国船舶工业集团公司新承接订单载重吨占全国的 35.1%，中国船舶重工集团公司占全国的 14%，两大集团总和几乎占全国的一半。在手持订单方面，2012 年中国船舶工业集团公司手持订单载重吨占全国的 22.9%，中国船舶重工集团公司占全国的 13.4%，两大集团总和占全国的 36%。两大集团资源数量、资金实力和技术实力与国内中小船企相比具有绝对优势，国内船东对其信赖程度较高，订单数量也较多。在巩固国内需求方面，鼓励大型船企兼并重组弱小船企，实现资源合理利用，市场份额共享。从地区角度出发，利用好具有良好造船资源的江苏、浙江、上海、辽宁等地区，进行港口建设及船企建设，拉动资源较弱地区的船舶制造业发展，增加中国国内低价值船舶的造船需求量。

二　加大低价值船舶国际市场需求

开拓国际市场。目前在世界船舶市场中，中国船舶产品出口比例较高，出口产品大多是中国制造的低端船舶产品，涉及高附加值船舶出口比例较低。在开拓国际市场的过程中，针对不同国际市场需求提供各类型船舶产品。一方面巩固中国低价值的主流船型在国际市场中的需求规模和市场份额，另一方面通过科技研发等手段提升高附加值船舶的国际市场占有率。在国际市场格局中，抓住金融危机对市场冲击带来的调整机遇。对于由于金融危机引致的新兴船舶市场，要进行市场调研并制定新兴市场开拓与发展规划，进行合理投资和开发。对于中东地区、东南亚地区、南北地区以及北非等地区的市场要继续巩固，并通过加大开拓力度占据更多国际市场份额。加强在船用配套设备服务环节方面的投入和水平，如境外营销网络和境外售后服务体系等，辅助带动低价值船舶产品的国际化出口，进一步扩大国际市场份额，提升船舶行业的国际市场竞争力。

加强国际合作。目前中国船舶产业在国际市场上仍主要依靠成本和价格开拓国际市场，与国外企业合资等手段处于初步阶段。在船舶产业持续发展过程中，应以发达国家船舶国际化战略为借鉴，转变发展战略，走发展国家化道路。以"出口—引进—扩大出口—海外投资"为发展指导策略，走外向型国际化道路。中国目前在产品出口方面凭借成本和价格已见成效，已经成为世界第一制造出口大国，但并不是第一制造出口强国。在转为进行海外投资阶段过程中，应加强与国际船舶企业合作的力度，丰富外向型国际化的内容，向深层次的国际化发展。通过加大与国际船舶市场和船舶企业的合资力度和广度，充分利用各方的资源优势和贸易比较优势，实现船舶产业整体性的发展和扩大。通过与国际市场和国际船企通过合资或并购方式建立长期客户伙伴关系，共享对方国际市场，提升市场潜力和市场占有率，开展深层次的国际化合作和国际化经营。

第三节　推进高价值船舶需求增长

油船等高价值船舶在日本"再工业化战略"实施过程中也受到一定影响，而且其贸易竞争力依然没占到中国船舶制造业贸易竞争力的主体地位。在科技为主导的发展环境下，高价值船舶应努力提升自身竞争力。首先，通过改善需求结构和打造船舶精品工程，促进需求空间的增长，其次，通过集中优势力量发展高端船舶产品和引入环保理念设计低碳船舶等手段，促进船舶产业和产品的升级换代，为高价值船舶的需求创造更多增长空间。

一　打造船舶精品工程促增长

改善需求结构。中国船舶市场散货船、集装箱船和油船市场三大基本船型承接订单量占国内承接订单量的80%—90%。其中2013年散货船的承接订单比例已经由近几年的最高值0.798下降至0.710，表明中国低价值的散货船所占比例是下降特征，但同时也显示出中国散装船在生产制造方面仍占据主要份额。在船舶产品出口方面，2011年散货船的出口金额占全国出口总金额的54.9%，2012年比例略有下降，数值为54.7%。从数据显示上看，散货船仍然是中国承接订单的主体，也是中国主要出口产品。低价值的散货船比例越高则表明中国船舶产品总体价值越低，从近几年发展来看，散货船的需求下降，需求结构调整效果已有所表现，但仍需继续加大调整力度。要实现中国船舶制造强国的目标，必然要求降低低价值船舶比例，提升船舶产品总体价值。从未来发展趋势看，船舶市场结构性变化要求增加对节能环保型船舶、高技术高附加值船舶的需求，散货船等低增加值船型在市场中的比例会减小。

打造船舶精品工程。三大主流船型占据中国船舶制造主体的局势从比重数值上看短期内会有所下降，但主体地位不会改变。因此在进行需求结构调整过程中，为提升主流船型的市场竞争力表现，采用核心竞争力筛选工程。在三大主流船型中，以生产要素资源实力、市场适应能力、市场快速反应能力、核心产品竞争力等因素为评价指标，选取具有较高价值的主打产品重点培育和发展，实现船舶精品工程建设。在精品船舶培育过程中，首先，从设计源头出发，对典型船舶进行成本计算和分析，实现成本战略优势。其次，加大技术研发投入，将高新技术用于典型船舶生产制造过程，实现科技战略优势。再次，以市场需求为主要驱动力进行生产和制造，满足国际市场和国内市场需求，实现市场战略优势。船舶企业根据企业特点和产品定位，打造成本投入合理、技术性能优良、市场占有率高的精品船舶工程，开发具有较高国际竞争力的品牌船型，实现中国三大主流船型的转型升级。

二　推进船舶产业产品升级促增长

集中优势力量发展高端船舶产品。中国《船舶工业加快结构调整促进转型升级实施方案（2013—2015 年）》中指出中国目前的发展目标在于进一步调整需求结构，加强创新驱动机制实施，以实现技术升级和产品结构升级双目标。中国船舶制造业的发展要结合国际船舶市场发展方向、发展特点以及需求变化，调整以低端散装船为主要核心的产品结构现状，集中科技力量投入到高附加值高技术产品的研发中，提升中国高附加值产品在产品结构中的比重。将最新科技研发成果应用到船舶制造过程中，提升船舶产品的知识含量和技术含量，加大对高技术高附加值产品的开发与应用。对船舶产品进行升级和优化，重点研发大型液化天然气船、豪华游轮、高级游艇等高附加值产品。培育高附加值产品品牌和市场，完善产业发展链条，储备具有船企自身发展特色和竞争优势品牌的标准化船型和高技术船型，提升中国在高附加值船舶产品市场中的国际竞争力。

引入环保理念设计低碳船舶。船舶制造产品的特点是生产设计周期较长，使用年限相对较久，因此在产品更新换代方面遭遇的瓶颈较明显。在低碳经济理念日益深化的国际国内环境中，船舶的低碳化已成为产业和社会发展的必然要求。中国船舶产业应将低碳理念不仅融入到船舶制造环节，而且贯穿于船舶设计和制造的每一个环节。在设计过程中，从原材料、使用能源等多方面考虑船舶设计材料的利用率以及环境影响。在生产制造过程中，制定和遵循绿色船舶规范，增加绿色建造技术应用，提高船舶产品环境标准，生产制造环保型绿色船舶，完成产业低碳化发展和产品低碳转型。对于老旧船舶鼓励加快淘汰速度和提前报废，减少对环境的破坏。将废旧原料进行回收利用和重复利用，以环保理念为指导，发展满足低碳要求和国际规范和公约要求的、兼顾安全性和节能性的环保绿色船舶产品，提升船舶产业和中国航运业整体竞争力。

第四节　把握经济周期特点谋求机遇发展

经济周期波动特点影响新时期法律、经济和政策环境波动。法律环境、经济环境和政策变动都为船舶制造业发展提供良好发展契机，把握机遇有利于谋求更大发展。经历过金融危机的经济复苏机遇和政策大力支持机遇为中国船舶制造业发展提供广阔的发展空间。法律法规的完善，法律法规实施手段的完善，税收和信贷支持业务的完善提供良好的法律环境，为中国船舶制造业贸易竞争力提升提供良好的法律支撑和监督管理。

一　把握经济和政策机遇谋求发展

把握经济机遇谋求发展。中国作为经济发展大国，自 2012 年以来呈现"稳增长"特点，2012 年和 2013 年 GDP 增长率分别为 7.65% 和 7.67%，列入近二十年来增速倒数五名。尽管经济增长率没有达到 9%

或 10% 的高速状态，但稳定的增长比例表明中国经济已经进入关注经济质量发展阶段，而不是徘徊在追求经济规模发展阶段。在此背景下，中国船舶制造业经历"再工业化战略"与经济危机影响后，整体市场需求呈现好转特点。2013 年在经历了 2012 年严重不足的低迷阶段后，新接订单和手持订单数量都有明显回升，新接订单数量增加 5081 万吨，手持订单数量增加 2110 万吨。国家经济整体稳步发展为船舶制造业创造良好的宏观发展环境，产业市场需求条件的改善为船舶制造业创造良好的中观发展环境。贸易出口方面，中国船舶制造业出口占世界比例较 2012 年略有下降，但贸易竞争力指数在 2013 年的表现优于 2012 年，表明船舶制造业的发展前景可观。切实分析和合理利用宏观经济和中观发展机遇，为产业可持续发展贡献力量。

把握政策机遇谋求发展。自 2011 年来，中国政府纷纷出台有利于船舶制造业发展的法律法规政策。《船舶工业"十二五"发展规划》确定船舶制造业 2015 年发展目标，为产业发展明确指明方向和实现指标。2013—2015 年船舶工业行动计划的制定又为《发展规划》目标的实现进一步提供保障。在具体实施方面，提高船舶制造业市场进入门槛的相应政策有利于产业集中度的提升；加强船舶配套产业及相关产业发展政策的提出有利于产业结构优化与升级；鼓励增加科技研发力度的相应政策有利于发展中国高端船舶制造产品和提升产业科技创新能力；加强对船舶制造企业信贷融资政策的支持，有利于保障船企金融资本供应和拓宽融资渠道；加大船舶出口卖方信贷市场的投放力度，有利于大型船舶企业和有竞争实力的企业持有较为稳定的船舶订单规模。国家各项政策的出台为中国船舶制造业发展提供各个角度的支持，推动船舶制造业发展步伐，因此要专注政策机遇为产业谋求更大发展。

二 把握法律完善机遇谋求发展

政策与法律法规的完善。中国船舶产业发展过程中虽已制定法律法规，但与日本和韩国等造船强国相比，仍然存在法律法规体系完善程度欠缺等问题，因此要继续完善和健全中国船舶制造业的法律法规体系。首先，要保障法律法规的国际一致性，政府出台的相关政策首先要与国际接轨，符合国际经济环境的需要，与国际惯例相同。其次，要符合中国产业发展特点，真正为船舶制造业发展提供良好的支撑保障，促进中国船舶产业实现快速、平稳发展。其次，在健全和完善法律政策过程中要充分体现法规的层次性。法律、法规和规章是健全的法律法规体系的主要层次内容。中国创建的法律法规体系应具备综合性和稳定性，从宏观角度出发要与中国海事相关行业法律法规体系相融合和匹配，避免出现不协调和矛盾现象。再次，制定的法律法规体系要具有持续性和调整性，既能系统地反映目前中国船舶制造业发展，又能进行不断完善和调整，提供良好的船舶制造业发展法律环境，动态保障船舶制造业发展。

法律政策实施手段的完善。抓紧实施《船舶行业规范条件》和《船舶工业加快结构调整促进转型升级实施方案（2013—2015 年）》等行业法规，有利于规范行业行为，调整产业结构，促进技术水平提升。通过贯彻《规范条件》和《实施方案》，推动船舶制造企业改变发展战略，调整产业发展规划，促进效率提升。在政策贯彻过程中要采用一系列措施保障实施。首先，通过宣传和推广提高国际造船市场中新国际规范和国际公约的普及程度，加强对新技术和新科技的研究，提升环保新船型和技术含量高的船型的开发和利用。其次，加大力度建设行政执法船舶、勘察监督船舶、应急保障船舶等特殊用途船型，加快海洋保障能力建设，提供良好的海洋船舶发展基础环境。再次，优化企业资源，加速企业兼并与重组，培育资源优势显著和产业结构占优的船舶企业集团，真正落实法律法规的内容，实现法律法规贯彻执行的目的，发挥政府宏观调控效果，有利于法律法规真正发挥功用。

税收和信贷支持业务的完善。在船舶制造业发展过程中，通过加强税收和信贷业务为产业发展提供良好的金融支持。加大税收措施，第一，要落实财税优惠政策内容，通过加强宣传，引导企业充分利用相关政策以促进产业发展和振兴。第二，落实财政专项资金的使用，将资金用于加强技术、创新和环保方面，增加船舶企业产品高新技术含量，提升产品国产化程度，提高节能减排效率。第三，通过各级政府及工业协会对国家重点科研项目进行资金筹集和政策支持，产业各级企业积极配合，调整资金使用范围和支出结构。在信贷业务方面，通过拓宽融资渠道增加船舶制造业信贷支持力度，增大信贷规模，为船舶企业提供信贷资金供应。加强银行与企业之间的双向合作，允许在建项目采用使用权抵押等方式进行融资，提升大额资金的周转率。通过采用船舶出口卖方信贷等方式，增加各类型金融机构出口信贷的投放力度，稳定并增加现有出口订单的规模。

三　把握国际经营战略机遇谋求发展

船舶制造业国际经营战略不仅要深入贯彻理念、技术和科技的"引进来"战略，而且要通过产品出口，企业直接投资、合资或合作等方式实现产品和企业的"走出去"战略。进一步加强中国船舶制造业营销能力，拓展船舶制造业售后服务体系，提升中国船舶制造业国际服务水平。

实施船舶制造业"引进来"战略。"引进来"战略要求进一步解放船舶产业发展思想，以引进国外优秀船企和国外先进技术为主要内容。在引进国外船企进入中国市场方面，要不断改善中国船舶投资环境，从政策、法规等方面给国外有实力船企创造条件，吸引其重组和并购中国实力较弱的中小型船舶企业，解决中小型船舶企业资金、技术和管理方面的问题，提升中小企业竞争实力。在引进造船技术方面，学习日本和韩国等造船强国的先进造船经验，变更传统造船理念，转换传统造船模式，引进现代先进造船理念。引进日本、韩国等国家的"数字化造船""绿色造船"等理念，以优质、高效、安全的原材料对船舶制造业进行高精度造船，以资源高效整合为前提，提升船舶企业生产、制造效率。引进国外制造强国的先进信息技术和科技，将其应用到企业具体环节中，推动造船企业生产与技术发展，促进船舶企业与国际接轨，为"走出去"战略的实施创造更好条件。

贯彻船舶制造业"走出去"战略。中国船舶工业自改革开放以来就已经开始涉足实施"走出去"战略。经过近五十年的发展，船舶出口方面和技术方面都取得一定成绩，中国船舶制造业出口份额基本呈现持续增加态势。尤其是进入 21 世纪以来，出口量在世界占比超过日本和韩国两大造船国，现在已经成为世界第一造船大国。中国船舶制造业凭借其原料资源和劳动力资源方面的比较优势，已经形成较高的成本优势，引致竞争优势逐渐增强。在此基础上应深入贯彻"走出去"战略，不仅实现船舶产品"走出去"，而且要鼓励和支持船舶企业"走出去"。

通过在国外市场直接投资建设修造船厂，直接获取国外市场和国外资源；通过并购、合资或合作等方式与国外拥有先进技术和规模较大企业联合，共享国外船企市场、品牌资源、人力资源与技术资源；通过在海外创建科技研发中心和生产制造基地等方式，对国外先进技术进行最大程度的利用和融合，为船舶工业发展开拓更广阔空间。

第五节　发挥相关及辅助产业外部经济作用

发挥相关产业及辅助产业的外部经济作用，实现技术和收益外部经济性。相关及辅助产业发展是船舶制造业贸易竞争力提升的有力支柱，其发展从产业链整体直接影响船舶制造业贸易竞争力表现。在提升船舶制造业竞争力过程中一方面要关注上游钢铁产业竞争力提升和下游航运市场运能调整措施，另一方面要提高船舶配套业设备国产化水平并发展拆船修船业。

一　提升船舶制造业相关产业竞争力

努力提升船舶制造业相关产业竞争力主要从产业链角度出发，提升上游主要产业与下游主要产业竞争力。钢铁产业是船舶制造业的主导上游产业，为船舶制造业发展提供资源需求，航运产业是核心下游产业，解决航运市场低迷现象和调整航运企业发展战略为船舶制造业发展提供畅通需求渠道。

（一）培育上游钢铁产业竞争力

提升钢铁产业竞争力。中国是资源大国，对于钢铁资源拥有量具有一定优势，但在应用过程中仍需做出一定的调整和改进。中国钢铁产品的市场需求已经由关注数量需求转型为关注质量需求，对产业发展提出新的要求。在发展过程中，首先，要提高钢铁产品质量，尤其是船用钢材质量。对于中国国产钢材在质量方面存在抗氧化性低、除磷效果差等问题，应给予足够的重视和关注，并采用技术提升其质量性能。其次，要规范钢铁产品规格和品种。中国钢铁材料规格不全导致船舶设计和制造过程中为满足造船要求，只能选择规格偏大或偏重的钢铁材料，其结果造成中国国产船舶自重和载运量都不理想。不合适的钢铁原材料的应用使得船舶产品成本过高，市场销量减少，船东对产品满意度下降。再次，要提高钢铁产品服务意识。严格按照世界船级社规范要求，为各类型船东按需求提供产品，一方面巩固中国船舶制造业成本竞争优势，另一方面提升产品质量和服务竞争力。

加速产业集聚地区的发展。中国目前船用钢铁供应量较大的地区集中在上海、辽宁、山东、江苏等地，以宝钢股份中厚板分公司、鞍山钢铁集团公司、济钢集团有限公司和南钢集团等为代表，具有造船设备相对较好，技术较强，能满足造船钢材市场规模数量和质量等优势特点。从区域角度划分，钢铁产业主要集聚在长江三角地区和环渤海地区，加大对高竞争力的船企必要设施和设备的投资和建设，以满足造船工业对钢铁产业需求的增加。随着国内船厂造船能力的不断提升，造船总量进一步增加，船舶规格不断扩大，单船建造吨位将达到30万吨或以上，因此对于特定造船钢材需求必然增加，如32千克和36千克D、E级别的低合金高强度造船钢材等。在需求增加的环境下，长三角地区和环渤海地区应积极补充提升产量的必要设备，提高钢材级别规模和质量，既保持原有比较优势，又获得成本优势和技术优势，占据更多市场份额，带动行业整体发展。

（二）调整下游航运市场产能和发展战略

调整航运市场运能过剩局面。2008年金融危机爆发至今，国际经济在经历巨大波动后出现缓慢复苏迹象，但复苏过程相对较长，不确定性和不稳定因素频频出现。主要经济体经济增长态势和金融市场变化对国际航运业和中国航运业发展都带来一定影响和冲击。2008年金融危机爆发前，中国贸易进出口量的大幅上升使得大量资本投入到国内航运业发展，过多的资本投入导致航运业运能初显过剩。2008年金融危机爆发后，欧盟、美国、日本等发达经济体经济发展速度放缓，国际贸易数量减少，市场交通需求下降都导致国际航运市场需求减少，加剧航运业市场产能过剩局势。一方面由于2008年金融危机后航运市场出现短期反弹，导致2011年较多运力投入市场，另一方面由于市场供需失衡以及成本上升等问题导致运能过剩严重。因此中国航运市场发展过程中应严格控制运能增长量，杜绝盲目投资；引导部分过剩产能转移至其他相关产业或辅助产业，如转移至海洋工程装备等领域；建立和健全产能退出机制，淘汰落后船舶制造企业，引导竞争力弱的船企退出船舶制造行业。

变更航运企业发展战略。中国船舶制造企业在近十多年来虽然发展迅速，积极向世界航运市场拓展，但由于经济发展特点的限制，多数航运企业专业化分工仍不明确，发展战略与企业发展现状脱节，导致多数航运企业市场竞争力不强。骨干航运企业数量较少，市场占有率不高，中小型航运企业数量过多，分散于国家各地，因此整体航运市场集中度低，企业自身竞争力表现弱。要改变航运企业发展战略，首先，要建立公平有序的市场环境，为中国国际航运企业与国际航运惯例接轨提供基本平台。其次，针对不同规模航运企业制定不同发展方针和策略。对于竞争实力雄厚的大型航运企业鼓励开展兼并重组，实现规模化经营，提高航运市场集中度，将其培育为国际一流企业。对于实力较为薄弱的中小型航运企业提倡实施差异化发展战略，形成独特的竞争优势与其他竞争对手抗衡。再次，借助政府力量和行政力量，扩大航运企业货物来源渠道，通过采用适度货载和税收补贴等约束和激励机制，降低企业生产成本，引导中国航运企业发展。

二　促进船舶制造业辅助产业发展

船舶制造业辅助产业以船舶配套业和拆船修理业为主。船舶配套业为船舶制造业发展提供相应配套设施，不断提升其发展战略和设备国产化率以带动船舶制造业发展。拆船修理业为船舶制造业发展提供相应服务，修船市场规模的扩大以及拆解和修理技术的提升，使中国船舶制造业进一步实现与国际接轨。

（一）提高船舶配套设备国产化水平

提升船舶配套业发展战略。中国船舶配套业为船舶制造业发展提供必要的支持，在船舶工业发展规划中已经将船舶配套业列为工业结构调整的重要内容，明确船舶配套业的产业支持地位。对重点配套企业的发展提供资金和政策方面的支持，鼓励引进重大船舶设备技术，加强设备研发中心建设，提升船舶配套业综合实力，改善因配套业发展不足制约船舶制造业发展的现状。从宏观、中观和微观多方面通过加大对船用设备技术开发的资金投入，对新技术、新产品和新工艺不断进行消化和吸收，切实提升船舶配套业综合实力。基于宏观支持政策的保障，国内船舶配套企业要利用契机改善企业技术发展环境和条件，提升船舶配套业整体科技竞争力。借鉴韩国和日本等造船强国的先进造船经验和造船模式，加强与国内外机械、电子等相关产业的合作，通过合作促进多个产业、多个国家共同发展，建立系统科学的配套发展体系和战略，重点发展目前中国具有一定竞争优势的船舶设备，提高船舶配套业运作效率和发展水平。

提升船舶配套业国产化率。中国目前船用设备本土化装船率不足50%，较中国船舶制造业发展滞后。长期依赖设备和技术进口局面导致船舶配套业自身产业发展动力不足，不利于船舶制造业持续发展。提高船舶配套业设备整体本土化水平，要坚持国轮国配发展方针，以技术研发和设备制造能力为基础提升国产船用设备装船率。从产业系统发展和持续发展角度出发，要加强船舶配套业自主创新能力，科学配置全球资源，走技术引进与自主创新相结合道路。对从先进国家引进的船舶配套技术和配套项目进行规划和论证，激励科研人员重点进行二次开发和研制，解决当前核心技术受控于人的局面，增加自主创新产品数量。通过加快新型船用设备及关键配套产品的生产和自主研发，提高中国船用设备本土化水平。船舶配套企业具有投资资金多，产品批量小，技术难度大，资金占用时间久等特点，还要注重加强外资引入。凭借外资投入资金和技术保障，一方面缩短船舶配套企业发展和建设资金筹措时间，另一方面实现企业技术和管理的溢出效应，缩短与国际化水平的差距。

(二) 积极发展拆船和修船业务

扩大修船市场需求规模。现代修船业是集劳动、技术和资金为一体的"三密集"产业，对劳动力、技术投入和资金实力要求都比其他产业高。目前国际环境中船舶船龄结构不合理，船龄超过20年的船舶载重吨比例超过1/5，数量上比例超过1/3。从具体船型特点来看，小型船型老龄化比例最为严重，老龄化比重接近50%，巴拿马型船老龄化比重占20%。船舶老龄化比例过高会导致对船舶正常运作要求高，对于修船市场需求加大。船龄越大修船工作量越多，船龄超过13年的船舶，其修船工作量每年增加1/4，船龄超过15年的大型油轮，其修船成本每年增加1/5。自21世纪以来，经济全球化程度加深，资金和技术要求提升等因素促进全球船舶修理业业务能力增加。中国修船业在除锈、除磷等技术方面仍劣于发达国家，船舶改造工程处于初级阶段。在新经济环境下，中国修船企业可以进行产业重组及整合，通过实施集团化经营、海外投资建厂等战略提高资源利用效率和企业利润，实现船舶修船业国际竞争力的提升。

提升船舶修理及拆解业服务水平。目前中国船舶制造业中典型船型依然是散装船、油船和集装箱船三大船型，但化学品船、滚装船、豪华游艇等船舶所占比例逐渐增强。三大基本船型在发展过程中表现出大型化趋势，新船型规模和用途、技术和科技含量都较高，提升修船及拆解业技术水平和服务水平成为发展所需。通过不断引进国外先进修船及拆解技术，采用国外先进设备，对船舶修理及拆解业的发展提供良好技术支持环境，并鼓励中国船舶拆解及服务业形成自身核心竞争力。在船舶企业管理方面，通过提高船厂信息化管理水平，在资金、资源、人力等方面协调生产和成本，提升船舶企业运营效率。在业务运作方面，通过采取集中拆船、定点拆解等方式增强业务能力，一方面对老龄船舶加大修理频率提供便利，另一方面对新型船舶发展提供平台。在提供服务方面，通过建立专业的维修网络和维修平台，及时搜集修理及拆解信息，缩短船舶修理及拆解时间，提高服务效率，提高中国修船服务水平，使之与世界水平接轨。

第六节　本章小结

日本"再工业化战略"实施后对中国船舶制造业贸易竞争力既是机遇，也是挑战。为应对战略实施产生的负面影响，中国船舶制造业贸易竞争力的提升建议以实证结果为依据，分别提出相应发展对策。稳定低价值船舶市场需求，一方面，通过改善宏观需求环境和调整微观企业发展，来巩固低价值船舶国内市场需求，另一方面，通过开拓国际市场和加强国际合作，来加大低价值船舶国际市场需求增长。推进高价值船舶需求增长，一方面，通过改善需求结构和打造船舶精品工程来实现需求增长，另一方面，通过集中优势力量发展高端船舶产品和引入环保理念设计低碳船舶来升级船舶产业和产品。把握经济周期特点谋求机遇发展，不仅要把握经济发展机遇和政策颁布机遇，而且包括法律法规的完善，法律政策实施手段的完善，税收和信贷支持业务的完善等机遇，以及贯彻和实施"引进来"与"走出去"国际经营战略机遇。发展相关及辅助产业外部经济作用，一方面，要提升船舶制造业相关产业竞争力，培育上游钢铁产业竞争力，调整下游航运市场产能和发展战略；另一方面，要促进船舶制造业辅助产业发展，提高船舶配套设备国产化水平，积极发展拆船和修船业务。

结　　论

本书以中国船舶制造业贸易竞争力为研究内容，探讨日本"再工业化战略"对中国船舶制造业贸易竞争力的影响。船舶制造业占据中国国民经济中重要地位，提升船舶制造业贸易竞争力有利于利用与整合产业资源，有利于调整和优化产业结构，实现中国造船大国向造船强国的转变。日本"再工业化战略"自2005年实施以来，效果较为显著。战略的实施抑制了中国船舶制造业贸易竞争力提升，尤其影响船舶需求条件。为应对日本"再工业化战略"影响，中国船舶制造业贸易竞争力从生产要素，需求条件，相关及辅助产业，经营战略、市场结构与竞争、政府与机遇几个方面提出相应提升对策。本书具体研究结论如下。

第一，日本工业化经历了工业化初期发展阶段、畸形发展阶段、复苏和高增长阶段、低速发展阶段、停滞发展阶段和改善发展阶段六个阶段。针对工业化发展特点，20世纪初日本为解决产业空心化问题重提"再工业化战略"，旨在实现产业转型升级，以高附加值、知识密集型和服务创新为主要目的。"再工业化战略"实质为转变经济发展模式，实现产业转型升级，调整国家产业结构和实现持续创新。定量分析日本"再工业化战略"过程中，选取日本第二产业产值比重、第二产业劳动力数量比重、制造业出口额、工矿业指数、制造业开工率、GDP增长率、相对工业化率七个衡量指标，利用扩散指数法计算综合扩散指数。扩散指数分析结果显示自2002年始，日本再工业化进程步入初步发展阶段。虽然各指标绝对值没有显著提升，但相对值的降幅在缩小，意味着日本再工业化进程对经济的正面作用开始显现。采用因子分析法得到日本"再工业化战略"三个因子，将其得分进行加权平均得到能较为全面反映日本"再工业化战略"的综合因子。

　　第二，中国船舶制造业贸易竞争力基本面表现以出口更为显著。历年出口规模呈现增长态势，2010 年首次突破 400 亿美元，出口占比近年来一直位居世界首位。历年进口规模与进口世界占比均呈现波动特点，增长与下降交替出现。在贸易对象国集聚度方面，进口国家集聚度优于出口国家，五大市场占据总进口市场的比例平均超过 70%。在指数分析过程中，贸易竞争力指数结果显示 1996 年至今船舶制造业贸易竞争力表现优于国际平均水平；显示性比较优势指数结果显示 1996 年至 2001 年，2006 年至今船舶制造业贸易竞争力水平较高；Michaely 竞争优势指数结果显示中国船舶制造业贸易竞争力均为正值。三种指数采用不同方法对贸易竞争力进行测算，结果各有特点，但整体来看，中国船舶制造业贸易竞争力历年表现较强，受 2008 年国际金融危机影响出现波动，2012 年后基本处于调整与恢复阶段。

　　第三，以波特六因素"钻石模型"为理论基础，构建以生产要素，需求条件，相关及辅助产业，经营战略、市场结构与竞争四个基本要素为主要内容的贸易竞争力评价体系。评价体系以客观针对性、科学可行性、全面系统性、动态持续性为创建原则，考虑船舶制造业贸易竞争力评价的复杂性，将影响因素按照阶梯层次顺序进行整理和排序，以钻石模型为理论基础综合评价贸易竞争力表现。指标评价体系包括一个船舶制造业贸易竞争力一级指标，生产要素，需求条件，相关及辅助产业，经营战略、市场结构与竞争四个二级指标。生产要素指标包括船台/船坞数量、电力和船用钢材消耗量、固定资产投资四个初级生产要素指标，就业人员数量和科技经费投入强度两个高级生产要素指标。需求条件二级指标包含新船订单量和手持订单量两个需求规模指标，散货船、集装箱船和油船承接订单比例三个需求结构指标。相关及辅助产业二级指标包含钢材和生铁产量两个上游产业指标，航运业运能、规模以上港口吞吐量两个下游产业指标，船舶配套业和船舶修理及拆解业总产值两个辅助产业指标。经营战略、市场结构与竞争包含贸易伙伴国家数量、出口市场占有率两个经营战略指标，船舶企业数量、市场集中度、造船效率和平均利润率四个市场结构与竞争指标。

　　第四，构建"再工业化战略"下中国船舶制造业贸易竞争力评价指标体系。采用层次分析法对中国船舶制造业贸易竞争力评价指标体系进行权重赋值，得到需求条件权重赋值为 0.381，相关及辅助产业权重赋值为 0.317，经营战略、市场结构与竞争权重赋值为 0.188，生产要素权重赋值为 0.114。对一级指标贸易竞争力评价指标进行分析，按照指标变动特点将贸易竞争力表现分为 2000—2007 年贸易竞争力整体明显增长阶段，2008 年和 2009 年贸易竞争力大幅度下滑阶段和 2010—2013 年贸易竞争力波动调整阶段。对贸易竞争力二级指标结果进行分析，按照指标正负值原则将指标变动特征进行分类，贸易竞争力一级指标变动取决于二级指标正负值大小以及指标权重。采用 HP 滤波法研究中国船舶制造业贸易竞争力发展趋势，结果显示一方面贸易竞争力呈增速递减的上升趋势，四个子指标中趋势与之类似，经营战略子指标最为相似。另一方面贸易竞争力，经营战略、市场结构与竞争，相关及辅助产业，需求条件的趋势线几乎相交于 2005 年。四个子指标中需求条件和生产要素对贸易竞争力影响更加显著。

　　第五，实证分析日本"再工业化战略"对中国船舶制造业贸易竞争力影响着重于三个方面。研究日本"再工业化战略"对中国船舶三大指标影响。造船完工量、手持订单量和新接订单量三大指标受日本"再工业化战略"影响结果显示，自 2000 年以来，除去 2008 年金融危机特殊事件影响，中国船舶产业表现基本呈上升趋势，中国各指标订单占世界订单的比例整体呈现增加态势，表明中国船舶产业具有一定的国际竞争力。日本"再工业化战略"对中国船舶制造业贸易竞争力实证研究结果显示，日本"再工业化战略"、贸易竞争力等六个指标均为一阶单整，"再工业化战略"分别与贸易竞争力和需求条件存在协整关系。误差修正模型结果显示"再工业化战略"与贸易竞争力和需求条件两个模型的拟合优度较好且具有显著为负的调整系数。"再工业化战略"的实施会对贸易竞争力提升起到负面抑制作用，对需求条件也起到负面作用。对五个指标分别进行脉冲响应分析，结果显示指标基本在七期左右都趋于 0 或趋于平稳，表明"再工业化战略"影响会逐渐消失。对需求结构进行深入分析，比较自 2005 年至今中国三大主力船型的出口船舶完工量、新承接出口船舶订单量和手持出口船舶订单量。结果显示相对而言，高价值船型受"再工业化战略"影响大，中国船舶制造业贸易竞争力仍主要依附散装船等低价值船型。

　　第六，中国船舶制造业贸易竞争力的提升要稳定低价值船舶市场需求，推进高价值船舶需求，把握经济周期特点谋求机遇发展，发挥相关及辅助产业外部经济作用。稳定低价值船舶市场需求，一方面，通过改善宏观需求环境和调整微观企业发展，来巩固低价值船舶国内市场需求，另一方面，通过开拓国际市场和加强国际合作，来加大低价值船舶国际市场需求增长。推进高价值船舶需求增长，一方面，通过改善需求结构和打造船舶精品工程来实现需求增长，另一方面，集中优势力量发展高端船舶产品和引入环保理念，设计低碳船舶升级船舶产业和产品。把握经济周期特点谋求机遇发展，不仅要把握经济发展机遇和政策颁布机遇，而且包括法律法规的完善，法律政策实施手段的完善，税收和信贷支持业务的完善等机遇，以及贯彻和实施"引进来"与"走出去"国际经营战略机遇。发展相关及辅助产业外部经济作用，一方面，要提升船舶制造业相关产业竞争力，培育上游钢铁产业竞争力，调整下游航运市场产能和发展战略。另一方面，要促进船舶制造业辅助产业发展，提高船舶配套设备国产化水平，积极发展拆船和修船业务。

参考文献

［1］Peet R，"The Deindustrialization of America"，*Antipode*，Vol. 14，No. 2，July 1982.

［2］Bradford Jr C I，"US Adjustment to the Global Industrial Challenge"，*Reindustrialization：implications for US industrial policy*，Vol. 46，1984.

［3］Miller III J C，Walton T F，Kovacic W E，et al，"Industrial policy：Reindustrialization through competition or coordinated action"，*Yale J. on Reg.*，Vol. 2，February 1984.

［4］Rothwell R，Zegveld W，*Reindustrialization and technology*，New York：ME Sharpe，1985，pp. 30－60.

［5］章嘉琳：《美国的空心化及其后果》，《人民日报》1987 年 8 月 29 日第 8 版。

［6］刘再兴：《工业地理学》，商务印书馆 1997 年版，第 498—500 页。

［7］杨仕文：《美国非工业化研究》，江西出版社 2007 年版，第 223 页。

［8］Brandes F，"The future of manufacturing in Europe：A survey of the literature and a modeling approach"，*The European Foresight Monitoring Network（EFMN）：Brussels*，Vol. 13，2008.

［9］金碚、刘戒骄：《美国再工业化的动向》，《中国经贸导刊》2009 年第 22 期。

［10］Pollin R，Baker D，"Reindustrializing America：A Proposal for Reviving US Manufacturing and Creating Millions of Good Jobs"，*The Murphy Institute/City University of New York*，Vol. 19，No. 2，

April 2010.

[11] 罗凯、刘金伟：《解读美国"再工业化战略"，浅谈中国产业结构调整对策》，《中国产业》2010年第5期。

[12] 刘戒骄：《美国再工业化及其思考》，《中共中央党校学报》2011年第2期。

[13] 芮明杰：《发达国家再工业化的启示》，《时事报告（大学生版)》2012年第1期。

[14] 唐志良、刘建江：《美国再工业化对中国制造业发展的负面影响研究》，《国际商务（对外经济贸易大学学报)》2012年第2期。

[15] 侯芙蓉：《美国再工业化战略分析》，硕士学位论文，吉林大学，2013年，第1—4页。

[16] Thurow L C，"AMERICAN MIRAGE—A POST—INDUSTRIAL E-CONOMY"，*Current History*，Vol. 88，No. 534，June 1989.

[17] 乔·瑞恩、西摩·梅尔曼、周晔彬：《美国产业空洞化和金融崩溃》，《商务周刊》2009年第11期。

[18] McCormack R，"The plight of American manufacturing：since 2001，the US has lost 42，400 factories—and its technical edge"，*American Prospect*，Vol. 21，No. 2，June 2009.

[19] 金碚、刘戒骄：《美国再工业化观察》，《决策》2010年第Z1期。

[20] 罗凯、刘金伟：《解读美国"再工业化战略"，浅谈中国产业结构调整对策》，《中国产业》2010年第5期。

[21] 周院花：《美国去工业化与再工业化问题研究》，硕士学位论文，江西财经大学，2010年，第33—39页。

[22] 刘煜辉：《弱美元再平衡下的中国抉择》，《南风窗》2010年第4期。

[23] 赵刚：《美国再工业化之于中国高端装备制造业的启示》，《中国科技财富》2011年第9期。

[24] 孟祺：《美国再工业化对中国的启示》，《现代经济探讨》2012年第9期。

[25] 姚海林：《西方国家再工业化浪潮：解读与启示》，《经济问题探索》2012年第8期。

[26] Kucera D, Milberg W, "Deindustrialization and changes in manufacturing trade: Factor content calculations for 1978 – 1995", *Review of World Economics*, Vol. 139, No. 4, April 2003.

[27] Tregenna F, "Characterising deindustrialisation: An analysis of changes in manufacturing employment and output internationally", *Cambridge Journal of Economics*, Vol. 33, No. 3, June 2009.

[28] 陈万灵、任培强:《经济危机下贸易保护主义新趋势及其对策》,《对外经贸实务》2009 年第 6 期。

[29] 盛斌、魏方:《再工业化》,《中国海关》2010 年第 10 期。

[30] 陈宝明:《发达国家再工业化政策影响及中国的对策》,《经济观察》2010 年第 2 期。

[31] 宾建成:《欧美再工业化趋势分析及政策建议》,《国际贸易》2011 年第 2 期。

[32] 赵彦云、秦旭、王杰彪:《再工业化背景下的中美制造业竞争力比较》,《经济理论与经济管理》2012 年第 2 期。

[33] 杨长:《美国重振制造业战略对中国可能的影响及中国的对策研究》,《国际贸易》2011 年第 2 期。

[34] 杨建文:《发达国家再工业化能走多远?》,《社会观察》2012 年第 6 期。

[35] Asheim B T, Isaksen A, "Regional innovation systems: the integration of local 'sticky' and global 'ubiquitous' knowledge", *The Journal of Technology Transfer*, Vol. 27, No. 1, January 2002.

[36] Chou C C, Chang P L, "Core competence and competitive strategy of the Taiwan shipbuilding industry: a resource-based approach", *Maritime Policy & Management*, Vol. 31, No. 1, January 2004.

[37] 银通投资咨询公司:《船舶制造业将扬帆起航》,《中国城市金融》2007 年第 5 期。

[38] 胡兴军:《中国船舶工业发展现状及促进措施》,《天津航海》2007 年第 4 期。

[39] 何育静:《中国船舶配套业国际竞争力分析》,《造船技术》2008 年第 6 期。

[40] 王洪增、高金田：《日韩造船业的成功经验对中国造船业的启示》，《黑龙江对外经贸》2009 年第 12 期。

[41] 邓立治、何维达：《中国船舶产业安全状况及问题研究》，《技术经济与管理研究》2009 年第 6 期。

[42] 韩菲：《1987—2002 年中国船舶制造业发展的 SDA 分析》，《商业经济》2009 年第 19 期。

[43] 袁聘：《中国船舶制造业的国际竞争力问题研究》，硕士学位论文，西南财经大学，2010 年，第 28—43、71—74 页。

[44] 郭晓合、李理甘：《后危机时代中国船舶产业发展战略调整的选择》，《江苏科技大学学报（社会科学版)》2010 年第 4 期。

[45] 朱小丽、李宇宏、陈彦斌：《基于鱼骨图法的舟山市船舶出口贸易的影响因素分析》，《黑龙江对外经贸》2011 年第 1 期。

[46] 韩笑：《我国船舶产业国际竞争力评价研究》，硕士学位论文，哈尔滨工程大学，2011 年，第 43—54 页。

[47] 孙玲芳、徐会：《后金融危机时代中国造船业发展机遇的探究》，《造船技术》2012 年第 6 期。

[48] Jiang L, Strandenes S P, "Assessing the cost competitiveness of China's shipbuilding industry", *Maritime Economics & Logistics*, Vol. 14, No. 4, August 2012.

[49] 吴家鸣：《中国造船业的变迁与现状》，《广东造船》2012 年第 1 期。

[50] 李金慧：《后金融危机时期中韩船舶产业国际竞争力比较研究》，硕士学位论文，中国海洋大学，2013 年，第 23—38 页。

[51] Frankel E G, RACK F H, CHIRILLO L D, "Economics and management of American shipbuilding and the potential for commercial competitiveness. Discussion. Author's closure", *Journal of ship production*, Vol. 12, No. 1, January 1996.

[52] 杨培举：《船舶配套：高消费压痛造船人》，《中国船检》2004 年第 10 期。

[53] 赵大利：《人民币汇率变化对出口船利润的影响及对策探析——基于简化的船舶产品利润模型分析》，《国防科技工业》2005 年

第 9 期。

［54］张长涛：《中国船舶工业的现状与未来》，《微型机与应用》2007
年第 2 期。

［55］赵大利、李文庆：《我国造船企业经营环境新特点与策略选择》，
《船舶物资与市场》2008 年第 5 期。

［56］吴金德：《船舶制造业的现状及走出困境的探讨》，《今日南国
（理论创新版）》2009 年第 3 期。

［57］陶永宏、刘超：《中国船舶产业投资基金运行机制研究》，《江苏
科技大学学报（社会科学版）》2009 年第 1 期。

［58］杨慧力、刘琼、王小洁：《中国船舶制造业定价话语权缺失的原
因及对策——基于产业链整合的视角》，《价格理论与实践》2011
年第 3 期。

［59］梁晶、吕靖、李晶：《中国船舶制造业系统性融资需求研究》，
《改革与战略》2011 年第 5 期。

［60］Bruno L, Tenold S, "The Basis for South Korea's Ascent in the Ship-
building Industry, 1970 – 1990", *The Mariner's Mirror*, Vol. 97,
No. 3, May 2011.

［61］王英杰：《我国船舶制造业竞争力分析与评价研究》，硕士学位论
文，河北工业大学，2011 年，第 28—36 页。

［62］贺宏基、张娟：《浅谈后危机时代商业银行对造船企业的选择策
略》，《商业银行经营与管理》2012 年第 1 期。

［63］张为峰：《我国船舶制造企业技术创新模式研究》，博士学位论
文，哈尔滨工程大学，2013 年，第 41—63 页。

［64］Lee C B, Wan J, Shi W, et al, "A cross-country study of competi-
tiveness of the shipping industry", *Transport Policy*, Vol. 14, No. 5,
May 2014.

［65］Ferraz J C, "Determinants and consequences of rapid growth in the
Brazilian shipbuilding industry", *Maritime Policy & Management*,
Vol. 13, No. 4, July 1986.

［66］Bertram V, Weiss H, "Evaluation of competitiveness in shipbuild-
ing", *Hansa*, Vol. 13, No. 6, June 1997.

［67］Lamb T，Hellesoy A，"A shipbuilding productivity predictor"，*Journal of ship production*，Vol. 18，No. 2，March 2002.

［68］邵一明、钱敏、张星：《造船行业竞争力评价模型及实证分析》，《科学学与科学技术管理》2003 年第 9 期。

［69］曹乾、何建敏：《中国造船业国际竞争优势的培育路径——波特竞争优势理论和模型在造船业中的应用》，《船舶工程》2005 年第 1 期。

［70］谭宏：《中国造船企业国际竞争力研究》，博士学位论文，南京航空航天大学，2007 年，第 56—67 页。

［71］林俊兑：《中国和韩国造船产业竞争力对比分析》，硕士学位论文，对外经济贸易大学，2007 年，第 15—20 页。

［72］吴燕、张光明：《中国造船行业的 SWOT 分析》，《船舶物资与市场》2007 年第 6 期。

［73］陶俪佳、张光明：《基于钻石模型的中国船舶工业国际竞争力研究》，《船舶物资与市场》2007 年第 2 期。

［74］Yeo G T，Roe M，"Dinwoodie J，Evaluating the competitiveness of container ports in Korea and China"，*Transportation Research Part A：Policy and Practice*，Vol. 42，No. 6，November 2008.

［75］王洪增：《金融危机背景下中国造船业国际竞争力研究》，硕士学位论文，中国海洋大学，2010 年，第 29—41 页。

［76］李鹏：《环渤海地区船舶制造产业竞争力研究》，硕士学位论文，山东大学，2012 年，第 27—44 页。

［77］陈健：《中国船舶行业竞争战略分析》，硕士学位论文，安徽大学，2012 年，第 35—44 页。

［78］毛明来、刘勇：《中国船舶工业 SWOT 分析及金融支持策略研究》，《金融理论与实践》2013 年第 2 期。

［79］柯王俊：《我国船舶工业国际竞争力评价和竞争风险研究》，博士学位论文，哈尔滨工程大学，2006 年，第 64—78 页。

［80］沈岚：《我国船舶制造企业核心竞争力研究》，硕士学位论文，上海社会科学院，2006 年，第 32—40 页。

［81］赵金楼、邓忆瑞：《我国船舶制造企业核心竞争力评价模型研

究》，《科技管理研究》2007 年第 9 期。

［82］李琳：《我国船舶工业国际竞争力研究》，硕士学位论文，哈尔滨工程大学，2007 年，第 40—51 页。

［83］Pires Jr F C M, Lamb T, "Establishing performance targets for ship-building policies", *Maritime Policy & Management*, Vol. 35, No. 5, September 2008.

［84］赵金楼、徐小峰、邓忆瑞：《网络环境下船舶行业创新能力评价体系研究》，《科学管理研究》2008 年第 1 期。

［85］刘家国、吴冲、赵金楼：《基于技术与成本曲面积分的船舶工业国际竞争力模型研究》，《哈尔滨工程大学学报》2009 年第 5 期。

［86］Pires Jr F, Lamb T, Souza C, "Shipbuilding performance benchmark-ing", *International Journal of Business Performance Management*, Vol. 11, No. 3, May 2009.

［87］王以恒：《中国船舶制造业国际竞争力的结构分析》，《经营管理者》2010 年第 1 期。

［88］黄金莹：《山东省船舶制造业竞争力研究》，硕士学位论文，长春工业大学，2011 年，第 16—26 页。

［89］段婕、刘勇、王艳红：《基于 DEA 改进模型的装备制造业技术创新效率实证研究》，《科技进步与对策》2012 年第 6 期。

［90］刘树青：《我国造船企业竞争力评价研究》，硕士学位论文，江苏科技大学，2012 年，第 24—40 页。

［91］顾云松、李文舒：《变动成本法在中国船舶制造业的应用》，《现代企业》2013 年第 1 期。

［92］Lee C B, Wan J, Shi W, et al, "A cross-country study of competi-tiveness of the shipping industry", *Transport Policy*, No. 5, May 2014.

［93］Stott P, Kattan M R, "Shipbuilding competitiveness: The marketing o-verview", *Journal of ship production*, Vol. 13, No. 1, January 1997.

［94］Lu B Z, Tang A S T, "China shipbuilding management challenges in the 1980s", *Maritime Policy & Management*, Vol. 27, No. 1, Janu-ary 2000.

［95］谭晓岚：《船舶产业发展趋势与山东船舶产业发展条件综合评价——山东造修船业产业链的培育对策研究》，《海洋开发与管理》2006 年第 5 期。

［96］李荣百：《我国造船业国际竞争力分析》，硕士学位论文，东华大学，2007 年，第 83—96 页。

［97］邱尔妮：《我国船舶行业的市场竞争力研究》，硕士学位论文，东北林业大学，2007 年，第 33—40 页。

［98］谢凌：《湖南省船舶工业发展现状及对策研究》，硕士学位论文，湖南大学，2009 年，第 36—42 页。

［99］万国臣：《基于知识产权的我国船舶产业国际竞争力评价》，硕士学位论文，哈尔滨工程大学，2010 年，第 50—59 页。

［100］曹惠芬：《中国船舶配套企业存在问题分析及发展思路探讨》，《船舶工业技术经济信息》2001 年第 3 期。

［101］李彦庆、韩光、张英香：《中国船舶工业竞争力及策略研究》，《舰船科学技术》2003 年第 4 期。

［102］王荣生：《提高竞争力做大做强中国船舶工业》，《中国远洋航务公告》2003 年第 8 期。

［103］Koneig P C, Narita H, "An American Perspective on Japanese Shipbuilding Competitiveness", *Techno Marine*, Vol. 42, No. 2, March 2005.

［104］周飞飞、吴晓燕：《中国造船业未来发展战略》，《当代经济》2006 年第 11 期。

［105］谭宏、宁宣熙：《造船产业贸易政策与中国造船企业国际竞争力研究》，《财经问题研究》2006 年第 5 期。

［106］Yang Y C, "Assessment criteria for the sustainable competitive advantage of the national merchant fleet from a resource-based view", *Maritime Policy & Management*, Vol. 37, No. 5, May 2010.

［107］贾立奎：《船舶制造业项目质量管理与成本控制研究》，硕士学位论文，华北电力大学，2012 年，第 22—51 页。

［108］宗舟：《外高桥造船创新引领又好又快发展》，《港口经济》2012 年第 12 期。

[109] 吴家鸣:《我国造船业的变迁与现状》,《广东造船》2012 年第
1 期。

[110] Shin J G, Sohn S J, "Simulation-based evaluation of productivity for
the design of an automated fabrication workshop in shipbuilding",
Journal of ship production, Vol. 16, No. 1, January 2000.

[111] 周维富、王晓红:《关于新世纪中国船舶工业发展战略的思考》,
《经济研究参考》2003 年第 44 期。

[112] 袁和平:《中国船舶工业参与国际竞争的历史回顾与经验总结》,
《中船重工》2003 年第 4 期。

[113] 王连军:《中国船舶制造业:SCP 范式分析》,《重庆工商大学学
报·西部论坛》2005 年第 6 期。

[114] 杨久炎:《广东船舶工业产业国际竞争力研究》,《广船科技》
2004 年第 1 期。

[115] 阎蓓:《提升上海船舶产业国际竞争力、扩大船舶出口的战略思
考》,《上海经济研究》2007 年第 12 期。

[116] 罗清启:《中国造船战略突围路径》,《董事会》2011 年第 2 期。

[117] King J, "New directions in shipbuilding policy", *Marine Policy*,
Vol. 23, No. 3, June 1999.

[118] 王以恒:《中国船舶制造业国际竞争力的结构分析》,《经营管理
者》2010 年第 1 期。

[119] 许立坤:《造船企业船东风险问题研究》,硕士学位论文,江苏
科技大学,2010 年,第 54—62 页。

[120] 蔡宇宸:《船舶产业基金—船舶融资方式的创新》,《中国造船》
2011 年第 4 期。

[121] 狄为、胡文静:《船舶制造业财务危机预警系统的构建》,《会计
之友》2011 年第 3 期。

[122] 高由子:《船舶工业企业融资决策评价及优化研究》,硕士学位
论文,哈尔滨工程大学,2011 年,第 63—65 页。

[123] 毛哲炜:《船舶制造业存在的问题及金融支持对策浅析》,《经营
管理者》2012 年第 16 期。

[124] 张为峰、吕开东:《中国船舶工业发展趋势及企业生产经营建

议》,《船舶工程》2013 年第 2 期。

[125] 张为峰、苏智:《中国船舶制造业企业兼并重组研究》,《学术交流》2013 年第 1 期。

[126] 毛明来、刘勇:《中国船舶工业 SWOT 分析及金融支持策略研究》,《金融理论与实践》2013 年第 2 期。

[127] 林滨、韩笑妍:《受金融危机影响,船舶市场面临下跌的风险》,《船舶物资与市场》2008 年第 5 期。

[128] 李玉山:《从世界演化大势看未来世界造船市场》,《船艇》2008 年第 6 期。

[129] 刘洪滨、孙丽、齐俊婷:《中国造船产业现状及走势分析》,《太平洋学报》2008 年第 11 期。

[130] 许天羽:《世界经济衰退中的中国船舶制造业》,《中国水运（下半月）》2009 年第 3 期。

[131] 游友斌、陶永宏:《基于钻石模型的我国船舶产业竞争力分析》,《价值工程》2009 年第 28 卷第 05 期,第 38—39 页。

[132] 张光明、吴燕:《基于波特五力模型的我国造船产业结构分析》,《江苏科技大学学报》（社会科学版）2009 年第 9 卷第 01 期,第 58—61 页。

[133] 张菊霞:《经济衰退下船舶制造企业多元化融资的对策分析》,《北方经济》2009 年第 24 期。

[134] Barnes V, Bowden C, Churbuck C, et al, "Shipbuilding Industry, Industry Study, Spring 2009", *Industrial Coll of The Armed for Armed Forces Washingtong DC*, Vol. 12, No. 6, November 2009.

[135] Dai B, Tan J, "Research of the Evaluation of Chinese Shipbuilding Enterprises' Core Competencies Based on AHP", *Logistics Sci-Tech*, Vol. 121, No. 12, December 2009.

[136] Pires Jr F, Lamb T, Souza C, "Shipbuilding performance benchmarking", *International Journal of Business Performance Management*, Vol. 11, No. 3, March 2009.

[137] Jiang G, Li Y, "Technological innovation and competitiveness of shipbuilding industry", *Ship Science and Technology*, Vol. 63,

No. 3，May 2009.

[138] 张文轩：《金融危机背景下中国造船业市场结构研究》，《产业与科技论坛》2009 年第 8 期。

[139] 祁文才、穆利娟：《后危机时代中国造船业的机遇与挑战》，《水运管理》2010 年第 12 期。

[140] Xuewei Y U, "The Study On the Current Status of Jiangsu's Shipbuilding Industrial Competitiveness Based on Factors and the Promotion Strategy", *Journal of Nantong Vocational College*, Vol. 26, No. 2, February 2010.

[141] 高瑾、娄英、范竹竹：《金融危机对中国造船业影响及反思》，《现代商贸工业》2010 年第 3 期。

[142] 胡颖、李成强：《"后危机时代"的韩中日竞争格局》，《中国船检》2010 年第 3 期。

[143] Tsai Y C, "The shipbuilding industry in China", *OECD Journal：General Papers*, Vol. 17, No. 3, November 2010.

[144] Sheng Y, Chen M, "Research on Ship's Demand Network Based on Modern Manufacturing Mode", *Journal of Jiangsu University of Science and Technology (Social Science Edition)*, Vol. 12, No. 3, March 2010.

[145] 高健：《金融危机冲击下造船企业的船舶融资决策》，硕士学位论文，大连海事大学，2011 年，第 33—43 页。

[146] Ionescu R V, "Competition on the global shipbuilding market under the global crisis impact", *Acta Universitatis Danubius. Economica*, Vol. 7, No. 5, September 2011.

[147] 王吉武：《中国造船业如何借"机"重整》，《中国船检》2011 年第 9 期。

[148] 张金花：《后金融危机中国船舶制造企业融资问题研究》，硕士学位论文，江苏科技大学，2012 年，第 32—42 页。

[149] Li K X, Bang H S, Lin L, et al, "Shipbuilding Policy in Asia (2000 – 2010s)", *Journal of Korea Trade*, Vol. 16, No. 4, July 2012.

［150］ Jiang L, Strandenes S P, "Assessing the cost competitiveness of China's shipbuilding industry", *Maritime Economics & Logistics*, Vol. 14, No. 4, October 2012.

［151］ 孟祺：《美国再工业化的政策措施及对中国的启示》，《经济体制改革》2012 年第 6 期。

［152］ 邢弢：《解析金融危机背景下出口订单减少对中国造船业影响的分析及对策研究》，《现代经济信息》2013 年第 7 期。

［153］ Wang H, Zhao Y, *The Construction of Green Shipbuilding System*, Germany：Springer Berlin Heidelberg, 2013, pp. 763 –768.

［154］ 李丹：《美国"再工业化战略"对中国制造业的多层级影响与对策》，《国际经贸探索》2013 年第 6 期。

［155］ Jiang L, Bastiansen E, Strandenes S P, "The international competitiveness of China's shipbuilding industry", *Transportation Research Part E：Logistics and Transportation Review*, No. 60, November 2013.

［156］ 万继蓉：《欧美国家再工业化背景下中国制造业的创新驱动发展研究》，《经济纵横》2013 年第 8 期。

［157］ Lee C B, Wan J, Shi W, et al, "A cross-country study of competitiveness of the shipping industry", *Transport Policy*, Vol. 12, No. 4, April 2014.

［158］ Yujing H E, Xinhua Q, "Analysis of the life cycle of China Shipbuilding Industry", *International Business and Management*, Vol. 8, No. 2, February 2014.

［159］ 郭进、杨建文：《中国再工业化的战略实施对中国制造业出口的影响》，《对外经贸实务》2014 年第 2 期。

［160］ 马玥：《美国再工业化对中国贸易竞争力的影响及趋势研究》，硕士学位论文，上海外国语大学，2012 年，第 4—5 页。

［161］ 宋清：《经济周期理论发展综述与评析》，《产业与科技论坛》2009 年第 10 期。

［162］ 王军：《两种经济周期理论的主要差异》，《经济纵横》2011 年第 11 期。

[163] 丁纪岗：《经济周期理论发展脉络与经典学说回顾》，《技术经济与管理研究》2006 年第 6 期。

[164] 唐可欣、魏玮：《西方经济学经济周期理论研究进展与展望》，《经济纵横》2010 年第 12 期。

[165] 宋清：《经济周期理论发展综述与评析》，《陕西职业技术学院学报》2009 年第 4 期。

[166] 崔友平：《经济周期理论及其现实意义》，《当代经济研究》2003年第 1 期。

[167] 高村直助：《日本纺织业史序说》，日本书房确书店 1971 年上卷，第 146—183 页。

[168] 高村直助：《近代日本棉业と中国》，东京大学出版社 1982 年版，第 108—145 页。

[169] 村山高：《世界棉业发展史》，清泉社 1961 年版，第 500—550 页。

[170] 李亭亭：《中国服务贸易国际竞争力及影响因素研究》，硕士学位论文，山东财经大学，2013 年，第 10—11 页。

[171] 夏春莉：《中国肉猪产业（品）国际竞争力研究》，硕士学位论文，西北大学，2011 年，第 21—25 页。

[172] 魏世灼：《产业国际竞争力理论基础与影响因素探究》，《黑龙江对外经贸》2010 年第 10 期。

[173] 艾莉、杜丽萍：《产业竞争力理论述评》，《商业时代》2010 年第 35 期。

[174] 陈建华、周余良：《产业国际竞争力理论评述》，《新西部（下半月）》2009 年第 4 期。

[175] 汪莹：《产业竞争力理论研究述评》，《江淮论坛》2008 年第 2 期。

[176] 王勤：《当代国际竞争力理论与评价体系综述》，《国外社会科学》，2006 年第 6 期。

[177] 游友斌：《中日韩造船业国际竞争力比较研究》，硕士学位论文，江苏科技大学，2010 年，第 26—27 页。

[178] 胡列曲、丁文丽：《国家竞争力理论及评价体系综述》，《云南财

贸学院学报》2001 年第 3 期。

[179] 唐德才、李廉水、徐斌：《制造业竞争力理论研究述评》，《东南大学学报（哲学社会科学版）》2007 年第 3 期。

[180] 杨锦莲、李崇光：《产业国际竞争力理论及其测度指标体系》，《孝感学院学报》2003 年第 4 期。

[181] 王丽萍、李创：《产业国际竞争力理论及模型研究回顾》，《广西经济管理干部学院学报》2005 年第 4 期。

[182] 唐立杰：《战略性贸易政策评析》，《商场现代化》2006 年第 25 期。

[183] 韩军：《战略性贸易政策的二种不同取向——对"利润转移理论"和"外部经济理论"的比较》，《北京工商大学学报（社会科学版)》2001 年第 6 期。

[184] 徐金丽：《战略性贸易政策述评》，《北方经贸》2009 年第 11 期。

[185] 吕春成：《战略贸易理论评析》，《山西高等学校社会科学学报》2003 年第 9 期。

[186] 张敏：《战略性贸易政策对中国的启示》，《云南财贸学院学报（社会科学版)》2007 年第 4 期。

[187] 侯力、秦熠群：《日本工业化的特点及启示》，《现代日本经济》2005 年第 4 期。

[188] 林海明、林敏子、丁洁花：《主成分分析法与因子分析法应用辨析》，《数量经济技术经济研究》2004 年第 3 期。

[189] 陈芳怡：《中国制造的转型升级》，《中国市场》2016 年第 49 期。

[190] 夏飞龙：《技术创新视角下中国工业模块化升级路径研究》，硕士学位论文，山西财经大学，2016 年，第 15—27 页。

[191] 谭嫒元、谭蓉娟：《发达国家再工业化研究：模式比较、影响因素及政策启示——基于 Panel Data 的实证分析》，《现代商业》2015 年第 20 期。

[192] 陈汉林、朱行：《美国再工业化对中国制造业发展的挑战及对策》，《经济学家》2016 年第 12 期。

［193］赵云峰：《发达国家的再工业化及其前景分析》，《未来与发展》
2016 年第 6 期。

［194］吴国凡：《基于波特钻石模型的中国船舶工业国际竞争力分析》，
《船海工程》2016 年第 2 期。

［195］黄宏彬：《基于产业融合自主创新和协同创新新模式研究——以
中国船舶制造业为例》，《科学管理研究》2016 年第 2 期。

［196］韩永彩：《美国再工业化对中国制造业国际竞争力的影响》，《国
际经贸探索》2016 年第 4 期。

［197］周海蓉：《美国再工业化战略最新进展及对上海的启示》，《上海
经济研究》2016 年第 4 期。

［198］谭陈晨：《中国船舶出口结构效应及风险探析》，硕士学位论文，
南京理工大学，2016 年，第 30—36 页。